U0535954

金 钱

[美] 约翰·肯尼思·加尔布雷思 著
John Kenneth Galbraith

曾佳宁 译

MONEY
WHENCE IT CAME,
WHERE IT WENT

图书在版编目（CIP）数据

金钱 /（美）约翰·肯尼思·加尔布雷思著；曾佳宁译 . -- 北京：中信出版社，2023.5
书名原文：Money: Whence It Came, Where It Went
ISBN 978-7-5217-5442-1

Ⅰ.①金… Ⅱ.①约…②曾… Ⅲ.①经济学—通俗读物 Ⅳ.① F0-49

中国国家版本馆 CIP 数据核字（2023）第 058636 号

MONEY: Whence It Came, Where It Went
by John Kenneth Galbraith
Copyright © 1975 by John Kenneth Galbraith
Simplified Chinese translation copyright © 2023
by CITIC Press Corporation
Published by arrangement with The Strothman Agency, LLC
through Bardon-Chinese Media Agency
ALL RIGHTS RESERVED
本书仅限中国大陆地区发行销售

金钱
著者：　［美］约翰·肯尼思·加尔布雷思
译者：　曾佳宁
出版发行：中信出版集团股份有限公司
（北京市朝阳区东三环北路 27 号嘉铭中心　邮编　100020）
承印者：　宝蕾元仁浩（天津）印刷有限公司

开本：880mm×1230mm 1/32　印张：10.75　字数：300 千字
版次：2023 年 5 月第 1 版　　　印次：2023 年 5 月第 1 次印刷
京权图字：01-2014-3545　　　　书号：ISBN 978-7-5217-5442-1
　　　　　　　　　　　　　　　定价：79.00 元

版权所有·侵权必究
如有印刷、装订问题，本公司负责调换。
服务热线：400-600-8099
投稿邮箱：author@citicpub.com

谨以此书
纪念吉姆·沃伯格
并献给亲爱的琼安

目 录

第一章　货　币 / 001

第二章　铸币与金银 / 007

第三章　银　行 / 019

第四章　中央银行 / 029

第五章　纸　币 / 046

第六章　革命的工具 / 059

第七章　货币战争 / 069

第八章　大妥协 / 085

第九章　价　格 / 102

第十章　无懈可击的美联储 / 116

第十一章　崩　塌 / 133

第十二章　终极通货膨胀 / 144

第十三章　自作自受 / 161

第十四章　财源中断之时 / 179

第十五章　来自不可能的威胁 / 195

第十六章　凯恩斯登场 / 213

第十七章　战争和下一个教训 / 231

第十八章　好年景的筹备期 / 248

第十九章　全盛时期的新经济学 / 263

第二十章　去向何方 / 277

后　　记 / 295

致　　谢 / 307

注　　释 / 309

第一章

货　币

"波尔德太太每年自己就有1 200镑，我想哈定先生是打算去和她一块儿过活。"
"每年自己就有1 200镑！"斯洛普说。他不一会儿就告辞了……在他骑马缓缓回去时，他暗自思忖，每年有1 200镑，要是波尔德太太每年有1 200镑是事实的话，那么他反对她父亲官复原职就太愚蠢了。斯洛普先生的一系列想法，所有的读者大概是一清二楚的……一年就有1 200镑……

安东尼·特罗洛普，《巴彻斯特大教堂》[①]

调查人员在第三十七任美国总统尼克松先生的复杂案情中发现了一桩颇为有趣的交易。在尼克松担任总统期间，他寡言少语的密友查尔斯·瑞波佐（Charles G. Rebozo）代他从更为守口如瓶的企业家霍华德·休斯（Howard Hughes）先生手上收受了10万美元，不知是政治献金还是个人好处。据称，瑞波佐在收到这一大笔钱之后，立刻将其存入保险箱，直到3年后才还给休斯先生。这笔交易令人称奇。要知道，这点钱对休斯先生而言就像海洋里的一滴眼泪，根本用不着归还。然而这件事情的奇怪之处并不在于竟然有人

[①] 此段引自主万译本，上海译文出版社，1987年版。——译者注

会还钱给休斯先生，而在于竟然会有人把这样一大笔钱囤积起来。众所周知，这样闲置现金会使财富大幅贬值。1967 年的 1 美元在 1969 年的购买力仅为 91 美分。瑞波佐先生在 1969 年把这笔钱囤积起来，等到取出奉还时，1 美元的购买力连 80 美分都不到（1975 年初又降到 64 美分）。这两位先生不可能不知道货币贬值会造成损失。即使是最粗心大意的人也知道，为了弥补一部分贬值损失，应当想办法收取一些利息、分红，甚至获得一些资本收益，但是做这笔交易的人却忽略了这一点。在《马太福音》里，那个最愚蠢的仆人把主人借给他的钱原封不动地奉还，结果反被主人斥责。[①] 尼克松先生和瑞波佐先生都不是视钱财如无物的人，其理财能力却远不及《圣经》中所讲述的最低水平。他俩的表现竟如此之差，真是令闻者难以置信、摇首喟叹。

从这件逸事中可以看出，人们对货币的态度已经发生了转变。现在人人都知道货币会贬值。虽然总统是维持货币价值的最终责任人，但是人们从来不会怪他过于鲁莽地高估了自己抵抗货币贬值的能力。人人都认为总统应该像其他人一样采取策略，抵消货币贬值造成的损失，但同时不能对此抱太高的期望。在所有资本主义国家的领导人中，对维持货币价值最有信心的还得算是美国总统。而近年来，世界各国的趋势都是一致的，物价在上涨，货币购买力在下降，而且下降的速度时快时慢，变幻莫测。万事万物都不是永恒不变的，通货膨胀也不例外。然而在许多人看来，通胀趋势似乎会没完没了地持续下去。

---

① 《新约·马太福音》第 25 章第 14~30 节，按才受托的比喻（The Parable of the Talents）。——译者注

那些因无心之失而囤积了 10 万美元纸币的人也并不是主要的受害者。有些人微薄的财富和收入都是美元、英镑、马克、法郎等纸币。他们虽不知道这些纸币今后能买到什么,但都清楚地知道能买到的物品一定会越来越少。这些人的处境比囤积着 10 万美元纸币的人更为不利。19 世纪,工业国家的人们费尽心机地赚钱,但并不太操心赚到钱后如何处置。到 20 世纪,赚钱虽然还是个大问题,但已不再是人们的心头大患。现在,无论自己手上的钱是赚取而来还是积累所得,人们最担忧的都是其有多少价值。从前的人就像卷首的斯洛普先生一样,认为有一笔货币面值不变的收入就可高枕无忧。而时至今日,收入固定不变就意味着过不了多久就会穷困潦倒。货币到底怎么了?

一直以来,即使内心深处有些想法,历史学家还是惯于弱化历史教训。也许历史上的教训本来就不多,但是这一条规则在货币领域并不成立。货币史上有许多现成的教训,或者说我们可以从中主动吸取许多教训。唯有如此,我们才能领悟到一些关于货币的定律。人们对于货币的态度总是反反复复地变化。货币疲软时,人们希望其走强;货币强势时,人们又有其他想法。只有进行长期跟踪分析,我们才能明白受通胀所困的人们是多么希望币值能够稳定下来,而为了稳定币值,遵守规则、承受代价的人们又是如何逐渐接受通胀所附带的风险的。正是这样的循环教会我们,万事万物都不是永恒的,即使是通胀也不会永恒存在。我们还了解到,通胀发生时,人们会产生恐惧心理,这种恐惧心理的破坏力有时和通胀本身不相上下。历史还可以极为生动地教会我们货币是如何演变的,管理货币的技巧和管理不当的做法是如何形成的,得当的技巧现在如何辅助我们，不当的做法又是怎样酿就了失误。回顾过去，我们可以了解到有了大企业、工会、福利国家等新的机构之后，维持当下价格稳定这一问题发生了怎样的变化，不断变化的新情况又是如何将稳定物价这一任务复杂化的。这些新情况指的是社会结构正在进行重组，未来满足于低薪酬的人将越来越少，而富人的政治诉求也变得与以往不同。

本书关注的并非历史本身，而是历史教训。本书的目的是要教化明理，比起过去，更关注当下。但本书并不是一本彻头彻尾的严肃作品。货币史不乏引人入胜之处，其中有许多故事可以揭示人的行为和愚蠢。有人说，对金钱的热爱是万恶之源，这话值得商榷。亚当·斯密（Adam Smith）在许多人眼中几乎是至高无上的权威先知。1776年，他认为在当时人们不得不从事的众多行当中，与战争、政治、宗教、娱乐、单方面施虐比起来，造钱所产生的社会危害是最小的。但是毫无疑问，如果一个人追逐金钱，或是与金钱有任何持久的联系，他就会做出怪异的举动，甚至是极为变态的行为。

这不是主观臆断。就像从前那些拥有官爵的名门之后一样，所有坐拥财富的人都深信，人们之所以敬畏自己、崇拜自己，并不是因为自己有钱，而是因为自己拥有智慧或是人格魅力。人们的敬畏和崇拜令他们对自我评价深信不疑，而现实中他们往往荒诞不经、腐化堕落，这一反差总是让人惊讶并深感滑稽。一旦这些人的身家财富发生变故，敬畏崇拜之人会立刻消失得无影无踪。其人间蒸发的速度之快，也让人感觉有些许趣味。

金钱有时也让人困惑。从古至今，不断有人认为自己掌握了无限扩张财富的秘诀。他们不仅成功地自欺，还迷惑了他人。实际上，他们无一例外地只是翻出了一些古老的骗局，用新瓶装了旧酒。这些金融天才迅速地登上成功的顶峰,转瞬间又跌入失败的谷底。约翰·劳(John Law)一度是法国摄政王的救星,后来却在威尼斯贫民窟里忏悔。尼古拉斯·毕多(Nicholas Biddle)曾是总统也要忌惮三分的美国金融第一人,后来却成为费城最出名的破产者。伯纳德·科恩菲德(Bernard Cornfeld)曾经拥有数架私人飞机,伤尽无数情人的心,后来却沦为圣安东尼奥市的阶下囚。这些金融天才的成功往往只能持续几个月,或者几个年头。这样昙花一现的飞黄腾达和跌落云端令人称奇,还带着一丝诡异的趣味,尤其是对于看客而言。当然,此时听故事比讲意义更重要。

在此,必须谈谈本书的读者应具备的信念。许多人在高谈阔论货币时,都免不了满口布道说辞。其中有的人是故意为之。有些人靠讨论和传授货币之道为生,借此收获名望、尊重和利益回报。旁人相信这些人像医生或巫医一样有独特的门道,懂得一般人无法知晓的道理,这些人利用的正是这种心理。他们的职业虽然回报丰厚、收入不菲,却也不过是一种成熟的欺诈手段而已。货币之道没有什么稀奇,只要怀有常人的好奇心,勤奋钻研加上聪明才智,就能一探究竟。读者只要这样照做,就能读懂本书的全部内容。这本货币简史或许会在阐述和摆事实时有些错误,但读者大可放心,本书若有错漏,也绝不是因为简洁。在所有的经济学领域中,唯有货币学会用复杂理论掩饰、逃避真相,而不是揭示真相。生活中的大部分事物,如汽车、情人、癌症,都只是拥有的人才觉得重要,但货币不是。无论有钱没钱,所有人都觉得货币很重要。因此,所有人都想要了解货币。每个人都应当对自己了解货币的能力抱有充分的信心,并且尝试了解货币。

既然如此，有人该问了：一本讲述货币史的书怎能不开宗明义地给货币下一个定义呢？这张纸本身是毫无价值的，是什么使得它有别于其他相同大小的纸张，具有交换价值？曾经有不少人为货币下过定义，但效果并不理想。因犀利而出名的电视访谈节目主持人在访问经济学家时总会一开始就抛出问题："您说说，货币究竟是什么？"而经济学家们的回答总是众说纷纭。在经济学入门课或是货币和银行业基础课上，老师们最先教的也是各种微妙至极的定义。学生们会仔细抄写这些定义，痛苦地死记硬背，然后又漫不经心地忘掉。诸位在翻看本书时，应当记住，所谓的货币就和你印象中的货币一模一样，就是平日里买卖货物、服务或其他事物时支付或收取的货币。货币有几种形式？是什么决定了货币的购买力？这又是另外一些问题。而本书的写作目的就是要回答这些问题。

最后再说几句。这是一本货币史，但并不涵盖所有时期的所有货币，想必不会有哪个历史学家为此不悦。因此对于每个时期的事件，本书都有所取舍。取舍的依据为：是否对货币的发展起到了最关键的决定性作用（例如英格兰银行的历史），是否最充分地介绍了争夺货币控制权的各方力量（例如杰克逊和毕多之争），是否最为深刻地影响了我们今日对货币的理解（例如凯恩斯的著作及近期的历史）。当然，有些取舍是存有私心的，有些内容是因为笔者最为感兴趣才纳入此书。

在之后的章节中，本书明显花了许多笔墨讲述美元的历史。无论是真艺术还是假艺术，所有的艺术都只不过是在模仿生活。随着时间的流逝，美元终究成了货币史的主角。这本货币史也是以美元结尾。

第二章
铸币与金银

作为一种为人们提供便利的用品,货币古已有之。但是从各方面来看,人们极少视其为不经细查、质疑便可接受的可靠制品。货币被广为接受,也只是 20 世纪以来的事。在此之前的 4 000 多年间,有 3 种或多种金属获得认可,用于交换。这 3 种金属是银、铜和金,其中也包括银金矿,一种含有金、银的天然合金。在大部分时期,银的价值最高;少部分时期,例如迈锡尼文明①时期和古罗马帝国分裂后的拜占庭帝国时期,金的价值最高。[1] 传说中,犹大为了 30 枚银币而出卖了耶稣。人们一直认为这 30 枚银币有辱斯文,因为使用银币表明这只是一场普通的交易。使用可靠的古时换算率来计算,假如犹大收取的是 3 枚金币,这场交易就显得非同一般了。有时候,金的使用范围不如铜广泛。值得注意的是,铁也曾短暂地充当货币。许久之后,烟草也曾充当货币,虽然时间不长、范围不广,但引人注目。还有些稀奇古怪的物品也曾经充当货币,如牛、贝壳、威士忌和石头。虽然教货币学的老师们十分热衷于这些

---

① 迈锡尼文明(约公元前 1600 年—公元前 1100 年),是希腊青铜时代晚期的文明,因位于伯罗奔尼撒半岛的迈锡尼城而得名。迈锡尼文明是爱琴文明的一个重要组成部分,继承和发展了克里特文明。——译者注

奇怪的货币，但是对于早已脱离原始农业阶段的人类而言，这些货币早就无关紧要了。货币和金属的历史渊源极为紧密。从实用性的角度考虑，在历史上大部分时期，货币都是金属，只是各种金属的珍贵程度稍有差别。

用金属作为货币比用牛方便，但是金属呈粉末状或块状，收取、称重、分割和查验都有诸多不便。因此，自最早的已知时代起，很有可能在更早以前，人们就开始将金属铸成预先定好重量的钱币。历史学家希罗多德[①]将这一创新归功于吕底亚[②]诸王，时间可能是公元前8世纪后半叶：

> 所有年轻的吕底亚女子都卖淫。她们借此赚取嫁妆，而后连同自己一起待价而沽……
>
> 吕底亚的习俗风气和希腊并无大异，只有年轻女子卖淫一事不同。有史以来，吕底亚人最早开始铸造金银钱币，并用其买卖交易。[2]

而根据印度史诗记载，印度人似乎有可能在此前几百年就开始使用钱币和十进制计价。[3]自吕底亚人后，希腊城邦纷纷在本城和位于西西里和意大利的殖民地铸币，并将铸币逐渐发展为一种重要的艺术形式。一些遗留下来的样本十分精美，令人观之不禁屏息。亚历山大大帝更是开创先河，开始将统治者的头像印在钱币上。这

[①] 希罗多德（Herodotus，约公元前484年—公元前425年），古希腊作家，著有《历史》一书，被认为是第一位系统收集史料记录历史的历史学家。——译者注

[②] 吕底亚（Lydia），小亚细亚中西部一古国（公元前1200年—公元前546年），濒临爱琴海。——译者注

种做法与其说是为了担保金属的重量和成色，不如说是君主本人出于自身考虑的一种做法。这种做法也会产生相反的效果。据历史学家苏埃托尼乌斯①记载，暴君卡里古拉②死后，印有其头像的钱币被召回重铸，以使这位暴君的形象和名字一并被人遗忘。

铸币提供了极大的便利，但也会诱发重大的群体欺诈事件和轻微的个人诈骗案例。历史上，统治阶级大多或骄奢或铁腕。这些统治者常常会灵光一闪，想到可以将发行的钱币削减重量，或是融入一些更廉价的黄铜。他们希望能够神不知鬼不觉地动一些手脚，至少不要太快被人发现。如此一来，他们就可以用更少量的黄金或白银购买足量的物品，即同等重量的金银能买到更多的物品。生意人也同样想到了这一层。他们会在谈拢价钱后，从允诺的钱币上削刮一丁点儿极为少量的金属，集腋成裘，最终形成可观的利润。此外，铸造假币也是一项历史悠久的发明。据传说，早在公元前540年，萨摩斯岛的统治者波利克拉特斯③就用仿造的金子铸币，骗过了斯巴达人。

时间流逝，统治者的金钱需求各有不同，抵制诱惑的能力虽有大小之分，但大多不强，而投机的手法也在不断长进。铸币的情况

---

① 苏埃托尼乌斯（Suetonius，约公元69年—公元130年之后），罗马帝国历史学家，代表作为《罗马十二帝王传》。——译者注
② 盖乌斯·恺撒·奥古斯都·日耳曼尼库斯（Gaius Caesar Augustus Germanicus，公元12年—公元41年），绰号"卡里古拉"（Caligula），公元37年成为罗马皇帝，是一位典型的暴君，后遇刺身亡。——译者注
③ 萨摩斯岛（Samos），位于爱琴海东部，曾是著名的古希腊城邦。波利克拉特斯（Polycrates）是著名的暴君，大约自公元前538年开始统治萨摩斯岛，公元前522年去世。——译者注

似乎显而易见必将越来越糟。希腊人，尤其是雅典人似乎已经清醒地认识到，变造货币是一个自取灭亡的权宜之计，无法长久，只有最基本的诚信才是商业良策。因此，他们一直抵制这种做法。罗马帝国分裂后，希腊的影响在拜占庭帝国再次得以彰显。在此之后许多个世纪里，拜占庭帝国的贝占特金币（bezant）在世界上一直是稳健货币的典范。世界各地的人都认可这种金币，就像认可它所含的黄金一样。

与此相反，罗马的铸币术极为发达。正如传说所言，多次布匿战争①造成了财政压力，罗马帝国由此开始持续不断地变造货币。这就导致罗马帝国的货币本位逐渐从金本位和银本位变成了铜本位。到了奥勒良②的朝代，基础银币中约有95%为铜，之后含银量更是跌至2%。[4] 如今有些货币收藏家手上还有一些当时的优质金币和银币。据说这些钱币当时是被主人囤积起来了。之后由于大屠杀、主人被迫匆忙离家或是主人自然死亡，这些钱币失去归属，被人遗忘。[5] 后来有一种说法：正是变造货币导致了罗马的崩溃。这种历史编纂学体现了一种倾向，就是将无数恶果与货币行为联系到一起，而观察者本人刚好又反对货币行为。这种历史编纂学今后还将会频繁地出现。毋庸置疑，我们必须对这种学说高度存疑。

在古老的中世纪，各个辖区的货币汇集在主要的贸易城市里。如果说在仅凭信用接受货币时，人们会有哪怕一丝偏好，那么人们就必然会支付成色低劣的货币，而留存成色优良的货币。基于这一

---

① 布匿战争（Punic Wars），指罗马和迦太基之间的3次战争，发生于公元前264年至公元前146年。最终迦太基灭亡，罗马得胜，成为地中海西部霸主。——译者注
② 奥勒良（Aurélian），罗马皇帝，公元270—275年在位。——译者注

点,托马斯·格雷欣(Thomas Gresham)爵士在1558年提出了一个不朽的灼见。在他之前,奥里斯姆(Oresme)和哥白尼都曾经观察到这一现象,罗马人囤积优质货币的行为也体现了这一点,这就是"劣币驱逐良币"①。这也许是唯一一个从未被挑战过的经济学原理,这是因为从来没有任何重大的例外。人性也许是极为变幻莫测的,但是也有永恒不变的时候。只要有选择,人们总会把好东西留给自己,因为人最爱的就是自己。

渐渐地,大量流通的铸币被掺假、磨损、挫边,而人们又优先使用劣币,铸币管理变得十分困难。但是这也为下一场大革命铺平了道路,这场革命就是回归称量计价。1609年,荷兰的阿姆斯特丹市率先迈出了这决定性的一步,由此将货币史与银行史联系了起来。阿姆斯特丹市之所以会迈出这一步,是因为当地贸易兴盛。而贸易兴盛又与一件货币史上的大事件相关,那就是哥伦布航海发现新大陆,欧洲随之开始征服世界,开发了西属美洲。

1493年,许多欧洲人对于在大洋彼岸发现和征服新大陆只是略有耳闻,甚至是一无所知。但是新大陆所带来的主要影响之一却几乎实实在在地波及了每一个人。发现并征服新大陆后,欧洲人将大量贵金属由美洲运往欧洲,导致物价大幅上涨。之所以会产生通货膨胀,是由于最贵重的金属货币数量增多。由于几乎所有的欧洲人都受市场影响,所以几乎所有欧洲人在领工资、做生意和购买必

---

① 劣币驱逐良币,又称格雷欣法则(Gresham's Law)。两种实际价值不同而名义价值相同的货币同时流通时,实际价值较高的货币,即良币,必然退出流通,它们被收藏、熔化或被输出国外;实际价值较低的货币,即劣币,则充斥市场。——译者注

需的小物件时，都感受到了通胀的影响。美洲金属首先抵达西班牙，所以西班牙的物价率先开始上涨。随后金属又经由贸易（少部分可能是经由走私或战争）流入法国、低地国家①和英格兰，通胀也随之而至。1500—1600 年，西班牙安达卢西亚地区的物价涨了差不多 5 倍。假设 15 世纪后半叶哥伦布发现新大陆之前英格兰的物价为 100 英镑，那么到了 16 世纪最后 10 年，物价已涨到约 250 英镑。80 年后，也就是 1673—1682 年，物价又涨到了 350 英镑，较哥伦布、科尔蒂斯（Cortez）、皮萨罗（Pizarro）的时期上涨到 3.5 倍。1680 年后，英格兰的物价开始保持稳定，正如较早前西班牙物价开始下降一样。⁶

上文已经提到，大多数欧洲人之所以意识到发现新大陆这一事件，并不是由于听说了征服者们的故事，而是因为发觉物价上涨。这正是货币和金钱的关系所致。虽然这一中心命题只是初步得以体现，但是其正确性毋庸置疑。这一命题就是货币数量论（quantity theory of money），其最基础的形式是：若其他条件不变，物价随流通货币的数量变化而变化。在 16 世纪和 17 世纪初，由于美洲贵金属大量流入欧洲，用于铸币的贵金属供应剧增，物价也随之暴涨。在之后的货币史中，还有更为贴近现代、更为复杂的情形可以考查货币数量论。但是以上货币事件，已经足以让人初步了解货币数量论，之后就可以更轻松地理解这一理论，而不会曲解它。

从美洲传来的消息并非人人都喜闻乐见。在西班牙，新财富的流入使得工资上涨，而且上涨的速率差不多与通胀持平。但欧

---

① 低地国家（Low Countries），对欧洲西北沿海地区的称呼，广义上包括荷兰、比利时、卢森堡，以及法国北部与德国西部，狭义上仅指荷兰、比利时、卢森堡三国。——译者注

洲其他国家的工资则缓步不前，这可能是由于各国人口增长率不同。目前能找到的数据只能体现出数量级上的差别。此外，以现金结算的工资只是当时工人和务农人员收入的一部分。无论如何，在1673—1682年，英格兰的物价大约是哥伦布发现新大陆之前的3.5倍，而工资很有可能仅仅只涨了2倍。法国也有类似的不平衡情况，可以推测，在低地国家和北欧国家的一些贸易城市，也有类似情况。

通胀深刻地影响了收入分配，尤其是打击了那些财产最少的人。这种情况也许不是第一次出现，但肯定不是最后一次出现。工薪阶层工资涨幅较小，而给他们发工资的人在销售产品时，却开始索要越来越高的价格，前者的损失就是后者的所得。利润随之飙升[7]，商业资本主义随之加快步伐，工业资本主义也随之加快萌芽。长久以来，历史学家们总是在说美洲的黄金白银是如何通过提供资金和便利刺激或巩固了欧洲资本主义的初期发展，言谈之中带着一股推崇之情，但并无个人见解。从某一个角度来看，确实是黄金白银本身滋养了资本主义。但是事实上，真正滋养资本主义的并不是黄金白银，而是金银带来的效应，这些效应一点也不神秘。高物价和低工资就意味着高利润。利润高了，储蓄就多，储蓄多了，就有了强烈的投资动机。此外，物价高了，钱就更好赚了。商人本来就可以凭借精明的交易手段或是高效的生产获利，而若能抬高售价，他们的收益就更高了。通胀确实成了贸易的润滑剂，但这只意味着，如果商人因过分乐观或犯傻而造成失误，通胀能够救他们一把。此外我们也许还可以推论出，由于获利容易，初始创业者就更易获得机会。比起已经创业成功的人，他们更加充满活力，更加敢打敢拼，更富想象力，也更无所畏惧。正因如此，在欧洲资本主义萌芽之时，来自美洲的财富，以及随之而来的通胀起到了辅助作用。毫无疑问，即使没有这些条件，资本主义终归还是会萌芽的。但是，这股助力也确实存在。

在西班牙，传说往往和确凿的事实不一致。这也许是因为西班牙的历史学家和其他国家的历史学家不同，他们很少为自己的国家自吹自擂，因此能够设想最坏的情况。在许多人眼中，西班牙的宗教裁判所是穷凶极恶的典型，仅次于希特勒。没人会为宗教裁判所唱赞歌。但是实际上，在 300 年间，由于宗教裁判而死于非命的犹太人、摩尔人和其他"异端"人士，其人数加起来也就几千人。这个数字比莱茵兰屠杀中一年里死去的犹太人的人数还要少。迄今为止，人们仍认为西班牙无敌舰队是战无不胜、嚣张跋扈之师，而英国舰队虽然力量不强，但是时刻警惕、不惧牺牲，因此以少胜多。事实并非如此，但是却无人澄清。实际上，英国舰队吨位与西班牙舰队不相上下，其军舰设计更为精良，配备着更为充足的弹药和舰员，实力其实在西班牙之上。[8]

至于美洲的金银是如何流入西班牙的。普遍流传的看法其实也和确凿的事实不一致。传说，这些黄金是从阿兹特克神庙掠夺而来的，弗朗西斯科·皮萨罗（Francisco Pizarro）绑架了印加国王阿塔瓦尔帕（Atahualpa），向印加人索取了满满一屋子的金器作为赎金，还通过威逼利诱使得印第安人主动奉上黄金。之后，这些宝物由大帆船运到西班牙。当时在西班牙大陆周围聚集着许多海盗团伙，许多帆船都曾被海盗洗劫。但是和西班牙人在美洲的罪行和贪婪比起来，海盗的行径似乎也不那么过分了。

事实上，从神庙里抢来的黄金，或是从印第安人那里榨取的黄金，都只是九牛一毛。贵金属大部分都是开采出来的，其中大部分并不是黄金。经过5年的开采，所得几乎都是白银。1531—1540年这10年间，白银的开采量从未少于贵金属总开采量的85%；1561—1570年，这一比例从未少于97%。[9]这些贵金属矿产主要来自圣路易斯波托西银矿（San Luis Potosi）、瓜纳华托银矿（Guanajuato）等储量丰富的墨西哥银矿和秘鲁银矿，许多银矿现在仍在开采。海盗固然也掠去了一部分贵金属，但是除了海盗特别猖獗的那两三年，总体损失并不是特别严重。这种情况一直持续到17世纪30年代，之后由于大矿体资源枯竭，美洲的白银出口开始下降。

黄金白银原料进入西班牙后，根据法律和重商主义政策，由西班牙铸币厂制成钱币，出厂后都流入了北欧的各个交易中心。这是因为这些交易中心不仅供应称心如意的货物，而且由于货币的流入，价格也较为低廉。随着这些钱币涌来的还有走私来的贵金属，这部分金属避开了西班牙铸币厂，甚至从未经过西班牙境内。16世纪时，贵金属大量流入法国；到了17世纪，则大量流入低地国家，供给当地的西班牙军队。可以说，战争在当时是一个大量消耗政府收入的重要行业。[马克斯·韦伯（Max Weber）估计，在这段时期里，西班牙约70%的收入、其他欧洲国家约2/3的收入都被用于战争。[10]]其中甚为可观的一部分货币最终聚集到了阿姆斯特丹，也就是接下来我们要讲的地区。

美洲的财富不仅推高了利润，刺激了工商业，还为那些做以钱生钱生意的人创造了更大的机会。当时铸造的银币含一点点铜，而制假者不用费多大力气就能仿造出含铜量高出少许甚至许多的银币。此外，虽然西班牙监管严格，但铸币的大多数部门都是私人作坊，这更给了造假者可乘之机。16世纪末时，距离白银大量涌入已有100年，阿姆斯特丹的商人手上的钱币种类繁多，其中大部分都是用各种各样的新手法变造过的金银币。1606年，荷兰议会还特意出版了一本货币兑换手册，书中列出了341种银币和505种金币。[11] 在荷兰境内，至少有14家铸币厂忙着铸造货币，罔顾质量而鱼目混珠可以带来显而易见的好处。商人们都觉得做买卖时称货币的重量是件麻烦事，秤当然大多也是不准的。170年后，亚当·斯密道出了当时的解决方法："为了解决（上述）不便，市政府于1609年担保成立了一家银行。这家银行接受外币，也按照标准货币的真实固有价值接受因磨损而变轻的（以及变造过的）本国货币，然后视情况扣除一部分价钱，以用于支付铸币费用和管理费用。减去这一小部分以后，得出最终的数字，记入账目。"[12] 由此，为了监管和限制货币滥用，第一家公共银行成立了。[13] 鹿特丹、代尔夫特和贸易重镇米第堡也先后成立了类似机构。不久之后，各国纷纷成立了类似的监护型银行。

这些银行成立之后，磨挫、变造等方式可得的利润就减少了。因为这些公立银行只计纯金属的价值。此外，随着民族国家的兴起，铸币厂数目减少，铸币质量更有保障。如此一来，变造钱币的回报变低了，以至于微不足道。对于投机者而言，铸币这个行业失去了吸引力。货币的问题不再出在铸币这一环节，开始转移到银行和国库上，也包括那些为监管铸币而成立的机构。在货币史上，每一次亡羊补牢都一定会引起新的问题，一贯如此。

阿姆斯特丹银行就验证了这一点。为使故事完整，这里还要多说几句。在成立之后的100年内，阿姆斯特丹银行一直卓有成效，严格遵守职业操守。存款就只是存款。刚开业的时候，在所有者将其取出之前，金属钱币都存在金库里，不会被银行用于借贷。到1672年，路易十四的军队逼近阿姆斯特丹，形势危急。商人们将银行团团围住，有些商人怀疑自己的钱财也许不在银行里，于是要求取出钱币。银行满足了所有的取款要求。人们在发现钱能取出来以后，就不再要求提款了。后来历史上也经常有这样的情况，无论人们多么迫切地想要从银行提款，只要他们确信自己的提款要求能够得到满足，就不会想要提款了。

然而，好景不长。阿姆斯特丹市议会的议员和市长一直关系友好，许多议员不仅是银行的所有者，还是荷兰东印度公司的董事，这自然并不是偶然形成的关系。17世纪时，荷兰东印度公司的根基已十分稳固，但时不时还是会需要一些短期贷款，用于装备船只，或是供给出海的船只。银行就从储户的储蓄账户里拿出一部分钱，向荷兰东印度公司发放贷款。这对于当时的银行而言只是很小的一步，但是后来却发展成了现代商业银行的传统业务。到17世纪末，荷兰东印度公司每况愈下，债台高筑；到18世纪，情况更加糟糕。1780年，荷兰同英国开战，损失了大量船只和货物，银行付款开始有些拖拉。市政府也开始要求银行提供贷款，但是银行无法满足所有要求。有一部分钱贷给了荷兰东印度公司和市政府，尚未偿还，或是成了坏账。从前，虽然把钱存入银行要支付额外的费用，但是商人们考虑到钱币的质量得不到保障，所以在卖出货物或是收回债务之后，还是会选择将所得的钱存入银行。现在，他们开始怀疑银行出了问题，因此不会轻易地同意买方用银行存款单支付费用，除非买方把存款单打折使用。后来，银行开始限定单次提款或银行间转账的额度。银行甚至会拒绝储户提取钱币的要求，或者没有能力向储户支付钱币，这预示着银行已经陷入困境。无论银行怎么解释自己的行为，结局都可以预见。1819年，阿姆斯特丹银行的末日来临了。在运行了两个世纪零几年后，阿姆斯特丹银行停止了运营。

第三章

银 行

创造货币的部门有三个：铸币厂、发行纸币的部门，以及各式各样的银行。若论先来后到，银行紧随铸币厂之后，与铸币厂一样历史悠久。早在罗马时期，银行业就已经颇为兴盛。到了中世纪，贸易风险变高，加之宗教信仰排斥高利贷，也连带排斥借贷行为，因此银行业式微。文艺复兴时期，银行业也随着贸易复兴而复兴。面对真金白银的好处，因宗教信仰而心怀顾虑的人也一如既往地屈服了。每个行业都有一个特别擅长该业务的群体，银行业是属于意大利人的[1]，银行业的大起大落都发生在意大利。后世再也没有任何一个银行家能与一时无两的美第奇家族相提并论，罗斯柴尔德家族不能，J. P. 摩根家族也不能。美第奇家族还是圣座的财政代理，因此更添尊荣。威尼斯和热那亚的银行[2]是公认的现代商业银行前身。波河山谷的银行业也同样较为发达。后来伦敦的借贷也发展起来，借贷业兴盛的街道自然就被命名为伦巴第街①。

银行造钱的过程极为简单，想想都令人不快。毕竟造钱事关重

---

① 伦巴第人源自意大利，以擅长金融业闻名。英国人常用伦巴第街指代金融界。——译者注

大，其过程似乎应该更神秘才像样。前文提到的阿姆斯特丹银行，只要所有者一声令下，就可以通过结算账目进行转账。（这一直是私人银行前身的便利之处。）钱币存入银行后还是钱，只要用原始的方式拿笔写几个字，转账就完成了。

人们很自然地发现了借贷的可操作性。在阿姆斯特丹，保守的市民们发现了，东印度公司的董事们也发现了，并开始在小团体里操作。只要用笔再写两句，就可以把银行闲置不动的存款作为贷款借给借款人，原来的储户就变成了债权人。当时银行并不会收取贷款利息，只是告知原来的储户，存款已作此用途，有的银行也许会付一笔费用给储户。原来的存款仍然在原来的储户名下，而拿到贷款的人又多了一笔新的存款。两笔存款都可以用于支付，可以当作货币使用。一笔钱就这样凭空而生。早在银行业发展初期，人们就已经发现银行可以这样创造货币，可以从中获取利益。面对这样的利益，人们天生就有创新的本能。

此外，银行本票也自有玄机，后来美国人充分挖掘了这一点。银行给借方的不是一笔存款，而是一张票据，凭此票据可以在银行兑换硬通货。而这笔硬通货是本来就存在银行的资本或是一笔闲置不动的存款。借方可以用此票据支付货款，而收到此票据的一方可以选择不将这张票据兑换成现金，而是继续用于支付，票据就会如此继续流通。与此同时，银行仍然可以向初始贷款人征收利息。也许某一天会有人把这张票据退回到银行，要求兑换成现金。但是此时，初始贷款人也已经用硬通货还清了贷款。因此双方都得偿所愿，而银行也收到了利息。这张票据也有可能会一直流通下去，永远无人要求兑换。这张票据对应的那笔贷款则会持续为银行带来利息，直到在约定的期限偿清贷款为止。票据一直在流通，同时用于担保初始贷款的那笔资金则一直无人要求兑换。20世纪60年代，在法律界、政界、外交界都极为成功的乔治·W. 巴尔（George W. Ball）辞去公职，成为华尔街巨鳄雷曼兄弟公司的合伙人。后来，他曾经问过这样一个问题："怎么不早点告诉我有银行业这回事儿？"

19世纪中叶，约翰·斯图尔特·穆勒（John Stuart Mill）用短短几句话阐述了决定货币价值（即其购买力）的因素："货币的价值或购买力首先取决于需求和供给……货币的供给指的是某个时间点流通的全部货币……对货币的需求则包括所有待售商品。"[3]

对于穆勒所处的时期而言，这是一个极为充分的解释，也揭示了银行可以对货币做出怎样的操作。银行可以用一笔硬通货的初始存款发放贷款，由此产生可充当货币的新票据或新存款。但是由于商品供给总量并未变化，物价就会变高，货币价值就会下降。假如银行贪得无厌，竞争激烈，而人们又急于贷款，贷款就会剧烈扩张，由此产生更多利息、更多存款或票据，而物价也会大幅上涨，即货币的价值或购买力大幅下降。

从公众的立场来看，物价上涨不是好事。对于所有只付钱而收不到钱的人而言，物价上涨也不是好事。对于银行家而言，物价上涨也是一条危险的毒蛇。储户和票据持有人有可能会同时要求兑换现金。初始存款人有理由拿回自己的现金，因为这笔钱仍然存在银行里。而借到这笔存款的人也有理由拿到现金。但银行不可能令双方都满意。银行创造存款、发行票据的奇迹此刻岌岌可危。维持这一奇迹有一个前提，即在同一时间，银行只能向少量储户或票据持有人履行兑换现金的义务。如果所有的储户和票据持有人同时要求兑换，银行就无法满足要求。一旦意识到银行无法兑换现金，所有人都会急匆匆地赶去银行兑换。在这种情况下，之前能够充当货币的存款单或贷款票据就失去了货币的效力。及时赶到的储户和票据持有人还能够从银行拿回现金，晚到的人就拿不到任何现金了。随着银行的倒闭，这些人手上的存款单和票据都变成了废纸，不再是货币。银行之前有创造货币的魔力，此时这种魔力突然消失，取而代之的是绝望。

可用于购买物品的货币变少了，物价就会随之下降。物价下降的速度有可能会极为迅速，这会极大地打击商人和债权人。这就是萧条或恐慌，与之前的繁荣景象形成鲜明对比。这个道理是十分简单的。

银行始于17世纪，因此，在其他条件的助力下，繁荣和恐慌的循环往复也始于17世纪。每一次周期的长度都恰好令人们忘记上一次灾难。一代金融天才死于恶名，又一批人才崛起。容易受骗的人们又会相信，这一批新的人才有着点石成金的本领。过分乐观和噩梦惊醒的周期整整跨越了250年，前有约翰·劳，后有伯纳德·科恩菲德、美国产权基金公司（Equity Funding Corporation of America）。约翰·劳对银行的货币操作有着深入的了解，也许胜过所有后来人，因此我们有必要说一说他的故事。同时，约翰·劳的事业建立在新意频出的巴黎，因此他的银行有一种独特的风格气质，其操作程序也极为清晰明确。

1716年，约翰·劳来到法国，所持的身份证明即使是在当时看来也不足为信。劳本是苏格兰人，这个细节后文还会提到。他在英格兰决斗中杀了人，以谋杀罪被起诉，因此流亡在外。由于花光了丰厚的遗产，他有好几年都靠赌博为生。圣西蒙公爵（Duc de Saint-Simon）在他的回忆录里详尽地讲述了劳的作为，使我们能够了解详情。在认识劳的贵族中，圣西蒙公爵是少数几个没有因劳而破财的人。他是这样描述劳的："（劳）是这样一种人，在玩牌的时候，他不需要出千，仅凭着高超的手法（我认为简直是不可思议的手法）就可以不停地赢牌。"[4] 之前在苏格兰、荷兰和意大利，劳都曾尝试兜售他高明的点子，也就是成立一家土地银行，以一国国土为担保，向借贷者发行债券。在劳之后，这个点子总是不断地改换头面，不断地出现，到1923年，德国也有人提出了这一想法。然而，苏格兰人和荷兰人都没有这么丰富的想象力，因此劳屡次碰壁。

对于劳而言，法国是一块肥沃的土地。在这里，劳稍微改动了一下他的想法，改为使用更为遥远的地产作为担保。路易十四在位时间虽然久，却刚好在劳到达法国的前一年去世。当时法国的金融形势十分糟糕。财政支出是收入的两倍，国库常年空空如也，税收承包人① 和他们手下的收税员除了假公济私，毫无收税能力。圣西蒙公爵虽然并不总是最可靠的顾问，但是也建议最直截了当的办法就是宣布国家破产，勾销所有的欠债，重新来过。路易十五当时只有7岁，摄政王奥尔良公爵菲利普二世基本上是既没有想法，也不采取行动。此时，劳出现了。据说，劳和菲利普早在几年前就在赌场见过，当时菲利普"对这个苏格兰金融天才刮目相看"。[5]

1716年5月2日，法国皇室颁布了圣旨，授权劳和他的兄弟

---

① 在当时的法国，税收承包人（farmers-general of the taxes）获得政府授权，代替政府安排人员从民间收税，并每年向政府支付相应的税收。——译者注

成立一家银行，资产 600 万里弗尔，约合 25 万英镑。国家授权该银行发行纸币。在发行纸币时，银行采取的是贷款的形式。主要借款方当然就是国家。政府用发行纸币来支付开支，还清欠款，并宣布这些纸币是法定货币，可用于纳税。

刚开始的时候，这些纸币大受欢迎，除了纳税，还有其他各种用途。这是因为劳曾宣布，如果哪个银行家的储备钱币不足以赎回纸币，这个银行家就应被处死。此外，劳还承诺在赎回纸币时，将按照纸币出票时铸币所含的金属重量支付。法国历朝的君主一直沿袭着古老的做法，不断地降低法国铸币的金属含量，和以前的国王一样，希望能够用较少的黄金或白银买到同样的货物。因此，劳的这一承诺似乎是在保护人民免受皇室贪腐的影响。和同等面值的铸币比起来，劳的纸币一度存有溢价[①]。

最初的几个月内，约翰·劳的做法毫无疑问是行之有效的。政府的金融困境得到了缓解。银行向政府发行了纸币，政府用纸币进行支付，银行还向私人企业发放了纸币。而按照穆勒的公式，这些纸币推高了物价。法国经济历史悠久，饱经挫折而屹立不倒，在面对困难时不仅能挺住，还能更上一层楼。路易十四的逝世激发了人民的乐观情绪，进一步推高了物价，商业全面复兴。劳又在法国里昂市、拉罗谢尔市、图尔市、亚眠市和奥尔良市成立了分行。按照现在的说法，劳的银行上市了，成为一家公开发行的银行——"皇家银行"（Banque Royale）。如果劳在此刻收手，后人会评价他为银行史做出了一些贡献。此时如果有人想把手中的纸币兑换成铸币，银行的股东们所缴纳的铸币数量是足够满足需求的。人人都确

---

① 溢价（premium），此处指实际金额超过名义价值或面值。——译者注

信能够赎回铸币,但真正赎回的人寥寥无几。在未来如此充满希望时,也许没有人能够停手。

劳的最初贷款和后来发行纸币的好处都是显而易见的,也让摄政王感到了一丝欣慰。于是,摄政王提出要再次追加纸币发行量。既然这是好事,那就要再接再厉。劳默默答应了。他察觉到了需求,又设计了一个补充皇家银行储备资金的办法,以保证皇家银行继续发行大量纸币。事实证明,劳并没有忘记自己之前要办土地银行的想法。当时人们都相信路易斯安那地表下面全是金矿。劳计划成立密西西比公司,开发北美路易斯安那的大金矿,然后运回法国。这样可以获取贵金属,还有贸易收益。1719年年初,密西西比公司(西方公司),即后来的法国印度公司,获得了与印度、中国和东南亚的独家贸易特权。紧接着,密西西比公司又获得了烟草垄断权、铸币权和收税权。

下一步,就是将这个原始大型集团的股票上市。这一步发生在1719年,当时盛况空前,呼声热烈,有时还有暴动般的反响,堪称前无古人、后无来者。人们蜂拥而上,抢着购买股票,人群的喧嚣声几乎震耳欲聋。交易场所最初设在岗康帕街的老交易所(后来挪到了旺多姆广场,最后又挪到了苏瓦松酒店的大堂)。人们都希望能够住得离交易所近一点,于是交易所附近的地产价格暴涨。股价涨幅极大。有的人年初投资了几万里弗尔,几周或几个月后就身家百万里弗尔。法国人称这种人为"百万富翁"。可见正是在这一年,法国人为后人发明了这个十分有用的词。在这一年里,密西西比公司不断地向投资者出售更多股票。

与此同时,皇家银行也在继续通过发放更多纸币,以加大贷款。1719年春,皇家银行发放的未偿付纸币约1亿里弗尔;到了夏季，又新增了3亿里弗尔；1719年后半年，再次发放了8亿里弗尔纸币。

也许有人会认为，通过出售密西西比公司的股票，可以创造一笔巨额资金，用于开发路易斯安那的荒野。可叹，事实并非如此。密西西比公司和摄政王达成了优待协议，出售股票的所得并非密西西比公司所有，而是作为贷款给了法国政府，用于支付政府开支。密西西比公司如果要进行殖民开发、开采金矿充实皇家银行的储备，就只能用贷款产生的利息。简单地说，劳把皇家银行的纸币借给了法国政府（其实就是摄政王本人），法国政府把这些纸币用于偿还债务和支付支出，收到纸币的人又用这些纸币购买密西西比公司的股票，而密西西比公司收到的纸币又作为贷款给了法国政府，法国政府又用这些纸币去偿还债务，收到纸币的债权人又用纸币去买更多密西西比公司的股票，密西西比公司又把所得给政府用于支付更多的支出，偿还更多债务。如是循环，雪球越滚越大。

在路易斯安那的沼泽地进行投资本就没有什么吸引力，投资给法国政府更是没有吸引力。而密西西比公司投资的目标根本就不是路易斯安那，而是法国政府。然而整整一年间，几乎没人注意到以上事实。法国人按照法语习惯，称劳为"劳斯"，这个名字更加响亮。劳当时成了全法国的座上宾。就像所有的天才一样，劳对自己的所见所闻深信不疑，开始着手其他的经济和社会改革，而这些改革大多极为敏感。劳提倡将教会名下没有开垦的土地分给农民，停止征税，降低关税，粮食贸易不设限。他还通过贷款发行纸币，为公共事业和工业注资。法国对他感激不尽，要授予他爵位。摄政王的爵位是奥尔良公爵，为避免混淆，不能将劳封为新奥尔良公爵，因此劳成为第一位，也是唯一一位阿肯色公爵（Duc d'Arkansas）。[6]

1720年1月5日，劳的金融天才得到了最高的肯定，他被任命为法国财政大臣。然而，他的故事即将接近尾声。

不用说，问题肯定出在纸币上。据说，1720年年初，孔蒂亲王（Prince de Conti）因为无法按照自己认为合适的定价购买股票，觉得被冒犯了。亲王送了一堆纸币到皇家银行，要求赎回铸币。这不是一笔小钱，亲王派了3辆马车，才把黄金白银运回家。劳将此事报告给摄政王，摄政王命令亲王把大部分赎回的贵金属还给银行。但是有些人已经看透了当时的情况，正忙着把劳的纸币换成贵金属，然后运到英国和荷兰。有个叫沃马列特的商人"赎回了近100万里弗尔的黄金白银，装在农夫用的双轮车上，盖上干草牛粪，自己乔装打扮一番，穿着农民脏兮兮的破衣裳，拉着车安然无恙地到了比利时"。[7]此时，劳必须采取一些措施，重建市场信心。他采取了一个比较有创意的做法，就是在巴黎的贫民窟召集了1 000多名形形色色的乞丐，让他们带着铲子和其他工具，三五成群地走在街上，做出要去路易斯安那挖金矿的样子，好让所有人都知道，这些人很快就会挖出黄金，然后送进银行以担保纸币。刚开始的时候，乞丐们有组织地向码头的大船走去。然而不幸的是，也许是受人鼓动，一大拨乞丐半路逃跑了。乞丐们把工具卖掉，很快又开始混迹街头了。政府没有派人挖黄金，那只是一群乞丐而已。这个消息一传开，皇家银行的投资者和纸币持有者人心惶惶。到了这个时候，有必要限制人们将纸币兑换成铸币了，而这也是泡沫要破灭的固定信号。之后，劳进一步采取了更强硬的措施。他以财政大臣的新身份，禁止人们持有超过指定量的黄金白银，并进一步禁止人们持有大量珠宝；对于举报私藏的线人，给予一部分私藏作为奖励。与此同时，巴黎的皇家银行已经是人潮涌动，人们不再想要债券或是纸币,而是要铸币。1720 年 7 月的一天,银行的人潮甚为汹涌,据说挤死了 15 个人。劳不再是金融天才了。如果把他交给巴黎的暴民,估计会被撕成碎片。因此,摄政王不再见他,还让他离开了法国。劳去了维也纳,之后的 10 年"过着贫穷但有尊严的生活,安安静静,遵纪守法,死的时候已经皈依了天主教,虔诚地领受了临终圣事"。[8]

劳离开法国时,许多人破产,物价暴跌,商业受挫,法国人很长一段时间都对银行和银行业持有怀疑之心。至于纸币,"在全世界范围内,法国人最会用歌声表达悲伤……法国的大街小巷歌声处处闻……其中有一首歌……特别唱道:劳发明的纸币,是对纸张最可耻的利用。"[9]

圣西蒙公爵的回忆录也值得一提:"如果要公正地评说功过得失,密西西比公司就是一场海市蜃楼。这样一个股份公司,满口专业说辞,像变戏法一样,拆了东墙补西墙。整个公司既没有金矿,也没有点金石,最后不可避免地毁于一旦。只有一小部分人富裕了,其余大部分人都一贫如洗。事实就是如此。"[10]

圣西蒙公爵又进一步分析,认为劳的银行虽然在法国失败了,但是也许只是因为法国没有进行必要的限制而已,这个想法本身也许仍是个好想法。我们之后会明白,圣西蒙公爵的这一看法也是非常值得质疑的。

第四章

中央银行

1719年，约翰·劳展示了银行创造货币的奇迹效应。这一奇迹效应能刺激工业和贸易发展，几乎让每个人都心满意足。在那妙不可言的一年里，巴黎的人们体验到了一种前所未有的富裕感。然而，正如劳的经历一样，这一切的结局是一个可怕的审判日。这一事件引出了一个问题。之后的两个世纪，金融天才和贪财之人都在苦苦思索这个问题。这个问题用最简单的话来说，就是："怎样才能享受奇迹，而避免审判？"

的确，有人曾总结道，二者是相伴相生的。在劳之后的很长一段时间里，法国人一直对银行和银行发行的纸币以及一切非金属铸造的货币都心存疑虑。在法国大革命期间发行的一种被称为"指券"的债券又加重了这种疑虑，下文会再提到指券。法国农民尤其偏好把钱财换成金属货币保存，现在还有许多法国农民喜欢这样做。这个偏好并不是法国特有的。中国人和印度人也更喜欢黄金白银。直到现在，有的印度人还是会把积攒的钱换成黄金白银，给妻子做手镯、项链或是耳环戴起来，认为这样做比较谨慎稳妥。因为女性一般不会遭受暴力。对待家庭财富，印度人也持有同样的态度。所有的珠宝商都有天平，以供投资者确认贵金属首饰的重量。

这是早期普罗大众对银行和银行发行的货币表现出的疑虑，但是这种疑虑绝不限于普通民众，许多人都有这种疑虑。托马斯·杰斐逊（Thomas Jefferson）虽然愿意接受银行，以供储蓄之用，但却坚决反对银行发行纸币。在 1816 年给约翰·泰勒（John Taylor）的信中，他认为银行业机构比常备军队还可怕。约翰·亚当斯（John Adams）则认为，银行所发行的纸币，只要是超过了金库中黄金白银的数量，那么多发的每一张"都代表着虚无，因此就是在欺骗他人"。[1]

然而，在这种谨慎观点的对立面，是一股咄咄逼人的力量：黄金和白银在存入银行后，可以作为贷款借出，收取利息，而借款方可以用这笔贷款投资赚钱，所获取的收益用于支付利息。即使出现上一章的情况，借出的贷款真的超出了存款数额，由于所有的储户不大可能同时要求立刻取出金属货币，银行还是可以贷款给更多的人，赚取更多利息。如此一来，约翰·亚当斯该叹气了。这样的甜头本就十分诱人，还会提振整个群体的经济。银行会迫于压力继续贷款，导致发行越来越多的纸币，存款也越来越多，未赎回的纸币和存款总额最终将超出整个银行金库里的黄金白银总量。这样一来，银行业就有可能会面临一个实实在在的问题：所有的储户和纸币持有人都要求兑换贵金属，而银行实际上没有这么多储备。要如何限制借贷，采取怎样的措施，才能应对这样的情况？

解决办法有三个，而且事后来看，这些办法其实都是显而易见的。在实际操作中，可以综合运用其中两个或三个解决办法。第一个办法是做出一些安排，迫使银行家系统性地处理他们发出的纸币（或存折），并要求他们必须兑现赎回纸币和存折的现金。一旦银行家们感受到了这种压力，就会谨慎地发放贷款，以保证手头有足量的储备金属。第二个办法是法律明文规定银行必须储备铸币以供随时使用，这也是后来美国选择的做法。第三个办法是，万一所有人都来银行挤兑，而银行储备不足，则设立一笔专用拨款，用于支付。在这种情况下，如果有一个更高一级的财源时刻准备着提供金属铸币，那么人们要求赎回铸币的渴望就会消解，就像当年法国军队逼近阿姆斯特丹时的情况一样。

在劳之后的两个世纪里，以上的解决方法都使用过，后来还出台了新的禁令，即银行在吸纳存款的时候，可以接受纸币，但是发放贷款时，禁止发放纸币。这是因为，如果银行既有纸币发放权，又指望人们虽不断易手纸币，但永不要求将纸币尽数兑换成铸币，那么银行就很有可能会滥用纸币发放权。这个想法是正确的。然而，这些弥补措施都不是推理所得，而是从痛苦经历中学来的。每时每刻，人们都处于两难抉择中，不知是该享受眼前的回报，然后承受贪得无厌的代价，还是采取限制措施，以收获长远的果实。人们只有在经历过前者之后，才会立法保障后一种选择。

英格兰银行是改革的先驱机构。在所有与经济学相关的机构中，英格兰银行的地位无出其右。无论从哪一方面来说，英格兰银行之于货币，都堪比圣彼得之于基督教信仰。英格兰银行的声誉是实至名归的，货币管理的艺术和如影随形的神秘感大部分都源于英格兰银行。其他的央行之所以享有其地位，要么是因为忠实地模仿了英格兰银行，要么是在英格兰银行的基础上做了小小的改进，展现了思想或文化上的原创性。近年来，正如我们所见，央行已遗憾地成为一份平淡无奇的事业。各国政府都尽可能地收紧了对各自央行的控制。美国的联邦储备系统就是如此，虽然仍然沿袭之前的一系列做法，但事实上并不独立，大多数功能早已沦为例行公事。按照传统，央行哪怕是在做调研之后也不能得出引起争议的结论，所以央行不能研究重要的问题，因为所有重要问题都会引起争议。因此，央行能得出的最佳结论，也不过是把显而易见的道理重申一遍："石油产品在整个工业生产中具有突出的作用，这意味着油价上升也许会加剧未来几个月已预见到的高通胀压力。"[2] 来自美国共和党和民主党的领导人都意识到，联邦储备委员会激不起什么波澜，因此他们除了用美联储来储备公共资金，还时不时地将其作为某些缺乏理财能力的人的安置机构。杜鲁门总统的女儿玛格丽特·杜鲁门（Margaret Truman）曾写了一本关于父亲的回忆录，字里行间充满溢美之词。她在这本回忆录中对被父亲委派到联邦储备委员会的前海军随从参谋杰克·瓦德曼（Jake Vardaman）的算术能力表示怀疑。在如今的英格兰银行，如果某个决策被认为是重要决策，那么只有在最终决策执行之后，才会告知外部董事，目的是绝不让外部董事参与决策并借此获得更大的权力。无论如何，英格兰银行仍然笼罩着光环。这光环一部分是来自和货币的联系，尽管这联系只是例行公事而已。正是因为这一联系，有的年轻人本来可以凭借聪明才智当上大通银行副行长，或是加入保诚集团，但是他们却被英格兰银行所吸引。但是这光环更多源自英格兰银行遗留下来的影响力。任何一家央行的负责人在辛苦地不断讨论各个决策时，虽然明知最终的决策不取决于自己的想法，但都会梦想自己终有一天能够有所作为。英格兰银行的行长就曾经历过这样的时刻，当时整个金融界都屏息等待他的一言一语，或是一举一动。人们也许不懂得他言语姿态的意义，但是这些言语姿态的影响力却足以震撼世人。

英格兰银行的起源算不上惊天动地。创始人威廉·帕特森（William Paterson）和约翰·劳是同时代的老乡，都来自苏格兰低地。两人都天生善于博取他人信任，这也许是苏格兰人的禀赋。17世纪末时，帕特森在美国。当时，巴拿马地峡（Isthmus of Panama）还叫达连地峡（Darien）。帕特森打定主意，要在这个有战略意义的地峡附近建立一个大殖民地。回到欧洲后，就像劳试图推销土地银行未果一样，帕特森在刚开始推销这个想法时也四处碰壁。但是正如劳后来遇到路易十四去世后急需资金的法国摄政王一样，帕特森也在英国遇到了奥兰治亲王（William of Orange），亲王当时正在应对与路易十四的战争。帕特森给出了一个解决方案，就是颁发皇家特许状，组建一家从事银行业的公司，资本为120万英镑。银行成立之后，将这笔钱全部借给奥兰治亲王，政府签发同等面值的纸币，并以承诺还款来担保这些纸币。之后，银行用这些政府签发的纸币作为贷款借给一些有实力的个人借款方。这些人要付给银行利息，政府也要付给银行贷款利息。这是银行业创造的又一个奇迹。

　　1694年，这一解决方案获得了首肯，英格兰银行诞生了。当时也有人反对设立银行。托利党人情绪有些激动，他们认为银行本质上是共和主义的产物，但是金融需求压倒了一切反对意见。和收取双份利息比起来，英格兰银行的开销可谓极低。最初的组织架构包括董事会、行长、副行长、17名柜员和两个门卫，门卫年薪只有25英镑。威廉·帕特森最初加入董事会的时候，收入是2 000英镑，但是很快他就不再是董事会的一员。银行成立仅几个月，威廉就和同事起了争执。有作家猜测是因为利益冲突，因为威廉当时也在支持对手奥芬基金银行。[3] 无论如何，当时威廉回到了苏格兰，而苏格兰人对他的"达连计划"给予了热烈的支持。就像后来法国人对待皇家银行那样，素来节俭的苏格兰人争先恐后地给帕特森的公司投资，以支持该公司去开发热病横行的海岸。凡是坚持到底的投资者最后都血本无归。1 200名殖民者分乘5艘船起航，最后包括帕特森妻儿在内的大部分人都身亡了，帕特森本人也是死里逃生。到了晚年，帕特森对金融历史做出的重大贡献获得了认可，他的名誉也多少恢复了一些。他后来成了支持英格兰和苏格兰合并的重要人物。

在颁发特许状后的15年里，政府一直不断地需要资金，英格兰银行于是认购了更多资本。由此，英格兰银行被改组成一家股份制垄断公司，成为皇家的银行，延续了近一个世纪。刚开始的时候，英格兰银行并没有认为自己和其他银行有何不同，虽然有特权，但也只是从事银行业而已。当时黄金商人也从事银行业务，只是没有特权而已。黄金商人们收取存款，发放贷款，生意好坏并不取决于交易是否讲诚信，而是取决于保险箱是否足够牢固。他们极力反对政府续发英格兰银行的特许状。政府否决了他们的异议，仍然续发特许状。然而不久后，出现了一个同样是为政府从事银行业的对手，开始挑战英格兰银行的地位，这就是南海公司。1720年，在经营了几年普通业务之后，南海公司提议接管政府债务，以换取各种特许权，其中就包括与西班牙殖民地的贸易特权。只是当时南海公司并没有意识到，要拿到这个贸易特权，就要和西班牙达成协议，而这个协议几乎是不可能达成的。英格兰银行不遗余力地与南海公司竞标，但是由于南海公司出价慷慨，并贿赂了议员和政府人员，英格兰银行完败。两家公司虽然是对手关系，英格兰银行还是为南海公司提供了大量贷款。但总体而言，英格兰银行算是避免了一场灾难。[4]

之所以这么说，是因为南海公司成功中标后，全社会的投资热情空前高涨。那一年，在海峡对岸的法国，劳的公司正处于巅峰，这一边的英国人则疯狂地投机购买南海公司的股票，以及各类其他公司的股票。这些发行股票的公司有的声称能制造永动轮，有的声称能"修复和重建牧师公寓与牧师住宅"，还有号称永远不倒闭的公司，称"本公司从事利润丰厚的行业，是何行业恕不奉告"。[5]这些公司最后都烟消云散了，或者濒临倒闭。英格兰银行本是十分偶然地躲过了这一劫，但正因如此，其谨慎行事的声誉得到了巩固。法国人在混乱过后，不再信任银行，英国人也同样不再信任股份制公司。英国颁布了《泡沫法案》（以南海公司的泡沫事件命名），在此之后的一个多世纪里都对类似公司严加管制。

1720—1780年，英格兰银行逐渐开始监管货币供应，维护英国政府的金融利益。英格兰银行发行的纸币可以随时立刻兑现成金属铸币，正因如此，没有人要求赎回金属铸币。规模较小的私人银行竞争者也会发放纸币，但是人们对这些纸币并没有那么信任，因此常常要求兑换成铸币，有时甚至停止使用。1770年左右，英格兰银行几乎成了伦敦唯一的纸币来源。其他银行虽然直到下一个世纪还在继续发行纸币，但私人银行的主要职能只是存储货币。它们发放的贷款也是来自扩张存款，而不是发行纸币。与此同时，出于方便的考虑，人们开始使用支票。

至此，英格兰银行的地位已变得非常高。1780年，乔治·戈登爵士（Lord George Gordon）带领暴民在伦敦示威反对《天主教救济法案》，其主要目标就是英格兰银行，因为英格兰银行代表着当权者。当时伦敦的天主教社区被洗劫，而政府迟迟不做出回应。直到英格兰银行被围困了，当权者才意识到情况严重，派军队干预。从此以后，政府开始夜间派兵看守英格兰银行。

如上所述，到18世纪末，英格兰银行已经将伦敦小型对手银行发行的纸币淘汰了。因此至少在伦敦市范围内，已经不存在因滥用纸币发行权而导致纸币发放过多的情况。但是英格兰银行还不具备央行的其他功能。在乐观主义和投机热情下，小银行可以不受限制地扩大贷款和存款规模，因此很有可能导致货币储备缩水。储户还是有可能出于某种原因而要求将纸币兑换成金属铸币，而银行实际上并没有这么多金属铸币。对于这种情况，还是没有任何预防措施。此外还必须建立针对监管者的监管机制，这绝不仅仅是银行和货币特有的需求。迫于压力，银行自身可能会屈服于乐观主义或是公众需求，大量扩大自身贷款量、纸币发行量和存款量。这是最先凸显出来的问题。

到18世纪末，英国在两条战线上交替作战，首先是与美国殖民地的战争（巧合的是，对发行货币的观点差异正是导致双方摩擦的重要原因之一），之后又与拿破仑作战，然后又同独立后的美国交战。战争带来的后果和之前一样。英国需要给战地军队和舰队付军费，还需要给派出更多军队的盟国补贴，以反映英国的人道主义政策。皮特首相态度强硬地向英格兰银行索要贷款，许多人甚至觉得他要钱的时候简直冷酷无情。政府还提高了税收标准，不顾民间阻力开征所得税，又名财产税。尽管如此，政府还是不断地需要用钱。到18世纪的最后几年，英格兰银行的储备已经大幅缩水，时不时还发生挤兑。终于，在1797年，局势变得极为紧张，有人认为法军很快就会登陆英国。英格兰银行暂时拒绝将纸币和存款兑换成黄金白银。引发的主要后果是金币和银币立刻退出市场，甚至没有足够的铸币进行小额交易。人们使用纸币，囤积金属，格雷欣法则又上演了。银行在仓促之中印刷了一些面值为1英镑和2英镑的纸币，还从金库里调出一堆掠夺来的西班牙银币，把乔治三世的头像加印在西班牙君王的头像上，用于应对赎回纸币的要求。一个反对当权者的匿名诗人受此启发，创作了以下诗句："那英格兰银行，为使西班牙银币流通在大英帝国，且将那傻瓜之头盖于混蛋脖子上。"[6]

政府的需求越来越迫切，发放的贷款越来越多，为提供贷款而发行的纸币也越来越多。此刻，物价和金价也开始上涨了。1797年9月圣米迦勒节时，1蒲式耳[①]的小麦卖6先令，1798年价格维持在同一水平，到1799年就要11先令，1800年又涨到16先令。[7] 面包的价格也随之上涨。同一时期，金条价格也大幅上涨。接下来几年，物价有所下降，但很快又暴涨起来。这一切都令当时的民众十分忧虑。由于当时英国政体的权力分配特点，人们担忧的主要不是食品价格，而是金价。到1810年，英国下议院组织了一个委员会调查这一问题，这个委员会就是金条高价事件专门委员会。该委员会的主要任务就是核查英格兰银行纸币这一基础货币是否存在贬值，或者说金价是否存在上涨。许多人也许能看出来，这两个说法看似不一样，但实际上是同一个问题。委员会进行了审议，并且按时得出了结论，即纸币确实出了问题。金价上涨，正是因为英格兰

---

① 蒲式耳（bushel）是旧时英国的计量单位，1蒲式耳约为36升。——译者注

银行过量发行仍不能赎回的纸币。委员会建议，要求英格兰银行在两年以后重新开始确保纸币可完全兑换成铸币。只要纸币可以兑换了，金属价格就不会上涨了。

于是在 1811 年，英国展开了一场针对货币本质和货币管理的著名辩论，这是历史上最有名的一场辩论。议员们参与辩论，货币专家也主动建言。当时人们尚未明确要如何认定一个人是否有资格称自己为货币专家。但是自那以后，货币专家们就在货币史上占据了一席之地。

在这场辩论中，出现了一个一直延续至今的观点分歧，这一分歧并不突出，但值得一提。[8] 经济上的变化缘何而起？是那些对货币负责的人导致的吗？因为这些人发放贷款，所以导致纸币供应和存款增长（由此影响物价和生产，其中包括导致生产价格和贸易价格上涨）？又或者是源于生产？商业活动和价格影响对贷款的需求，从而影响纸币供应和存款量，也就影响了货币供应？简言之，是货币影响了经济，还是货币对经济做出反应？这个问题直到今天还有人在问。"货币与经济形势究竟孰因孰果，货币理论一直摇摆不定。"[9]

英国战时商业活动不断扩大，物价不断上涨。包括英格兰银行在内的一方认为，（受战争影响的）商业形势起决定性的影响。英格兰银行和其发放的贷款、纸币都只是对形势做出的反应。金价是迫于贸易活跃带来的压力才上涨的。另一方则认为，英格兰银行过于慷慨大方、意志薄弱，在政府要钱的时候无力抵制，导致发放过多纸币。金价并没有上涨，是英格兰银行发行的货币贬值了。毫无疑问，英格兰银行有责任保证其发行的纸币不贬值。这个观点进一步印证了金条高价事件专门委员会的结论。

当年的这场辩论中,最值得我们铭记的是一位在伦敦做股票经纪的犹太人。他自己和其他人都不知道,他将通过这场讨论,成就一番名垂青史的经济学事业,并被后人称为最伟大的经济学家之一。这个人就是大卫·李嘉图(David Ricardo)。当时他无比坚定地支持金条高价事件专门委员会的结论,并毫不动摇地支持后来世人熟知的金本位制。"在后知后觉地讨论金条价格问题时,可以极为公正地主张完美货币的价值应当始终如一。"[10]李嘉图承认贵金属的价值不是一成不变的,因此不是完美的货币。("贵金属本身就有较大差异性,理想的标准不应有如此大的差异性。但是贵金属是我们最为熟悉的标准。"[11])他进一步表示,如果没有这样一个标准,货币"就会因为发行者的无知或是私利,而出现各式各样的波动"。[12]李嘉图并不反对纸币。他认为纸币既经济又十分方便,但是必须规定纸币可以随时完全兑换成金属。

李嘉图遵循着经济顾问的一个"伟大"传统,即善于指出目的,但不善于提出实现目的的手段。后世的一位历史学家温和地指出,李嘉图"作为一个经济学理论家,往往会忽视眼下的情况,比如说,英国当时正是战争年代"。[13]但是皮特首相无法忽视这一点,无论金条价格上涨有何影响,他都必须先解决拿破仑的问题。因此,皮特首相继续要求英格兰银行贷款。李嘉图在理论上胜利了,只是由于实际条件所限,他的理论没有得到实践。

但是最终,他在实践中也胜利了。社会推崇的观点一直都与李嘉图保持一致。1821年,战争已结束,纸币和黄金之间又恢复了完全兑换,兑换率与之前一样。在这一问题与其他许多问题上,李嘉图征服了英国,"就像宗教裁判征服西班牙一样"。[14]

但这并不意味着万事大吉。人们仍然认为英格兰银行抗压能力较弱。1824 年，南海泡沫的记忆早已模糊，许多公司又开始大肆宣传项目。许多项目都反映了南美的致命诱惑力，其中还有一家公司"要抽干红海，寻找犹太人来到埃及后埃及人扔进红海的宝物"。[15] 人们认为是英格兰银行宽松的货币政策助长了泡沫的形成，当然这是在英格兰银行崩溃之后才有的看法。10 年后，又出现了新一轮信贷扩张，又一次泡沫，之后是大规模挤兑。英格兰银行山穷水尽，如果不再次停止兑现，就只好宣布破产。这一次，法国银行家组成的财团拯救了英格兰银行。他们预先支付黄金给英格兰银行，然后再从法兰西银行里取出黄金。这样安排有几个考虑，其中之一就是要掩饰英格兰银行不体面地接受了法兰西银行的救助。1844 年，在激烈地讨论过货币和银行业在货币管理中的不同角色后，罗伯特·皮尔爵士（Sir Robert Peel）坚决地给英格兰银行穿上了一件束缚手脚的"紧身衣"。30 年后，沃尔特·白芝浩（Walter Bagehot）称之为"铸铁系统"。[16]《1844 年英格兰银行条例》规定，英格兰银行当年固定发行 1400 万英镑纸币，并且要以政府债券担保。此外，只有在金库里有足够多黄金白银的情况下（白银不能超过 1/4），才能发行更多纸币。"铸铁系统"过于严苛，导致英格兰银行无法发挥另一个现在熟知的中央银行的功能，即在小银行的储户大量挤兑时，为小银行提供资金。为了弥补这个缺陷，政府规定只要事实证明情况紧急，即可暂停实行该条例。

之后的几年，英格兰银行开始逐渐管控下属银行或商业银行的业务。如此一来，英格兰银行引入了央行政策的两大历史性工具——公开市场操作（open market operations）和利率。

商业银行的贷款规模快速扩大，导致存款和支出增多，如我们之前看到的那样，这会导致物价上涨。由于英国当时受到国外竞争的全力冲击，如果国内物价上涨，就会鼓励英国人更多地去国外采购，这就使英国市场的采购成本过于高昂。而银行借贷规模过快扩张这一现象预示着，英国的黄金将流入海外用于采购，或是投资金矿开采项目。英格兰银行预见到了这一点，并通过提高银行利率，防止了此类现象发生。利率工具所指的利率，是英格兰银行通过各种方式为其他银行提供贷款时收取的利率，或是那些寻求资金进行金融商业交易的银行向英格兰银行转移信贷工具时执行的英格兰银行的利率。（为了辅助央行运用这一工具，1833年，英国立法确定英格兰银行不受高利贷法律约束。）英格兰银行提高利率对其他银行是一个信号，即这些银行应当限制信贷。如果这些银行忽视了这一信号，英格兰银行还可以在公开市场出售政府债券，并且宣布自身发放的商业债券等其他投资到期，要求收回资金。这样一来，英格兰银行就放弃了一些投资组合，而换来了现金。而其他银行则损失了一部分现金，储蓄随之减少，储备金也减少了，因此不得不限制新贷款的发放。这些银行也可以通过向英格兰银行借钱，来补充自己的现金储备。但是英格兰银行的贷款利率已经提高了，这就打压了这些银行的借款意向，而这些银行也会影响终端的借款客户，从而打压他们的借款意向。由此，英格兰银行得以监管整个银行系统的贷款，并借此监管储蓄的形成与货币的发行。

很少有词语像"公开市场操作""央行利率""再贴现率"一样如此带有神秘色彩。公开市场操作指的是前面提到的央行出售债券的行为，这一行为会将商业银行或普通银行原本可供借出的现金或储备金转移出来。而央行利率和再贴现率都是利率工具，它们能够防止其他银行过于轻松地从央行借钱补充现金。就这么简单。在回顾过这个世纪银行发展过程之后，这些神秘看起来就不神秘了，只是银行为了适应形势做出的简单，甚至是显而易见的调整而已。

中央银行的最后一个职能也同样如此。这个职能就是以可靠的货币供应，提供完全可接受的货币，以应对人们无论出于何种原因，集体要求将商业银行存款提现的情况。就存款形成的本质而言，商业银行手头其实并没有与存款等额的现金。1825年和1833年爆发了两次挤兑危机，当时人们争相要取出黄金。之后又爆发过几次类似的危机。最引人注目的一次发生在1890年，当时著名的大银行巴林银行突然发现自己手中有2 100万英镑的阿根廷债券违约，面临着破产的危险（又是南美）。对于这种紧急危机，银行业已经有了一套应对机制。首先，英格兰银行提高了本行的利率，使其高到足以打消所有不必要的借款意向，并足以吸引国外的自由投资基金回笼。之后，英格兰银行满足了所有债务偿还能力良好的银行家要求提取储蓄的要求，储户因此感到放心了。一旦储户安心了，就会重演当年阿姆斯特丹的情况。"确定能拿回储蓄后，所有人都不想提现了。"[17]自1825年后，英格兰银行已经承担起了"最终贷款人"（lender of last resort）的职责。行家们也经常使用"最终贷款人"这个词语，历史也同样剥去了这个词语神秘的外衣，这只是一次简单的因时而变而已。

1800年，迫于拿破仑的金融需求，法国放下了对银行挥之不去的疑虑心结。在接下来的一个世纪里，法兰西银行的发展轨迹与英格兰银行大致相同。1875年，前普鲁士银行被德意志帝国银行取代。其他国家也建立了类似央行的机构。1867年，欧洲主要工业国家的代表聚集在巴黎，召开了一次不太有名的会议。会议决定，从此以后，只有以黄金支付才能被称为以铸币支付。之后本书还会再次提到这次改革。

当时，在每个国家内部，银行发行的纸币和放在银行的存款都可以自由地以固定兑换率转成黄金。每个人都可以把手中的黄金以固定的汇率，兑换成任何一个成熟工业国家的货币。既然如此，主要货币之间就必须有一个固定的兑换率，否则报价、签合同和商量贷款时用的币种都没有意义，必须稍加计算才能作数。于是，各国央行，尤其是大家公认的英格兰银行，就开始监管并确保货币能够兑换成黄金，并且设计了一整套用于监管兑换的工具。这看起来是一个非常稳健的系统。本书接下来的几章会提到，和欧洲比起来，这套系统并不是非常容易为美国人所接受的，但是这似乎只是因为时间问题和人们对此缺乏了解。对于一个新成立的民主国家来说，要接受这种事情本来就比较困难，尤其是美国农民本来对钱就特别不灵光。美国的整个趋势还是在朝着正确的方向发展。

当时所有的国家都逐渐形成了一种道德观：凡是支持稳健货币和金本位制的都是好人，凡是不支持的都是坏人。如果不支持的人有所企图，那么他们就和盗贼差不了多少；如果没有任何企图，那么他们就是糊涂。无论有没有企图，这些不支持稳健货币和金本位制的人都不值得尊重。这不仅是保守派的道德观，明理成熟的左派也赞同。社会主义者和后来的共产主义者虽然想要革命，但是也不想被视为无赖。

事实上，19世纪的货币政策成就是脆弱的。心思细密的人或是谨慎行事的人一直都在担心黄金也许有一天会遍地都是、司空见惯，导致价格出现骇人听闻的暴涨。也许应该放弃金本位制，以另一种价值更高、数量更少的物品代替。这并不完全只是个学术思考。随着探险潮兴起，全世界的寻宝者怀着乐观的精神去黄金母矿淘金，仅1850年一年，新成立的加利福尼亚州产出的黄金就达到了之前10年全球黄金的年均产量。与此同时，在澳大利亚淘金的幸运儿在地表以下几英尺①的地方挖到了200磅金矿，大块的黄金随手就可以捡起来，有几块甚至重到拿不起来。19世纪末，淘金者又发现了克朗代克金矿（Klondike）和兰特金矿（Rand）。地球上还有许多遥远之地尚未探索，谁知道这些地方会不会也藏着金矿？

假如能看看黄金过剩的效应，应该是挺有意思的。弗洛伊德认为人类对于黄金的迷恋是深藏于潜意识中的。因此，即使黄金像煤矿一样丰富，这一金属的地位也不会动摇，即使动摇也还是会有一定地位。这一假设并没有得到检验，因为黄金的产量并没有发展到过剩的地步。历史上，黄金充裕对物价确实产生过影响。1848年之前的25年间，从约翰·奥古斯特·苏特尔（John Augustus Sutter）的磨坊附近发现了黄金薄片开始，黄金的价格便一直在下降。1848年后的25年间，金价又开始上涨，但是按照现代的标准，上涨幅度仅有20%，不算很高。南非发现金矿之后，发现新金矿的频率就变慢了。黄金仍然是稀有的。凯恩斯于1930年计算过，在之前7个世纪里开采挖掘出来的黄金可以装在一艘远洋客轮里，驶过大西洋。[18]如果用现代超级邮轮来装运，更是绰绰有余。

相对黄金而言，更大的威胁是战争。19世纪的金本位制主要归功于英格兰银行的精明管理，中央银行的运营一度可以称得上是

---

① 1英尺为30.48厘米。——编者注

艺术，而这又主要归功于英国和平的大环境。到 20 世纪，包括英国首相皮特在内的各国战时政府，在税收不够用的时候，都会向央行要钱。无论这些央行标榜多么独立，没有一家敢对政府说"不"。

最大的威胁是民主制度。英格兰银行是统治阶级的工具。从统治阶级那里，英格兰银行获得了很多权力，其中一个就是把苦难强加到人民头上。英格兰银行有能力降低物价，降低工资，降低就业率。这些都是应对黄金短缺和市场过热的校正手段。几乎没有人预料到农民和工人有一天也会掌权。这些人掌权的时候，政府就不再愿意强加苦难了，即使是为了维持货币价值也不会这样做。

尽管如此，还是有人较早就发现，在这些问题上，富人的利益与其他人的利益有时候是不同的。1810 年，李嘉图写下了他观察到的现象："货币贬值时，富人遭受的损失更大……这也许可以称为一条广泛适用的原理，货币价值变动，对每个人都会产生损害或是好处，损害和好处的程度与个人的货币所有量成正比，或与他人对个人的货币固定需求超过个人对他人的货币固定需求的程度成正比。"[19]

货币贬值对农民反而有帮助："在货币贬值时，他（指农民）比其他任何阶级得到的好处都多；在货币升值时，受到的损害也是最大的。"[20]

在英国，李嘉图提到的富人阶层可以说是取得了彻底或是几乎彻底的胜利。但是富人阶层在美国则是受到了最严峻的挑战。这一挑战以不同的形式，主导了美国前 100 年的政治版图和半壁江山。论划分社会对立阶级的剧烈程度，只有奴隶制政治能胜过货币政治。

第五章

纸　币

如果说商业银行的历史是意大利人缔造的，中央银行的历史是英国人缔造的，那么政府发行纸币的历史毫无疑问是美国人缔造的。银行发行的纸币和政府发行的纸币自然有很多共同之处。在纸币能够兑换成贵金属的前提下，银行以借贷形式发出的纸币之购买力与其承诺的黄金或白银相等。而且，即使未赎回的纸币总面值远远超过可供兑换的贵金属，这些纸币的购买力仍然保持不变。因此，银行绝对不能表现出没有足够的贵金属用于赎回纸币，也无法承受过多储户同时要求将纸币兑换成贵金属。

此外，英国与拿破仑的战争证明了一点，那就是在银行拒绝将纸币兑换成黄金白银时，其发行的纸币是绝对不会失去全部或大部分价值的。初步看来，起决定性作用的因素是发行纸币的总额与贸易综合情况的关系，以及最终赎回的意愿。更进一步说，这一贸易综合情况指的是可供购买的货物和服务总量。在签订《根特条约》、取得滑铁卢胜利之后，英国政府极有可能不再要求英格兰银行贷款，英格兰银行也就不会再发行更多纸币了。金条高价事件专门委员会已建议恢复纸币与贵金属的完全可兑换性，这一建议的执行也似乎是迟早的事情。因此，英格兰银行纸币的购买力稳步上升，与黄金的可兑换性也变得更加确定。这和一个世纪前法国皇家银行面临的情况形成了鲜明对比，后者当时发行的纸币数量更多，也更不被人看好。

政府本来是为银行做担保，然后用银行发行的纸币去支付士兵的军饷、船员的报酬、公务员的工资，购买供应商的货物或服务。而现在，政府开始直接发行纸币，以向这些人支付款项。改变做法之后，并没有造成太多不同的影响。政府发行纸币时，仍然承诺这些纸币可以兑换国库里的黄金白银。同样，这些承诺赎回的总量，通常也可以说是几乎不出意外，都会超过实际可以用于兑换的贵金属总量。但是，和银行纸币一样，政府发行的纸币仍然具有较高地位，因此只要这些纸币能够完全兑换成黄金白银，与之相关的购买力就会保持在高水平。一旦纸币不能兑换成黄金白银了，此时纸币还剩下多少购买力，同样也取决于能够用这些纸币买到多少货物，以及未来赎回的意愿。如果发行量较少，那么购买力只会稍微有所下降，并且和通常情况一样，即使政府无限推迟兑现赎回纸币的承诺，纸币的购买力也只会稍微有所下降。

政府刚开始发行纸币时，一般会承诺支付利息，也就是承诺在赎回的时候，稍微有一点溢价。政府许下赎回的承诺时，是以国家的威仪和信用在做担保。在历史上大多数时期，这是两种十分暧昧不明的资产。一般说来，纸币本身被赋予或是强制规定了一个价值。政府宣称，如果有人欠了一笔钱，那么只要把足量面值的纸币还给债主，从法律意义上来说，这个人的债务就偿清了，因为纸币是法定货币。因此，欠钱的一方就会想办法赚取纸币并且珍视纸币，因为纸币可以用于偿还债务，而债主也不会拒绝收取纸币。政府希望这种观点能够深入人心，但是像往常一样达不到理想效果。

美国殖民地是使用纸币的先驱,这是由许多原因造成的。战争一如既往地迫使人们进行金融创新。纸币就像英格兰银行发行的贷款一样,可以替代税收。在纳税方面,殖民者是极为强硬的,他们提出"无代表,不纳税"的著名口号,抵制税收。他们还有一个较少宣扬的立场,那就是即使有代表,也抵制税收。"所有的殖民地对于纳税都十分不情愿,这是毫无疑问的。这是脱离英国已久的美国人民的鲜明特点之一。"[1]殖民时代的人们视纸币为经济问题的一剂解药,情况也确实如此。同时,宗主国一般都会阻止殖民地开设银行,因此虽然明显可以用银行发行的纸币来替代政府发行的纸币,殖民地仍然没有可以发行纸币的银行。此外,在殖民地进行"货币试验"的本能也是一个诱因。新大陆充满了奇迹,当时的人们也许相信,或许可以通过创造货币致富,这在历史上是开天辟地、独一无二的一种可能。

早在定居美洲的初期,殖民者就展现出了进行这种"货币试验"的本能。所有的历史记载都显示,当时的殖民者普遍缺少货币。许多人认为这是因为当地没有金矿和银矿。此外,殖民者的宗主国信奉重商主义,认为只有黄金白银才是值钱的财富,因此漠然地将殖民者的所有贵金属搜刮一空。以上这些解释都不大可靠。许多国家或地区即使没有金矿和银矿,也有着较为充裕的黄金白银。威尼斯、日内瓦和布鲁日都没有主矿脉。(当今的中国香港地区和新加坡也没有主矿脉。)虽然英国要求殖民者在购买英国货物时支付金属铸币,但是这些殖民者也生产烟草、皮毛、船只,提供航运服务,英国商人一直都十分愿意用黄金白银购买这些货物和服务,而且这种交易是不受限制的。殖民地的金属铸币短缺应该是一次格雷欣法则的重演,这种解释更为可信。从一开始,殖民者就在尝试用其他物品代替贵金属做货币。收到这些替代品的人认为，这些替代品比不上真金白银，又会继续将这些替代品用于交易流通。收到真金白银的人则会将金银攒起来，只有在宗主国商人或其他卖方不接受替代货币时，才会把金银花出去。

最初的替代货币是从印第安人那里获得的灵感。在殖民者刚开始定居的那些年，从新英格兰到弗吉尼亚，各地都视印第安人用的贝壳念珠或贝壳为可接受的货币。1641 年，马萨诸塞将贝壳定为法定货币，不超过交易限额即可使用，6 个贝壳等于 1 便士。但是，仅仅一两代人后，这种货币就不再受人青睐了。贝壳有黑色和白色之分，黑色贝壳的价值是白色贝壳的两倍。只要动一点手脚，涂一点染料，就能把低面值的货币变成高面值的货币。而且，贝壳念珠之所以为人所接受，是因为用这些念珠能够从印第安人那里换来海狸毛皮。印第安人实际上就是这个贝壳货币系统里的中央银行，海狸毛皮就是可以用贝壳兑换的储备货币。正是这一可兑换性维持着贝壳的购买力。17 世纪之后，随着定居点扩张，海狸躲到了深山老林和偏僻河流里，印第安人无法获得海狸毛皮了，贝壳念珠也就无法兑换到海狸毛皮了。随着兑换期望值变低，贝壳念珠的购买力也下降了，不久之后就退出了流通，只作为零钱使用。

烟草虽然有地域局限性，但是比贝壳念珠更为重要。1607 年，第一批殖民者在弗吉尼亚州的詹姆斯城永久定居。十几年后，弗吉尼亚州开始用烟草充当货币。1642 年，弗吉尼亚州的殖民地全体大会将烟草定为法定货币。有意思的是，全体大会还反过来认定，那些要求使用黄金白银支付的合同是不合法的。弗吉尼亚州将烟草当作货币用了大约两个世纪，马里兰州用了一个半世纪。这两个州都是直到宪法规定只有联邦政府才能管理货币之后，才停止以烟草作为货币。按照通常的算法，金本位制从 1879 年开始实行，于理查德·尼克松 1971 年出台政策之后宣告终结。从整个美国历史来看，烟草虽然只是局部地区使用的货币，但是使用的时间比黄金要长 1 倍。

刚开始的时候，烟草像纸币和硬币一样从一个人手中交到另一个人手中。除了有些易损，烟草还有两个十分重要的特点。其一，作为交易媒介，烟草是种植所得，而不是开采、铸造或印刷所得。烟草能够保持供应，不是因为撞大运挖到了金矿，铸币厂组织得当，或以国家权威担保信用，而是取决于个人的种植意愿。其二，烟草的质量极其容易下滑。于是，人们积极地利用烟草的这两个特点钻空子。早在殖民者在弗吉尼亚州和马里兰州定居的初期，殖民政府就已经开始采取措施限制烟草产量，以此维持烟草的购买力。1666 年，弗吉尼亚州、马里兰州和当时的卡罗来纳州经谈判达成了一个协议，决定将所有烟草生产暂停一年。1683 年，州政府采取了类似的举措，但并未成功，而一些乡间团伙却借故破坏了烟草种植地。为此，弗吉尼亚州大会规定，如果破坏烟草种植地的人员为 8 人或以上，则按危害国家罪定罪量刑，处以死刑。

虽然高产量导致了严重的通货膨胀，物价上涨，购买物品时需要支付的烟草重量越来越大，但是对于生产者而言，烟草这一货币仍然极具吸引力。农产品需求不具有弹性，一旦生产过量就会导致价格暴跌，这常常使得背负贷款或债务的农民难以支付利息或偿清欠款。如果小麦、棉花或牲畜的价格下降了，那么农民就需要增加生产量。但是合同上要求支付的烟叶重量是在签订合同时就定好的，所以只要烟草还是货币，那么只需要生产固定重量的烟草即可。1642年的法律禁止签订以黄金白银计价的合同，这其实是烟草种植者为自身争取的一项特许权。当时，债主们不愿意接受廉价的烟草，想要签订价值更有保障效力的合同，尤其是以黄金白银计价的合同。烟草种植者们不胜其扰，于是决定通过立法来免除这样的威胁，这是情理之中的事。

以英国货币计算的烟草价格决定了弗吉尼亚州和马里兰州货币对英镑的汇率。烟草价格为10便士1磅时，汇率就是10∶1，即1磅弗吉尼亚州或马里兰州的烟草价值10便士英国货币。当1磅烟草价格下降到5便士时，汇率就是5便士兑1磅烟草。由此，价格水平和汇率之间可以毫不费力地立刻自动适应。这个早期的例子极为恰当地展示了现在所说的浮动汇率（floating exchange rate），业内人士称为浮动（float）。

1磅劣质烟草也是1磅烟草。很明显，生产最劣质的烟草是有好处的，因为这样成本更低。格雷欣法则对最终的烟草产品产生了巨大的影响。只要手头有破损、带梗或是贮存过久的烟草，人们就不会使用优质烟草进行交易。在伊利湖北岸的安大略省，烟草是一种重要的作物。我年少的时候，有个邻居叫诺曼·格里斯伍德。附近的农夫时不时地卖给他一些烟叶，他就靠这个解烟瘾。他的农场就在我家农场南边。只要南风一起，我们不用15分钟就能知道他在抽烟。所有的权威人士都同意，弗吉尼亚州和马里兰州的种植者们最早用于流通的烟草就产自这里。

实际上，使用劣质的烟草就相当于刮削变造过的硬币，当年的阿姆斯特丹商人饱受其扰。针对烟草的最终解决办法也是一样的。相当于阿姆斯特丹银行的公共仓库成立了。仓库对烟草进行称重、分级，并发放代表特定品质和重量的证书。烟草在这样处理之后才能进入流通。1727年，烟草证书或票据成了弗吉尼亚州的法定货币，并一直沿用到18世纪末。烟草和货币之间的联系十分紧密。新泽西州虽然不种植烟草，但是其发行的纸币上却印着一张烟叶，下面还有一句振聋发聩的警示语："伪造纸币是死罪。"²

到了殖民时代的后期，就像弗吉尼亚州和马里兰州用烟草做货币一样，南卡罗来纳州使用大米作为货币。其他州还在小范围内尝试使用谷物、牛、威士忌和白兰地作为货币，这些物品都一度被定为法定货币，可以用于偿还债务。而以威士忌和白兰地作为货币也使得美国由来已久的禁酒令变得更为严厉。但这些替代品的重要性都不及纸币。

1690年，纸币在美国的马萨诸塞湾殖民区初次发行。有人如此描述道："马萨诸塞湾殖民区不仅是美洲纸币的发源地，也是大英帝国纸币的发源地，更是几乎所有基督教国家纸币的发源地。"³ 人们也注意到，纸币的发行是由战争引起的。1690年，威廉·菲普斯（William Phips）爵士带着一队马萨诸塞的散兵远征魁北克。菲普斯曾在现在的海地和多米尼加共和国附近的海湾发现了一艘西班牙沉船，从中获取了大量金银，由此发家致富、飞黄腾达。⁴ 这次他计划在攻陷堡垒之后洗劫钱财，用于支付远征的费用。但是他没能攻下堡垒。当时的美洲殖民地政府预算都很有限。根据亚当·斯密的说法，马萨诸塞政府在大革命前每年花费18 000英镑，纽约和宾夕法尼亚大约是4 500英镑，新泽西仅1 200英镑。⁵ 政府不愿为了给这些失败的士兵发军饷而额外征税，因此向这些士兵发放了一些纸币，承诺将来某一天支付金属铸币。到时，政府会用征税得来的黄金白银赎回这些纸币，同时这些纸币也是法定货币，可以用于交税。之后 20 年内,这些纸币和价值相等的黄金白银一起流通。纸币和贵金属之间可以互相兑换,并且就有限的范围而言,这些纸币并没有贬值。

然而,殖民者终究还是发现使用这些纸币不仅可以作为临时性、一次性的权宜之计,而且还是代替税收的一个通用手段。只要出现似乎有些迫切的情况,殖民者就会发行更多的纸币,并且一再推迟承诺的赎回日期。以这些纸币计价的物价开始上涨,黄金白银的价格也随之上涨。到了 18 世纪中期,仅仅 50 年之后,纸币可以兑换到的金银量就下降了 9/10。在安妮女王之战时,英国运来一些黄金,用于支付殖民地的军费,这些纸币终于得以赎回。但是按照英镑来计算,只值几个先令。

与此同时,其他的新英格兰殖民地和南卡罗来纳也开始发行纸币。其中,南卡罗来纳和罗得岛在发行纸币方面尤为随意。罗得岛发行的纸币数量实在过于庞大,以至于引起了马萨诸塞的警惕。1740 年,一位马萨诸塞的评论员说道:"罗得岛从马萨诸塞海湾购买各种各样的英国货物和外国货物,所用的货币都是这种印厂印刷出来的纸张,成本几乎可以忽略不计,却让他们获得贸易优势。"[6]这些纸币最终也变得毫无价值了。

塞缪尔·艾略特·莫里森曾经说过,马萨诸塞为了支付出征魁北克士兵的军饷而发行的纸币是"英语世界发明的新手段,用于破坏信用,加剧贫困"。[7]其他略逊一筹的历史学家也有着相同的观点。但是我们也知道,物价上涨会提升创业热情,鼓励经济活动,而物价下降则会打击创业热情和经济活动。假如政府能够控制好纸币发行量,使价格不至于下降,或者是略有上升,这对于经济发展是有益的。这不仅不会造成贫困,而且还会使社会更为富裕。但是很明显，问题在于政府必须有所克制，以避免出现崩溃致贫的情况，千万不能采取劳的三段式推论：只要是好事，那就多多益善。

很明显，罗得岛、南卡罗来纳，甚至是马萨诸塞都不够克制，而其他的殖民地则极度克制。中部各殖民地的纸币政策在现在看来极具技巧性和审慎性。量变是会引起质变的，这些殖民地对此十分关注。分寸把握得不好，就会从防止或纠正物价下降变成调度物价上涨，即通胀。中部各殖民地的领导人和之后的继任者一样，将前者视为政策目标，他们不希望出现通胀。

1723年，宾夕法尼亚成了第一个发行纸币的中部殖民地。当时物价正在下降，贸易因此受挫。而一旦物价稳定、贸易恢复之后，纸币就停止发行了。1729年，宾夕法尼亚又发行了一次纸币，这一次似乎也带来了类似的好处。对比英国这些年间的商业和物价情况，可以发现，如果不发行纸币，物价就会持续下降。纽约、新泽西、特拉华和马里兰同样发行了纸币，也同样收到了令人满意的效果。这是因为这些殖民地和宾夕法尼亚一样，都懂得克制的好处。

马里兰的货币试验是最有意思的。其他殖民地都是通过使用纸币支付公共开支从而发行纸币，而马里兰则是给每个纳税公民发30先令的纸币作为分红，并且还成立了一个贷款办公室，信用度高的农民和商人可以从这个办公室获取更多纸币，之后再偿还。马里兰只进行了一次这样的分红，和其他的中部殖民地一样，最后这些纸币都被赎回兑换成金属铸币了。一名特别擅长比喻的近当代历史学家对这一试验评价颇高，认为这一试验"将工业的火星扇动成了火焰"。[8]许久之后，又有一个学生总结道："这是所有殖民地中最为成功的纸币。"[9]两个世纪之后，在大萧条期间，曾在英国军队服役的经济学先知 C. H. 道格拉斯（C. H. Douglas）也提出了类似的方案，即社会信贷（social credit）。当时除了加拿大草原地区的偏远辖区，全美上下都认为他是个骗子。他比马里兰晚了 200 年。

宾夕法尼亚和附近殖民区的货币试验是经过深思熟虑的，而不是欠考虑的应急做法。这些试验都经过充分深入的辩论，并且得到了本杰明·富兰克林的积极支持。作为殖民地最富才智的政治家，富兰克林给予了纸币坚定的支持。1729 年，他发表了《试论纸币的本质和必要性》（*A Modest Enquiry into the Nature and Necessity of a Paper Currency*），从纸币的角度论述这一问题，并在之后的岁月里身体力行地支持纸币事业。1736 年，富兰克林创办的《宾夕法尼亚报》刊登了一则致歉书，解释说最近报纸发行时断时续，是因为印厂"和本报一样，正在为了大众利益而加班加点，保证充裕的纸币供应"。[10] 也就是说，《宾夕法尼亚报》正忙着促进印刷纸币。

到了 19 世纪末，大学教研人员越来越多，他们对于历史越来越感兴趣，不仅急需找个题目写博士论文，还要做一些其他的学术研究。于是，学者们开始大规模研究殖民地经济史。当时，历史学家和经济学家都极度推崇金本位制，视其为最高信条。但是他们的研究却没有从事实上支撑这一信念。头脑正常的人们渐渐形成了一个心照不宣的共识：他们完全无视中部殖民区的做法，认为马萨诸塞、罗得岛和南卡罗来纳这种放任自流的倾向就是殖民地货币试验的典型。现代一位出色的学生在研究殖民地货币试验时指出："在美国货币金融史的经典著作里，找不到讨论殖民地令人满意的货币试验内容。"[11] 另一位学生总结道："……历代的历史研究造成了一种对殖民地货币试验的错误印象。"[12]

年轻人都曾经学到过，本杰明·富兰克林是一个崇尚节俭、支持科学试验的人。但是年轻人一般都只听说富兰克林支持通过报社传播知识，几乎没有听说过富兰克林还支持报社承担其他职能。

英国并不欣赏殖民地的货币试验，并且认为这是证明殖民地不受管束的证据。因此，在1751年，英国议会禁止新英格兰地区发行纸币；13年后，又将所有的殖民区纳入禁令范围。这条禁令十分欠考虑地规定了一个例外，即允许为实现国王的目标而发行纸币，这一目标就是战争。这引起了殖民地的强烈抗议。1766年，富兰克林亲自到英国下议院为纸币据理力争，口才固然雄辩，但是没有作用。这一禁令导致英国和殖民地之间关系紧张，但是这件事却少有人知。这是因为许多著名的历史学家都认为当时议会做出的决定是完全正确的。1900年，后来成为哈佛教授、殖民地金融权威的查尔斯·J. 布洛克（Charles J. Bullock）写道，殖民地的货币试验就是"一场欺诈和腐败的狂欢"，是一幅"黑暗可耻的画面"。他认为议会终止货币试验的做法是"有益的"，并且很清楚地指出，表示反对的殖民者完全是顽固不化。如果说独立只是为了给疯狂的货币试验争取许可，那么独立本身就没有任何好处。[13]

有的殖民者也认为，鉴于独立会带来货币试验的风险，争取独立是不值得的。"……尤其是在东部大城市里，有很大一部分人在和英国抗争时袖手旁观。他们这样做并不是因为反对和英国抗争，而是害怕独立之后，纸币会过量发行，从而扰乱正常的商业活动。"[14]

鉴于殖民者们对货币试验有着如此强烈的本能，如果他们没有发现或发明银行，似乎有些不合情理。他们确实建立了银行。如果不是因为长期受压抑，殖民者对这一创新机构的热情想必会很高涨。在 18 世纪上半叶，新英格兰各殖民区和弗吉尼亚、南卡罗来纳授权成立了银行机构。其中最有名，也最富争议的就是大名鼎鼎的"马萨诸塞土地银行制造计划"（Land Bank Manufactoy Scheme of Massachusetts）。这一想法可能也是脱胎于约翰·劳的想法。这一制造计划授权银行向认购银行股票的人发行纸币，作为名义上的利息。这些纸币或多或少是由股东的地产担保的。人们可以用这些纸币偿还因发行纸币而导致的贷款，也可以用制造业产品或农产品偿还贷款，或是用以贷款生产的产品偿还贷款。制造计划在殖民地引起了强烈的争议。马萨诸塞议会赞成此计划，但这是因为制造计划给大量立法人员发放了股票。商人则持反对意见。最后，这一争议闹到了伦敦。由于南海公司和其他的一些相关事件，英国于 1719 年出台《泡沫法案》，规定任何未经法律专门授权的股份公司都是非法的。1741 年，英国宣布这一法案也适用于殖民区。这是对追溯法令①的一次滥用，后来也推动立宪禁止追溯法令。但是无论如何，这一法案当时成功地终止了殖民地银行的发展。

货币的历史昭示了两个十分必然的趋势。如果近年体验过通货膨胀，那么人们就会珍惜稳定的物价；如果物价已经稳定了很长一段时间，人们又会忽略通货膨胀的风险。整体而言，历史更为悠久的社区较为不愿意进行货币试验，而新兴社区则更愿意进行货币试验。在美国独立之前的半个世纪，这些因素都在各个殖民区起作用。新英格兰地区在 18 世纪上半叶发生通货膨胀，导致后 50 年中，

---

① 追溯法令（ex post facto legislation），指用新颁布的法律重新审理法律颁布之前的案例。——译者注

人们越来越关注货币，从而或多或少地使得货币购买力趋于可靠、稳定。伦敦曾经因波士顿的货币试验而恐慌，波士顿不久之后也同样鄙夷肯塔基、田纳西和俄亥俄看似不负责任的做法。支持金属铸币的一派毫无疑问都是李嘉图所说的有钱人，这些人坚定地支持金属铸币，因为他们不愿意欠他们钱的人用购买力更低的货币来偿还债务。但是商人们则代表着不同的利益群体，其影响力可能更大。他们希望在从事跨国贸易时，货币汇率能够保持稳定，并且货币购买力在卖出货物时和兑现货款时能够保持一致的水平。从上文可以看出，带头反对制造计划的正是这些波士顿商人。

第六章

革命的工具

按照流行的说法，美国独立之后，英国议会颁布的纸币禁令就失效了。此前，各殖民区都在采取各种办法使货币更为可靠，但是此时除了由政府发行纸币，别无他法。人们对于政府发行纸币并没有表现出过分的不情愿。早在第一次大陆会议召开之前，有一些殖民区（包括马萨诸塞）就已经授权发行纸币，用于军费开支。大陆会议没有征税的直接权力，最早颁布的法令之一就是授权发行纸币。于是，发行纸币的州更多了，发行的纸币也更多了。美国大革命用的就是这些资金。1775 年 6 月至 1779 年 11 月间，大陆议会一共发行了 42 种纸币，总面值达到 2.416 亿美元。同一时期，各州发行的纸币面值达到了 2.095 亿美元。国内的借贷额约 1 亿美元，其中大部分都是以上述纸币的形式借出。[1] 而税收背负着强征的恶名，因此数目微不足道，各州征收的税加起来也只有几百万美元。

罗伯特·莫里斯（Robert Morris）被历史学家誉为"革命金融家"，这个称号其实有些言过其实。他当时从法国借到了 650 万美元贷款，从西班牙借到了几十万美元的贷款，在胜利在望的时候，从荷兰又借到了 100 多万美元。这些款项的象征性大于实质性，绝大部分革命费用还是由纸币支付的。

大陆会议和各州发行的纸币急剧增多,增速远大于贸易增长速度,物价开始上涨,一开始涨得很慢,1777年后开始暴涨。刚开始的时候,大陆会议试图采取措施阻止货币贬值。1776年的时候,大陆会议甚至规定"任何道德沦丧、背叛祖国,甚至拒收商定数目纸币的人,都是本国的敌人,应当公之于众,视为敌人,不得再与各殖民地的居民进行贸易往来"。[2]但是这一规定的效果一如既往地不尽如人意。物价仍然肆无忌惮地暴涨。到了后来,俗话都说:"一马车的钱买不到一马车的货。"在弗吉尼亚买一双鞋,要花5 000当地纸币,买一套衣服,要花100万当地纸币。欠债的人如果要用不值钱的纸币还钱,债主都会像逃命一样躲得远远的。"一个寡妇本来可以靠丈夫的遗产活得好好的,现在却无法享受他馈赠的好意。因为按照政府法律规定,她本该拿到1英镑,现在却只能拿到1先令。少女长大成人后,本可以继承父亲的遗产,但是现在却被合法地剥夺了一切,除了自身的才貌,一无所有……穷人和欠债的人倒是实现了金色年代的梦想。但不幸的是,这些人获得了多少,其他人就被剥夺了多少。"[3]美语里从此多了一个新俗语,叫作"不值一大陆",意思就是不值一文。就连本杰明·富兰克林也忍不住要讽刺:"假如我们好好管理,货币是一个性能卓越的机器。发行之后,它就执行其职能,支付军饷、购置军装、补充军粮、提供弹药。但是如果我们发行过量,它就会自行贬值,自动清零。"[4]

于是,美国建国时所面临的不是全面通货膨胀,而是全面恶性通货膨胀。所谓恶性通货膨胀,就是要等到货币贬值到一文不值才会停止的通货膨胀。而且,当时人们确实没有任何应对方法。即使有意愿征税的立法者正式开始向有意愿纳税的人们收税,征税也是困难重重，甚至不可能实现。因为当时全美范围内人口分散，没有中央政府，各州毫无财政经验，也没有征税系统，更何况海岸、众多港口和关税点都在敌方控制之下。美国人民也十分缺乏纳税意愿，不仅反感税收本身，还视纳税为一种外国压迫。假如大陆会议和各州大力推行预扣税款制①，所谓的"爱国斗士"们（比如货币保守主义者们）就会质疑独立的好处。借钱也行不通。当时国内唯一的财源就是有产者，对他们而言借钱给当时的美国风险太大。法国和西班牙之所以会借钱给美国，也不过是因为与英国有宿怨，它们并不指望能收回贷款。所以，发行纸币就是唯一的办法了。只要理智地想一想，就知道纸币是当时的救星。所以，在代表美国独立的自由钟旁边，应该再放上一张精美的大陆纸币复制品。

但是后来的历史学家们并不认同上面这个观点。在殖民地发行纸币这个问题上，有影响力的历史学家们都认为支持金属铸币和金本位制不是经济立场的问题，而是道德立场的问题。正确的立场是第一位的，连新国家的迫切需求也要靠边站。在阐述新政府面临的问题时，不能说出真相，甚至连听取百家之言都不可以，因为这样会误导后生学子或是政坛人物。大陆议会的货币试验"给几乎所有的作家提供了货币领域的写作素材。人人都对此极尽批评之词"。[5] 布洛克教授总结道，"美国大多数备受尊敬的饱学之士都反对这一革命性的举措"[6]，这是因恐惧而生的反应，十分强烈，不加掩饰。考虑到滥用纸币带来的后患，这种反应是有理有据的。有人提出，为了防止滥用纸币，可以保留英国的统治。后来的学者也并不

---

① 预扣税款制（pay-as-you-go），指个人收入预先扣除税款，之后再发放到个人手上。——译者注

第六章 革命的工具

是一味地批判。在二战后一本广泛使用的经济史教科书中,作者总结道:"有人曾说,因为当时政府(指大陆会议)弱小,人民又憎恶纳税,使用纸币是上上之策,所以应当发行纸币。"但是作者对此的评价是:"如果接受这种推论,那么就等于是在解决经济问题时,采取了宿命、反社会进步的态度。"[7]

整个19世纪,保守主义者唯独因为对纸币的恐惧而困扰不已。毫无疑问,这个问题首先关乎的是金钱利益。债主害怕欠债的人用购买力变低的货币还钱;商人青睐能被广泛认可的金属铸币;有钱人希望自己积攒的财富永不贬值,希望自己永远不需要千方百计保值。但是这一次,有的保守主义者也意识到了纸币在刚刚过去的大革命中发挥的作用,心中留下了挥之不去的印象。纸币不仅为美国革命提供了资金,还为更为翻天覆地的法国大革命提供了资金。假如要求法国人民按照金融常理出牌,那么他们肯定想不出任何办法,美国人民也是如此。纸币在革命中发挥了巨大作用,它是不是还能再次发挥这样的作用,就像1917年在俄国那样,或是在二战后的中国那样?

为什么人们很少提到纸币在大革命中的作用?我们在此也可以给出一个可信的解释。美国大革命在发生之后立刻就备受尊崇,法国大革命最终也获得了赞誉。教科书会给孩子们讲述大革命的传奇历史,但是必须是非分明。纸币为美国大革命提供了资金,指券为法国大革命提供了资金,但是如此备受赞誉的大革命不能归功于如此饱受质疑的纸币。无论是为了体面起见,还是为了保险起见,都不能做此让步。

美国和法国在用纸币支持大革命时，都是有所谋划的。而正如人们所料，法国的谋划各方面都更为细致、更为独创、更为合理。确实，如果结果不尽如人意，固然会引起失望之情；但是即使过程有瑕疵，目标还是有可能得以实现。"要解燃眉之急，就要发行纸币。没有纸币，人民革命就不会胜利。"[8] 在讨论指券之前，我们必须先简要介绍一番，并回顾前文所述的一些内容。

经济学中很少有超自然现象，但是唯独有一个现象吸引了许多人。不过是一张长方形的纸条，生活中常常见到，本身也没有什么特别的，上面用绿色或褐色的墨水印着一个国民英雄，或是一座纪念碑；要么就是采用古典的设计，用彼得·保罗·鲁本斯（Peter Paul Rubens）、雅克·路易·大卫（Jacques Louis David）绘画的色调，印上一个琳琅满目的菜市场。看着这样一张纸，人们不禁苦苦思索："为什么一件固有价值如此低的物品，能叫人如此向往？和一沓普通旧报纸剪成的纸条比起来，到底是什么赋予这张纸条力量，令其能够购买物品，征用士兵，勾起贪婪欲念，诱人犯罪？"其中肯定有什么魔力，它的价值肯定要用玄学或是上天入地才能解释。凭借对货币的了解谋生，成了备受尊崇的职业，人们对这样的职业也趋之若鹜。其中一个原因就是，人们认为这些人懂得无价值的纸张为什么会有价值。

其实那令人苦苦思索而不得的答案就在人间，其中也没有什么魔法。研究货币的人通常会区分三种货币：第一，本身有价值的货币，如黄金或白银。这种货币本身就令人想要占有，因为黄金白银一直都是荣耀的象征，黄金白银还可以用来做首饰、吃大餐、看牙医。第二，可以立刻兑换成有上述吸引力的物品的货币，或是承诺最终可以兑换的货币，如马萨诸塞湾殖民区发行的纸币。第三，本身毫无价值，也不承诺可以兑换成任何有用或有吸引力的物品的货币，只是因为政府法律规定才成为被人认可的货币。实际上，以上三种货币都只是单一主题的变形。我们已经看到，约翰·斯图尔特·穆勒认为货币的价值取决于其供应情况，这与可供购买的物品的供应情况相关。假如黄金白银是货币，除了发现圣路易斯波托西银矿和苏特尔磨坊附近的金矿这类大矿体的情况，货币供应量一般是不会无缘无故上涨的。黄金白银的潜在供应量是有限的，因此可以保证货币总量有限，得以保值。可以完全兑换成黄金白银的纸币也是一样，由于供应量有限，得以保值。同理，对于不能完全兑换成任何有价值的物品的纸币，只要其供应量是有限的，其价值就可以得到保证。但是这种纸币的问题在于，由于不能兑换，其供应量是不受限制的。这种纸币的供应量很容易发生不受控制的上涨，从而使其价值降低，甚至完全贬值。这种纸币固然没有什么固有价值，但这并不是主要因素。假如从地表随意开采一些岩石，分成固定重量充当货币，效果并不会很好。这是因为岩石的潜在供应量太大，如果要用岩石货币来购买商品，就要用大量的岩石，用于一次交易的货币就过于沉重了。但是如果这岩石是自月球开采而来，在地球上分成小块，重量和产地都有证书，可能情况就大不一样了。月球岩石虽然外表看来和地球岩石没有什么差别，但是只要人类很少去月球开采，月球岩石一直保持稀有的状态，那么就能保证其货币价值。

  法国指券的独创性在于其可兑换的商品是稀有的，因此价值不菲。这种商品不是黄金也不是白银，更不可以计量。但凡可以计量的物品，都在法国大革命要推翻的有产者名下。这些人早就把这些值钱物品藏了起来，或是送到了国外。指券可兑换的资产是土地，土地的总量是有限的。随着大革命的胜利，土地所有制被打破了。在很大程度上，获得土地也是大革命的目标之一。土地无处可藏，即使是最有创意的流亡者也没办法带走土地。同时，土地的总量也没有增长的余地。因此，所有还留在法国的人都乐于占有土地，就像占有金子一样。

刚开始，指券可兑换的资产不是贵族阶级的土地，而是教会的土地。按照通常的说法，1789年时，教会拥有的土地约占法国全国国土的1/5。当时法国的财政状况十分糟糕，因此召开了三级会议。法国已经借不到更多钱了。法国没有中央银行，因此不能要求银行发放贷款。一切财源都来自那些还愿意借钱的债主，或者是那些还愿意纳税的人。三级会议里的第三阶层代表不会同意征收新税种，也不会主张加重税负，因为他们最关心的就是当时纳税人的反对意见。事实上，1789年6月17日，全国大会宣布所有的税收都是非法的，这是石破天惊的一步，但是大会同时规定可以进行暂时性的税收。与此同时，法国人民并没有忘记约翰·劳的前车之鉴，因此还是对普通的纸币极其怀疑。1788年，有人提议发行含利息的纸币，招致强烈的反对，最终只得撤回。但是可以赎回土地的纸币就不一样了。教会的土地就是大革命带来的福祉。

1789年12月19日，法国政府做出了决定性的举措，发行了4亿里弗尔的纸币，并承诺这些纸币会"偿清公债，激活农业和工业，实现更好的土地管理"。[9]这些纸币就是指券，5年之内政府会卖出与其价值相等的教会土地和王室土地，出售所得的钱可用于赎回这些指券。第一批指券还含有5%的利息。任何人只要拥有足够的指券，就可以用指券直接交换土地。第二年夏，政府又发行了一大批指券，这一次不付利息。后来政府又发行了几次指券，数量较少。当时的人不无忧虑，因为这让人又想起了劳的前车之鉴。有美国人匿名发表了《一个美国人对指券的建议》（Advice on the Assignats by a Citizen of the United States）。该作者以美国大陆会议发行纸币的教训警示三级会议，劝告三级会议不要发行指券。但是，以土地做担保的指券刚发行时，整体反响还是不错的。

假如仅仅发行第一批指券，或是在1790年第二次发行后就不再追加发行，那么后人也许会认为指券是一次了不起的有趣创新。指券使用的不是金本位或银本位，也不是烟草本位，而是以法国的丰土良田做担保，既可靠，又合理。最初的几年，指券的购买力一直比较稳健。有人赞赏指券实现了土地的流转。商业活动更活跃了，就业率提高了，买卖教会土地和其他的公共土地也更为便利了。有的时候，买卖土地甚至有点过火。和年收入比起来，土地的定价较低，坐拥大把指券的投机者们蜂拥而至，争相购买便宜的土地。

然而，就像美国之前的情况一样，法国也一直面临着不懈的革命诉求。虽然土地是有限的，但是对土地的需求却是不断增加的。1790年，法国发行了一大批指券，之后又不断追加发行，尤其是在1792年战争爆发后又发行了一次。以指券为单位的物价开始上涨。三级会议允许用指券兑换黄金白银，于是兑换率也开始不断下跌。1793年和1794年，在国民工会和康邦（Cambon）的管控下，情况暂时稳定下来，物价成功地稳住了。更重要的是，以国王名义发行的那部分货币被废止了，因为这一正确的举措，指券的供应得到了控制。那几年，用指券兑换黄金或白银时，指券还保有一半面值的价值。但是很快，对指券的需求又凸显出来。政府又印刷了更多指券。为了打击法国经济，英国首相皮特采取了新招儿，在

1793年后允许法国流亡皇室印刷指券，出口到法国，希望借此加速法国货币的贬值。最后，法国的印厂不得不每天开工，当日印刷的纸币只够满足第二天的需求。很快，法国政府不得不禁止用几乎无价值的纸币交换高质量的地产。也就是说，法国不再使用土地本位制了。同时政府也禁止债务人用指券偿债，以此保护债权人的利益。这样，法国债权人就不用像之前美国的债权人一样，躲着要用纸币还钱的债务人了。法国政府又发行了一种新的指券，同样是用土地做担保。但是在意料之中，人们对新指券的反应和之前的反应大相径庭。1797年2月（共和历雨月16日），法国政府又回归了黄金白银本位。但是此刻，法国大革命已经完成了，所需的资金都到位了，指券已经完成了任务。指券也留在了人们的记忆中，其地位至少不会比断头台低。

苏联在俄国大革命期间和之后也一样运用了纸币。到1920年，约85%的国家预算都是靠印刷纸币供应的。1920年前后，一位哈佛经济学毕业生访问了苏联。遵照当时探索家们的建议，他在口袋里装了一包厕纸。一天，他乘坐一辆十分拥挤的电车，突然感觉到小偷把手伸进了他的口袋。这个口袋装的不是钱，而是厕纸，因此这个学生只是感到好笑，松了一口气。小偷飞快地把厕纸偷走了。这个年轻的学生后来发现，这包厕纸比另一个口袋装的钱还值钱。就像其他的社会主义国家一样，苏联在意识到革命的后果之后，转而坚定地支持稳定物价和使用金属铸币。无论如何，就像美国和法国一样，俄国革命的成功也有纸币的一份功劳。

然而，使用纸币并不能保证革命成功。1913年，在原属西班牙的奇瓦瓦州，庞丘·维拉（Pancho Villa）一边起义，一边进行社会改革。他安排士兵清扫街道，把土地分给雇农，让孩子们上学，还大量印刷纸币。这种纸币不能用于交换任何更优质的资产，也不附带任何承诺，没有任何权威或声望做担保，但是供应充裕。纸币唯一用于标榜价值的标志，就是上面有庞丘·维拉的签名。只要看见有人需要钱，有人合他心意，维拉就会给别人纸币。这种纸币没有为维拉带来任何成功，只是让他暂时享受了一下受人欢迎的感觉。美国军队一直在追剿维拉，有许多遵纪守法的人来劝说维拉，最后维拉被说服了，隐居在杜兰戈州的牧场。10年后，维拉又被怀疑在密谋造反，试图搞社会改革和金融试验，于是遭人暗杀。

第七章

货币战争

从前文可以看出,没有什么比经历过通货膨胀更能让人渴望稳定的物价和稳健的货币了。而货币如果完全崩溃了,这份渴望就更为强烈。美国大革命时货币崩溃过,我们后面还会讲到,德国在1923年也有过类似经历。虽然美利坚合众国是依靠着大量毫无价值的纸币建立起来的,但是在建国的最初几年,美国曾坚定地、后来又后悔不已地采用过金属铸币,并且采取了避免故态复萌的措施。

美国宪法对联邦政府的铸币权做出了限制,不仅明文禁止各州发行纸币,更禁止联邦政府发行纸币,这造成了更多不便。1787年的制宪会议上,有人提出了一个动议,即加入一条允许政府"以美利坚合众国的信用做担保,发行纸币"的条款,这一动议被大会否决了,但后来人们都用这句话描述纸币。在迫切需要货币时,这件事就是宪法缺乏灵活性的一个教训,对于支持宪法的一派来说,这也是个教训。1812—1814年战争期间,财政部部长加勒廷(Gallatin)非正式地颠覆了宪法的禁令。迫于非常时期的压力,他发行了可以流通易手的国库券。这些国库券大部分都有5.4%的利息,但是有一部分没有利息,而且面额非常小,面额最小的一种仅有3美元的面值。这些国库券并不是可用于偿债的法定货币。而这也许是国库券唯一遵守宪法之处。

到了内战的时候，美国人就不再遮遮掩掩了。有证据表明，如果一个人和货币形成不应有的关系，就会自命不凡，缺乏政治决断力，并且性情高傲，令人生厌。如果真是如此，那么萨蒙·P.蔡斯（Salmon P. Chase）就是一个生动的例子。他一直认为自己应当是总统，但是最后只当上了林肯政府的财政部部长，自认为是极大的憾事。刚开始，对于发行纸币，他显得十分犹豫，后来又因为多次迫于战争压力，要求国会多次发行美元，这些美元可是彻头彻尾的纸币。1870年时，蔡斯是代表法院多数意见的大法官，此时他又声明美元是违宪的。到1871年，新一届法院驳回他的这一立场，他又表示坚决反对。[1]

无论如何，宪法是一个转折点。除了加勒廷发行美元这一例外以外，政府的纸币试验都已失去了力度。但是美国人的创新本能和激发通胀的本能并没有就此消失。于是，美国人将满怀的热情和力量都投入到了银行业。

亚历山大·汉密尔顿（Alexander Hamilton）不仅接过了国家和大陆会议的债务，还好意对待大陆会议发行的纸币，以较为大方的比率将这些纸币从持有人手中赎回，一美元的纸币可以兑换一美分的金属铸币。在汉密尔顿的建议下，政府在费城成立了一家铸币厂，并达成广泛共识，将这家铸币厂铸造的金币和银币作为国家的基础货币。当时争论的焦点只不过是钱币上应当印上自由女神还是其他当代政治家的头像。

按照规定，1块鹰扬金币面值10美元，每美元含24.75毫克纯金，1块面值1美元的银币则含有371.25毫克纯银。刚开始的几年，铸币厂只生产银币。这是因为在铸币厂之外交易时，24.75毫克的黄金能够交换到的白银略多于371.25毫克，如果把黄金兑换成白银，然后用白银铸币，就可以用多出来的这一部分白银铸更多的钱币。总有一些人通过这种方法获利，只是我们不知道他们的大名罢了。用货币学的语言来说，就是黄金价值被低估了。

但是，很快铸币厂也不用白银铸币了。费城铸币厂铸造出来的银币闪闪发亮，比当时西班牙殖民地流通的西班牙鹰扬银币要更轻，美国银币也用了鹰扬这个名字。西班牙殖民者很快就发现，更轻更亮的美国银币在市面上的购买力和更重、含银量更高、更值钱的西班牙银币是一样的。北美商人发现，可以从西班牙殖民者那里弄来可能有一些溢价的西班牙银币，然后把这些银币带回美国融化，再铸成美国银币，这样每100个西班牙银币可以多铸造出几十个美国银币。于是，美国银币先是把金币逐出了市场，又把西班牙银币逐出了市场，赶出了北美。这是格雷欣法则的双重效应。杰斐逊明显认定这是不合情理的，于是果断停止铸造美国银币，终止了这场闹剧。之后的一代美国人用的都是五花八门的外国铸币，其中自然少不了英镑、先令和便士。我们现在来看一看更为重要的银行业。自美国独立之后，美国人得以自己成立银行。

建国之初，美国人发现可以建立银行，由银行发放货币。这比殖民者发现纸币更让人振奋。纸币可以使国民不用承受可怕的税收，如果使用得当，就像在殖民时期的宾夕法尼亚一样，发行纸币可以改善打击商业热情的通货紧缩。但是，这些好处都是比较宽泛的，需要全社会行动才能实现。银行发放的货币能够带来的好处则是十分具体的，而且只要个人有意愿就可以实现。

具体而言，银行借出的纸币是要求借款人付利息的，利息返还到银行所有者，这是正当又直接的收入。借到这些纸币后，个人可以购置土地、房屋、工具、原材料，请帮手，这样就可以务农或是进行生产制造，或是用这些物品和房屋做买卖。在一个单纯的社会里，信贷运作实际上是十分平等的。通过借贷，有精力但是没有财富的人几乎可以和那些有财产的人一样参与经济活动。贷款的条件越宽松，就意味着更贫穷的人可以借到钱，信贷就更加平等。这令人愉快的平等似乎也就升级了，而不是降级了。因此，从18世纪开始一直到现在，美国人一直以极高的热情开设银行，同时也心照不宣地喜欢"坏"银行。"坏"银行和"好"银行相反，会借钱给高风险客户（这也是穷人的别名）。

在讲英格兰银行的时候，我们提到过中央银行对商业银行有三个主要职能。其一，央行可以要求商业银行赎回发行的纸币，以此避免商业银行过度借贷或过度发行纸币。其二，央行也许会通过向商业银行出售债券的方式，拿走一部分商业银行的可贷出现金，从而要求商业银行将指定的一部分存款放在央行做准备金。这样可以限制银行扩张借贷规模，并限制因借贷而产生的存款规模。其三，这一部分资金可以作为救济资金，解决商业银行出现的挤兑问题。美国建国初期，人们手头紧张，但是雄心勃勃，都希望银行能够多多放贷。央行的前两个职能与这种希望是相抵触的。而如果没有前两个职能，第三个职能就无法实现。除非事前未雨绸缪，否则一旦人们纷纷来到银行要求取出存款，商业银行就没有生路了。

美国的银行业一直处于两难的境地。一部分人出于自身利益考虑，希望银行能够有节制地发放货币，维持货币稳健、物价稳定，并且希望有一个救星一般的最终借款人。另一部分人也是出于自身利益考虑，希望银行对借贷双方的所作所为和所得都不做任何限制。这样后果无论多么糟糕，也总比处处设限要好。以上就是双方争执的关键之处，但这毕竟是关系到钱的问题，这种问题总是充斥着无数复杂的情况，双方各自摆出一副姿态，造成无数误解。

亚历山大·汉密尔顿不仅提出承担债务、（在一定程度上）赎回大陆会议发行的纸币，建议设立铸币厂、刺激制造业，还建议成立中央银行。就像拿破仑建立法兰西银行一样，美国的中央银行也借鉴了英格兰银行的模式。虽然都是英国的对头，美国和法国却都没有小看英国的金融机制和智慧。美国第一银行（Bank of the United States）的特许状以20年为期，资本为1 000万美元，其中联邦政府提供200万美元。银行股份共2.5万股，个人持股不得超过1 000股，外籍人士可以持股，但没有投票权。1791年7月，美国第一银行第一次公开招股，所有的股份都立刻被认购了。很快就有人开始投机股份认购权。然而，认购者大都十分谨慎，首付资金不多，银行最终开始运行时，所持有的金属铸币现金约为67.5万美元。

就其本身而言，美国第一银行是颇为成功的。在接下来的20年里，美国第一银行及其8家分行负责存储政府资金，将这些资金在美国范围内转账（由于当时通信条件较原始，因此没有账户信息），支付公共支出，为政府和个人发放贷款。政府和个人从央行申请的贷款，全部或者部分是银行纸币。这些纸币可以用于交换黄金白银，和黄金白银一样流通于市场，公众接受度良好。

这段时期普通银行数量并不多，1805年估计有75家[2]，全部都集中在东部沿海各州。美国第一银行（看似）³严格地对这些银行执行限制措施，假如有银行不能按要求支付金属铸币，央行就会拒绝接受这家银行的纸币。既然央行以身作则，其他银行也会拒绝接受这家银行的纸币。储户就会把钱存到那些发行的纸币能够流通的银行。除了一贫如洗的人，任何人如果要向银行借钱，都会先核实这家银行发行的纸币是否被债权人接受。有些信用良好的州立银行一度被纸币持有人和债权人挟持，央行也曾出手相救。因此，除了执行限制措施，央行还是最终借款人。在其短暂的生命中，美国第一银行意识到并发展出了中央银行的基本监管职能。我们之后会提到，美联储系统在刚成立的20年里，表现还不及美国第一银行。但是美国第一银行的成就，正是许多人不愿意看到的。

当时有一部分人对所有的银行都心存疑虑，尤其质疑大银行。英国的托利党人认为英格兰银行有悖传统权威和体制。美国也兴起了共和主义，弗吉尼亚州的绅士们认为美国第一银行的目的是夺取金融权力，推行病态的城市化。他们还认为银行是欺诈行业，专门把辛勤的农夫的财富转移给制造业老板。他们认为农业社会是符合自然的，是正道，而制造业公司与之恰恰相反。1814年，杰斐逊回到了蒙蒂塞洛，这时他已经忘却了之前和约翰·亚当斯的分歧，两人开始了著名的通信往来。杰斐逊在信中表示，自己认为银行既不怀好意，又善于欺诈：

我向来以银行为敌，我指的不是那些贴现的银行，而是那些强行发行自己的纸币，从而折损我们的现金的银行。我对于这些机构一直极度反对，因此公开强烈反对建立美国第一银行。那些银行大鳄们一边嘲笑我是个疯子,一边偷偷窃取公众的财富,他们的财富是欺诈而来的,毫无建设性……革命时发行的旧纸币使个人财富受损,但是拯救了国家。不如将这些纸币供上神坛,烧光现在和未来的银行特许状献祭,顺便把这些银行发行的纸币也烧个精光?因为这些银行和纸币不仅会毁灭个人,还会毁了国家。我们办不到。人们已经过于疯狂了。这股疯狂制造了幻觉和腐败,迷住了所有政府官员、将军、专家和普通百姓。[4]

其他大大小小的银行也反对美国第一银行。对于这些银行而言,美国第一银行是一个享有特权的竞争对手。美国第一银行管理着联邦政府的储蓄,这可是个美差。美国第一银行还像普通的商业银行一样,从事商业银行的各项业务。而且美国第一银行不仅是个竞争对手,还是其他银行的主人。它强行要求其他银行遵守它定下的规矩,要求其他银行用金属铸币担保发行的纸币。如果没有美国第一银行,其他银行的业务会更加灵活。毫无疑问,这些银行的客户也充分地感受到了这些银行对美国第一银行的憎恨,尤其是在这些银行拒绝客户贷款要求,或要求客户偿还贷款的时候。

在最初投票决定是否成立美国第一银行时,东北部各州投了赞成票,欠发达的南部各州投的是反对票。随着时间的流逝,选民年纪渐长,现在马萨诸塞和其周围的几个州已经成为保守金融的新堡垒。[5]1810年,众议院以高票数通过了更新美国第一银行特许状的草案(票数是73:35)。草案接下来要接受国会会议表决。美国第一银行的反对者赶紧对拿不定主意的立法者们进行了一番教育。参议院开会的投票结果是17:17,打了个平手。

现如今,财政部部长的职位和国防部部长、国务卿有所不同。

除非财政部部长有旁人没有的渠道，能够影响总统的决策，否则就是一个例行公事、仪式性的职位，并没有集中的权力。林登·约翰逊（Lyndon Johnson）为了说服自己的一个下属担任财政部部长，曾警告此人，如果他不答应出任财政部部长，自己就会找个没脑子的人来担任。副总统在美国国家事务中一直不是一个有决定性作用的职位，除非在职副总统违法篡位，或是总统被弹劾，或是总统罹患心脏病。但是在1810年时，情况并非如此。杰斐逊一直反对美国第一银行，他的大部分内阁成员也持反对意见。在1809年接替杰斐逊成为下一任总统的麦迪逊虽然没有那么强硬，但之前也曾表示他认为美国第一银行是违宪的。然而，当时的财政部部长阿尔伯特·加勒廷表示支持美国第一银行。他有着独立自主的权力，并且这个权力是行之有效的。加勒廷力推为美国第一银行更新特许状，奈何参议院投票出现了平局。此时，副总统克林顿起了决定性作用。他表态支持反对的一方，因此更新特许状的法案没有获得通过。

历史也许并不会重演。但是接下来的25年里，历史却真真切切地重演了。美国的银行业摆脱了美国第一银行的约束，又受到了1812年战争和战后复苏的鼓励，银行数目飞速增加。1811年全美只有88家银行，1815年就有了208家。这些银行发行的货币也从1812年的约4 500万美元涨到了1817年的1亿美元。[6]其中，美国的阿巴拉契亚山脉及西部地区货币发行增量最大。

在1814年英军夺下华盛顿之后，新英格兰地区以外的银行以此为由，纷纷暂停支付金属铸币。很多银行其实是很期待这一借口的，因为不需要赎回纸币是有助于发行纸币的。这也导致在用纸币购买货物或是偿还债务的时候，付款方必须要把纸币面值打个折才能花出去。新英格兰地区各家银行的纸币仍然是可以兑换成黄金白银的，因此购买力没有打折。但是纽约各银行发行的纸币兑换前景就较差一点，因此购买力打九折。巴尔的摩和华盛顿的各家银行发行的纸币更是花里胡哨，购买力打了八折。阿巴拉契亚山脉以西的各种纸币面值打了五折。此外，市面上的所有纸币都出现了假币，这就使得情况进一步复杂化了。

1817年，宾夕法尼亚州仅通过一个法案就成立了37家银行。之后几年，美国各处都成立了许多银行。一个地方只要有"教堂、酒馆或是铁匠铺，就符合标准，可以设立银行"。[7] "其他公司和商人也发行'货币'。理发师和酒保也在这方面和银行竞争……几乎每一个公民都认为发行货币是宪法赋予公民的权利。"[8]

这样的混乱无序又一次反衬出了遵守秩序的好处，并且引起了通货膨胀，扰乱了物价。（西部各家银行发行的纸币购买力仅有票面价值的一半，因此用这些纸币标价的货物价格就相应地翻了一番。）此外，美国第一银行不仅要为购买和销售政府债券服务，还肩负着政府资金转账和支出的重要业务，这些业务都是1812年战争急需的。但是美国第一银行消失的时候恰逢1812年战争，这些业务也随之一起终止了。当时作战的整体管理、军事安排和其他方面都极其混乱，也许仅次于越战。情况本身已经够混乱了，货币失序虽然并不是诱因，却也有那么一点雪上加霜。

于是历史又重演了。1814年，金融领袖史蒂芬·吉拉德（Stephen Girard）、戴维·帕里什（David Parish）、约翰·雅各·阿斯特（John Jacob Astor）制订了成立一个新的美国银行的计划。之后几个月，他们联合其他人在华盛顿疾呼有必要成立新的中央银行。1816年，美国第二银行成立了。[9]这在当时是一个十分庞大的机构，除了比其前身美国第一银行规模更大，其权威和职能几乎没有变化。

刚成立的时候，美国第二银行的表现就像1个世纪前的英格兰银行一样：身为监管者，却急需被监管。1816年，正值美国战后经济全面复兴，西部出现了十分活跃的投机潮。新成立的美国第二银行也雀跃不已地参与了投机活动，尤其是积极地发放了大量土地贷款。此外，美国第二银行还对本行的股票进行了疯狂的投机，就好像要突出其不受控制的意图一样。美国第二银行也没有对其他银行加以约束。它的前身美国第一银行曾经因为要求州立银行赎回纸币而广受非议。也许是因为这一前车之鉴，美国第二银行并没有要求州立银行赎回纸币。1818年，美国第二银行的巴尔的摩分行由于发放过多不良贷款而倒闭。但是在一番当时流行的"拆东墙补西墙"之后，分行倒闭并没有拖垮位于费城的总行。

1819年，朗登·切福斯（Langdon Cheves）接替威廉·琼斯（William Jones）出任美国第二银行行长。琼斯的智力让人捉摸不定，但是他的判断力无疑很糟糕。而切福斯则被许多历史学家形容成一个极为不讲道理的人，[10]这也许正是当时的时势所需要的个性。切福斯大刀阔斧地缩减了贷款，强制拍卖了大量抵押资产。与此同时，美国经济崩溃了——物价暴跌，债务违约，破产激增。这二者看上去只是恰巧同时发生而已。之后的一个世纪里，每隔20年就会有一次这样的恐慌，这是5次中的第一次。

琼斯之前采取的政策太宽松了，而切福斯的政策又过于紧缩。1823年，切福斯卸任行长一职。新任行长是一个更有趣、更聪明、更兼容并蓄的人，宾夕法尼亚大学在他毕业时没有给他颁发学位，原因是他毕业时只有13岁，学校觉得这个毕业生年纪太小，这就是尼古拉斯·毕多。毕多和之前的行长们不一样，他对美国第二银行的角色有着十分清晰的认识。他希望能够切实地发放有效贷款，为整个社会注入一股积极的力量。他清楚地认识到，美国第二银行肩负着约束州立银行的职责。同时，和前任行长们以及同时代的美国人比起来，毕多的傲慢个性也是远超众人。

在毕多的任期内，美国第二银行成立了众多新分行，最终达到了29家。美国第二银行扩大了以债券形式发放的贷款和投资，并且在收款时只接受那些可用黄金白银赎回纸币的银行发放的纸币，代表政府收款时也是如此。在收到纸币后，美国第二银行会立刻去这些银行将纸币兑换成黄金白银，实时检验这些银行是否愿意且有能力赎回自己发放的纸币。州立银行在被迫交出黄金白银后，自然会用美国第二银行发行的纸币去要求第二银行用真金白银赎回。双方就是这样实现了互相监管。

刚开始的时候，美国第二银行发行的纸币是有限额的，那些让纸币得以流通的贷款也是有限额的，至少面值是较小的，这是因为有一个硬性限制凑巧造成了这种局面。按照当时美国第二银行的特许状，银行发行的所有纸币上都必须有行长和柜员本人的亲笔签名，不能复制，也不能仿造。当时只能用笔签名，因此银行人员一天最多只能签发1 500张纸币，[11]如果签发太多张纸币，就没有多少时间履行其他更有意思的职责了。当时银行向国会请愿，希望能够放松这一限制，允许分行签发纸币。国会拒绝了这一请求。于是毕多采取了一系列应对措施，最终招致许多人愤怒反对。毕多当时安排分行的员工向另一个员工开具一张支票。收到支票的员工以美国第二银行的名义，承诺兑现这张支票。如此一来，这张支票就成了银行承诺支付现金的凭据，这就不再是一张支票，而是一张银行发行的纸币。要求借款的人就会接受这张票据，然后将其易手流通。

毕多十分有创意地规避了法律。对于那些给分行签发纸币法案投反对票的人而言，这可不太招人喜欢。毕多为人也同样不太招人喜欢。他盛赞自己作为银行家的权力，曾经不止一次地暗示这一权力堪比美国总统的权威。他还愉快地表示，自己的职位让他能够主宰州立银行的生死，并且以自己行使权力时有所节制、宽宏大量而自矜。参议院委员会曾经询问毕多，美国第二银行是否曾对州立银行施压。毕多答道："从来没有。如果美国第二银行施展权力，没有几家银行能够不倒闭。但是并没有哪家银行因此受损。"[12] 这样的回答让杰克逊总统认为"美国第二银行的行长已经告诉我们，大多数银行是仰仗美国第二银行的宽宏大量而偷生"。[13] 之前我们曾提到过，和金钱扯上关系会导致人的政治触觉失灵。毕多和蔡斯都是佐证，而毕多更甚。

正如施莱辛格教授强调的那样，毕多也受到了当权者和支持硬通货的人的反对。有些东部的银行家对他定下的规矩深恶痛绝。纽约也有人对毕多的作为心怀忧虑，他们担心位于费城的美国第二银行会让费城获得其不应有的金融地位。我们现在并不能确定这个因素是否有实际意义。固然，如果中央银行继续设在费城，那么费城就会成为一个主要的金融中心，也许还是主要的全美金融中心，而华尔街就只是一条普通的街道而已。在这段时期，杰斐逊和杰克逊两位总统相继表示支持硬通货，反对央行。他们的观点也得到了工人们的支持，其中许多工人认为无论是政府发行还是银行发行，纸币都只是一个用于欺骗工人的支付手段，因为纸币会推高物价，其购买力也会因此打折，导致工人获得的报酬也打了折扣。[14]

但是，毫无疑问，在美国第一银行这桩公案中，最强大的反对势力是那些规模较小、成立时间较短、更为昙花一现的州立银行，还有那些认为自己能否发财都取决于这些小银行的人。然而，在这一次美国第二银行的事件中，南部各州大部分都愿意接受美国第二银行，也愿意受其监管。西部的新移民则格外需要宽松的信贷条件和愿意放贷的债权人，因此成为反对派的主力。

虽然美国第二银行的特许状要到1836年才到期，但是争论却在这之前的好几年就开始了，并且一度声势甚烈。1831年，在偏远的圣路易斯，毕多的兄弟、当地分行的主管梅杰·毕多（Major Biddle）卷入了一场针对美国第二银行功过的激烈争论中，他坚称美国第二银行的功劳是极大的。争论双方约定用手枪决斗，结果两人都死于决斗。这一双重悲剧并不是因为两人枪法不佳，而是因为要照顾近视的梅杰·毕多，所以决斗双方站得特别近，只隔了5英尺。

1832年，亨利·克莱（Henry Clay）率领一众支持美国第二银行的国会议员，通过了一项为美国第二银行更新特许状的法案。杰克逊总统言辞尖锐地否决了这一法案。在当年稍后的选举中，美国第二银行成为一个重要的议题。毕多并不是无计可施。他坚信银行业是权力之源，因此经常给因拨款法案受阻而拿不到工资的国会议员拨款。参议员丹尼尔·韦伯斯特（Daniel Webster）曾经多次担任美国第二银行的董事，还为银行担任顾问，并向银行收取聘用费。"我的聘用费最近没有按惯例发放或续发。如果还希望我与银行继续保持现有关系，请按惯例支付我聘用费。"[15] 还有许多其他知名人士得到了类似待遇，包括一些新闻界人士。其中就包括被塞缪尔·艾略特·莫里森誉为"美国庸俗新闻之父"的詹姆斯·戈登·班奈特（James Gordon Bennett）。¹⁶ 杰克逊赢得了选举，并且获得的票数比4年前还要多。美国第二银行的命运也就尘埃落定了。之后80年中美国对中央银行的看法也就此确定了。

杰克逊又获得了4年的总统任期，他当即将政府存款从美国第二银行取出。（最初这些资金被转存到政府选定的"宠物银行"①，之后政府建立了独立的财政系统，自行管理政府资金。政府实际上成了自己的银行家。）总统内阁内部也有反对这一行为的声音。就像140年后理查德·尼克松总统"周六夜大屠杀"②一样，杰克逊接连让两位财政部部长下台，直到找到了一位忠实执行他指令的财政部部长，也就是后来的首席大法官罗杰·B. 托尼（Roger B. Taney）。毕多仍然认为自己作为银行家是无所不能的，他的回应是收缩美国第二银行的贷款，准备挑起危机。"后果就是一场小规模的经济衰退。"¹⁷ 毕多这样的做法，最终反而令杰克逊获得了更为坚定的支持。

从19世纪后半叶到20世纪初期，美国社会推崇稳健货币和金本位制，因此人们普遍认为杰克逊破坏美国第二银行的做法是非常邪恶的。芝加哥大学的怀特教授在1949年发表文章，认为杰克逊的做法是源于他对美国第二银行深深的厌恶之情。怀特教授叹息道："国家成立大型中央银行的试验就这么结束了。"¹⁸

---

① 宠物银行（pet banks），指的是由美国财政部指定的23家银行。这些银行管理政府预算盈余资金，实际上处于杰克逊总统的控制之下。——译者注
② 1973年10月20日星期六，时任美国总统尼克松为应对"水门事件"，在当天撤销了"水门事件"特别调查员、司法部部长、司法部副部长三人的职务，史称"周六夜大屠杀"。——译者注

但是到了近代，至少开始有人对银行家的传统观点提出了一些质疑，社会风气更为民主，普通人也有了辨识力和品德素质。人们转变了观念，开始以更为温和的态度评价杰克逊的做法。杰克逊确实是本能地采取了行动，但是他的做法绝对是符合其选民需求的。他代表的是那些新州、新农场和拓荒的人，这些人虽然人微言轻，但是活力十足、雄心勃勃。

在这一重要方面，杰克逊凑巧是这些人的同盟。杰克逊反对美国第二银行，认为这一垄断银行是怪兽，而且像毕多所说的那样，美国第二银行还有权力挑战州立银行。这一权力与民主政治是相抵触的，并且掌握在杰克逊的政敌手中。[19]杰克逊其实是青睐金属铸币的，他认为货币应当由真金白银铸造，认为所有的纸币都是恶魔才会用的手段。但是在除去美国第二银行的过程中，他并没有推行金属铸币，而是采取了最温和的手段，即开设大量新银行，排山倒海地发行银行纸币。这些纸币和随之而来的贷款，正是他的选民最想要的。假如杰克逊成功地推出了自己想要的金属铸币，那么前面提到的这些虽渺小但是有活力和志向的拓荒者就会咒骂他。假如杰克逊在第一任期实现了这一改革，那么这些人就不会投票支持他连任。假如杰克逊在第二次任期实现了这一改革，那么这些人就不会容许他回到田纳西的家中。历史学家在思考杰克逊在金融方面的功过时，也许还应该考虑另一种可能性，那就是杰克逊自己也很困惑。[20]

而且，杰克逊本人有时候会词不达意。传说在新奥尔良战役时，英军步步逼近，杰克逊在棉花堆掩体后面发出了一个永载史册的命令："把枪往上抬低一点。"

毕多的余生就是一则道德寓言。宾夕法尼亚联邦为美国第二银行重新颁发了特许状。后来由于银行在投机棉花时支付了过多预付款，导致其在 1839 年暂停支付款项，之后宣布破产。毕多被逮捕并以欺诈罪被起诉。宾夕法尼亚法院认为证据不足，欺诈罪不成立，转而进入民事诉讼。没过多久，在案子还没了结的情况下，毕多便去世了。[21] 他的命运和几乎每一个进行货币创新的人一样。劳饶幸躲过了巴黎的暴民，最后在维也纳清贫地死去。帕特森在达连湾的灾难中捡回一条命，但是也落得个破产的下场。罗伯特·莫里斯曾经是大革命的财政家，后来因为欠债而坐了几年牢。汉密尔顿受红颜祸水雷诺兹夫人和她贪婪的丈夫牵连，声誉受损，广招非议，最后死于枪杀。杰伊·库克（Jay Cooke）曾经通过出售债券，收取美元资助内战，后来也崩盘失败。安德鲁·梅伦（Andrew Mellon）曾经被视为接替汉密尔顿的不二人选，后来也是侥幸逃过了所得税的惩罚。哈利·D. 怀特（Harry D. White）和劳克林·柯里（Lauchlin Currie）两人和马里纳·S. 埃克尔斯（Marriner S. Eccles）一起将凯恩斯经济学带到了华盛顿，后来被怀疑同情社会主义，两人都被撤职了，一个死了，一个被流放。威廉·詹宁斯·布莱恩（William Jennings Bryan）曾经极力主张用黄金做货币，后来沦落到在佛罗里达推销房地产。他曾经和克莱伦斯·丹诺（Clarence Darrow）在代顿市就《圣经》的字面意义展开争论。布莱恩肯定且自信地维护《圣经·约拿书》，但是之后又动摇了，承认挪亚没有把所有动物带上挪亚方舟，因为挪亚很有可能没有带鱼。几天后，布莱恩就去世了。最后还有约翰·B. 康纳利（John B. Connally），在货币史上也许只是一个小人物。他是理查德·尼克松内阁的财政部部长，缔结了令美元贬值的《史密森协定》。按照惯例，他也被起诉了。但是他比大多数人都要幸运，最终被宣告无罪。

第八章

大妥协

在评价美国货币史时,一般人都认为1832年之后是一段可悲可叹的时期,这里必须补充一句,这种观点极其缺乏想象力。1832年以后,银行业放任自由地发展,导致许多银行倒闭,后来又发行了绿背纸币。之后,人们迫切地要求多发行纸币,又施压要铸造银币,在此过程中不断地出现恐慌潮。以上就是美国这段时期的金融系统。正如安德鲁·卡耐基(Andrew Carnegie)所言,这是"文明社会中最差劲的"[1]金融系统。

但是这一金融系统并非一无是处。有的人痛心疾首地批评美国货币政策偏离正轨,但是却对这一时期美国的经济发展给予了积极的评价,有时还十分热烈地赞赏。这种情况可谓前所未有。这两个截然相反的观点必定有一个是事实。这段时期的货币政策必然是失之东隅,收之桑榆了。若非如此,只能说货币政策极其无关紧要。

如果我们更加严肃深入地分析1832年之后的100年,就会发现这段时间存在一个基本的妥协。实际上,在这段时期美国的货币系统是一个双重系统。有两套系统分别符合国内不同地区或不同经济群体的需求或偏好。二者的共存十分不稳定,时不时会出现争端,扰乱这一共存。之所以能够和平共处,主要是因为双方都没有能力击垮对方青睐的系统。双方都因为没有能力击垮对方而感到万分遗憾。

从事金融、交易和信贷的社群逐渐发展壮大,大部分集中在美国东部。但是和从前一样,10年之内,这些人的影响力就扩展到了美国西南部。上文的双重金融系统给这部分群体提供了基础金属铸币,有金币和银币。这部分人最开始是受州政府监管,后来又转而受联邦政府监管。在监管之下,他们成立了越来越多可靠的银行。只要向这些银行提出赎回的要求,它们就会及时地将自己发行的纸币或是存款单兑换成金属铸币。因此,就购买力而言,银行的纸币和存款单与黄金白银完全等值。

在美国新开发的地区,人们只要有意愿,就有权成立银行,发放贷款,由此产生纸币和存款。虽然没有一家中央银行检验这些银行赎回纸币的能力,但是各州都有监管条例,明确规定了银行储备铸币与纸币和存款的比例。在执行这些监管条例时,州政府是较为宽松的。因此,19世纪三四十年代时,美国文明推进到了印第安纳州密歇根市的十字路口,印第安纳州立银行也在此成立了。该银行通过发放和贷款的途径,将纸币交到农民手中,农民就可以去购买土地、牲口、种子、食物或是简单的器械,从而开始做生意。如果这些农民富裕起来,偿清贷款,那么银行就得以维持下去。如果这些农民没有富裕起来,没办法偿还贷款,那么银行就会倒闭,当地的债权人或东部的出资人手中所持有的纸币就会变得一文不值。当时已经有一部分获得印第安纳州立银行贷款的人开始做生意了,而在别处手持该银行纸币的人们则误打误撞地为西部的繁荣发展做出了贡献。

在东部著名的银行家和商人眼中,这样的做法是十分可耻的,但是他们并不是不能容忍这样的做法。在这样的做法下,他们可以用优质货币彼此做生意或是和外国人交易,也可以享受稳健银行的服务。只要稍微谨慎一点,就可以区分一张纸币是稳健银行发行的,还是可疑银行发行的。假如觉得纸币是可疑银行发行的,就可以拒绝收取,或是要求对方给一个合算的折扣。这些知名商人固然有时候会有一些损失,但是销售量却大大增加了。当时和后来的经济专家在讲述这些知名商人的观点时,总是会提到银行业如果不稳定,就会混乱无秩序。按照他们的解释,拓荒者的经济观是很原始的,他们急切地想要拿到银行发行的纸币,误认为货币就是资本。这些经济专家并没有看到问题的关键。

对于拓荒者而言,这种混乱无序的状态比紧紧钳制信贷的旧系统要好得多。他们并没有天真地混淆资本和货币。对于这些拓荒者而言,当时从银行获得的纸币就等同于资本,因为这些纸币可以为他们获取资本。人们不会大规模、长时间地错判自身的经济利益,这是很少见的。成就 19 世纪伟大西进运动的人们并没有大规模、长时间地错判。当时有人说他们做出了错误的判断,这恰好说明所谓的稳健经济学往往反映的是超级富翁的需求,现在也是如此。[2]

美国第二银行倒闭后,随之而来的是有代价的妥协。历史再次重演了,某些原因导致市场极为乐观,人们成立了大量银行,银行发放的贷款成了坏账。之后,由于某些突如其来的原因,人们全都涌到银行要求提取存款。这就是恐慌。我们最好先了解一下这段银行业历史,在下一章再看看这一恐慌的代价。

美国第二银行倒闭之后,就像美国第一银行倒闭后一样,各州全面接手银行业,包括颁发特许状和监管。美国第一银行倒闭后,各州成立了大量银行,这一次情况也是一样。唯一的区别是这一次的来势更为汹涌。1830—1836 年，银行的数量增长了一倍多，从 330 家变成 713 家。纸币发行量也增长了一倍多，从 6 100 万美元增长到 1.4 亿美元。可以想见，金币和银币的持有量涨幅较小，仅从 2 200 万美元增长到了 4 000 万美元。³

这段时期的货币扩张得益于两个新的法律设计。其一，各州所有的银行其直接目的就是通过发行新的纸币，提供贷款。宪法是禁止各州发行纸币的，这一目的明显与宪法不合。肯塔基相关法律像是要强调这一目的一样，规定州立银行成立之初只能拿到用于购买印刷器具、纸张和一些家具的拨款，其余的银行物品都要自己印钱来购置。事实已经证明，只要是涉及货币的问题，宪法都是可以妥协的，这是因为符合社会迫切性和政治需求的法律比宪法更高。在一次预备诉讼中，首席大法官约翰·马歇尔（John Marshall）认为州立银行发行"取款凭单"是违宪的。但是 1837 年马歇尔大法官去世后，最高法院全体判决州立银行有权发行纸币。

另一个新的法律设计更为重要，即银行业自由化。州政府通过法律，认定银行不是企业，不需要像之前许多年一样必须获得州政府颁发的特许状；银行是个人自愿组成的联合体，因此就像打铁搓绳一样，人人都可以开银行。州政府为银行设定了规则，尤其是银行的金属铸币储备必须达到所发行的纸币和存款单的某个比例。有的州极为严格地执行这些规则，这一般都是因为之前放任自流，导致了一些悲剧。但是很多情况下，只有在银行倒闭凸显出监管不力时，人们才会发现监管没有到位。这段时期，在当时还十分保守的马萨诸塞州，有一家纸币发行量达 50 万美元的银行倒闭了，倒闭之后人们才发现这家银行储备的金属铸币只有 86.48 美元。这一担保资金确实有点少。密歇根州 19 世纪 30 年代的银行史格外引人注目,这也许是因为密歇根州的历史保存得比其他州要好。当时密歇根州的法律要求银行的金银储备要达到纸币发行量的30%,这是个十分稳妥的基础储备量。密歇根州还派专员去视察各个银行,落实这一要求。这些专员还没到银行,作为储备金的黄金白银就已经开始在各个银行之间流转。这些金银被装在箱子里,从一个银行传到下一个银行,如果专员要求增加储备金,银行就在箱子里装上铅球、碎玻璃和(很实用的)3英寸大钉子,在上面薄薄地盖上一层金币。当时的人都很擅长打比方,一位专员抱怨道:"黄金白银就像变魔术一样在全国飞来飞去,就像丛林深处的风一样,只闻其声,却不知它从何处而来,又往何处去。"[4]

一度有人认为银行应当建在密林深处、沼泽之中,或者最好是由偏远的乡下贸易点改建。因为这样一来,从银行借到(之后又花了出去)的纸币到了别人手里,这些持有人也不知道去哪里找这家银行赎回金属铸币。然而,我们必须强调,这些银行是历史上最糟糕的银行。就像副总统中有斯皮罗·阿格纽(Spiro Agnew)[①]一样,这些银行也是银行。在管理方面,这一时期的许多银行,包括几家公有的州立银行都是十分谨慎负责的。即使是那些倒闭的银行中,也有许多家在倒闭之前是十分诚信可靠的,这些银行帮助一些讲信用的人开起了农场,做起了生意,让他们得以自食其力。

1836年,联邦政府规定,从此以后在购买公共土地时,只能使用金属铸币或能够赎回金属铸币的银行纸币。这一要求带来了诸多不便,广受批评。就像美国第一银行和第二银行坚持要求别家银

[①] 斯皮罗·阿格纽,在1969—1973年担任美国副总统,其间一直贪腐丑闻缠身,最后被迫辞职。——译者注

行赎回纸币一样,这一要求实际上在测试州立银行的纸币质量。人们一直认为这一做法对银行借贷和成立银行起到了一些抑制效果。1837年,市场出现了恐慌,只是并不能断定是由这一规定引起的。[5] 恐慌之后,必然会迎来每次疯狂投机后必有的悔恨。悔恨是无用的,除非后悔得够早。各州的银行业法律和法律实施都变得更严格了。1840—1847年,银行的数量实际上下降了,发行的纸币量下降得更严重。之后,银行的数量和纸币发行量又再度回升,但回升速度较平缓。

尽管如此,内战时期美国的金融系统仍然是商业史和贪婪史上最为混乱的。相比而言,1609年之前阿姆斯特丹的货币情况都算很简单了。内战时期,美国各银行发行的货币大约有7 000种,这些货币或多或少都在流通使用。发行货币的银行有些已经倒闭了,总数大约有1 600家。由于纸张和印刷成本低廉,而且个人发行纸币的权利是受保护的人权,所以个人也可以以自己的名义发行货币。流通的货币中大约有5 000种假币。如果没有一本及时更新的货币鉴别手册,就没有办法从不那么可靠的货币、无法兑现的货币和劣币中挑出可靠的货币,也就没有办法正经做生意。因此,当时每家大公司都必备一本《银行纸币报告》或是《假币鉴别手册》。

内战开始之后,在这场妥协之中支持稳健货币的一方明显开始占上风,至少最初情况看似如此。来自南部和密西西比的两院议员噤声了。战时需求迫切,可以借此扭转州立银行及其纸币的混乱无序状态。成立新的中央银行这一方案仍然无法被纳入考虑范围,但是可以考虑建立新的银行系统,由联邦政府来颁发特许状并监管。1863年,在财政部部长蔡斯和国会的强烈要求下,美国通过了《国家银行法》，建立起了新的银行系统。可以想见，这一法案首先关注的就是监管纸币发行。按照《国家银行法》，银行仍然可以发行纸币，但是在发行之前，先要购买联邦债券，存入财政部；而且银行发行的纸币总量不得超过所购买的联邦债券总值的90%。这一规定显而易见是十分保险的。假如一家银行出现危机，政府就可以出售这些债券，用于赎回纸币。通常情况下，出售的款项赎回纸币之后，还能剩下比较充裕的一部分。这也是一个比较有效的方法，能够保证在战时卖出政府债券。

这一规定确实有一个明显的漏洞，国会也希望能够为此做好防范。银行发行的纸币总量取决于政府发行的、用于担保纸币的债券总量。如果政府过于宽松，发放的债券就会过量，那么发放的纸币就会过量。为了防范这一问题，国会限定全国银行纸币发行量不得超过3亿美元。面对这样的经济管理，即使是经济观点最谨慎的人也不禁要感到惊讶。战后许多年，联邦政府一直保持很高的财政盈余水平。但是政府不能偿还债务，也不能偿清债券，因为这样就意味着没有足够的债券担保银行的纸币。还债就等于摧毁货币供应。

可以预料到，州立银行对《国家银行法》是持反对意见的。刚开始的时候，它们并没有受到负面影响。1861年，银行暂停支付金属铸币，不会再被迫用金属铸币赎回纸币。（下文会提到的）绿背纸币成为法定货币，取代了之前的纸币。但是到了1865年3月3日，距离阿波马托克斯战役仅有一个月的时候，金融的力量又再次显现出来。经过游说，国会又通过了新法规，要淘汰所有州立银行的纸币。这一新法规规定，自1866年7月1日起，对所有州立银行发行的纸币征收10%的税。这一事件证明征税权有着毁灭性的力量，这也许是美国历史上最为直接的一个重要证据。[6]

但是征税权的毁坏性并没有预想中那么严重。在当时的美国，贷款开始不再以纸币形式发放，而是以建立存款账户的形式发放。有了存款之后，贷款人就可以开具支票。在接下来的10年里，这种使用存款和支票的方式迅速普及开来。与此同时，新兴社区仍然可以成立银行。债权人将资金交给这些银行，而银行交给债权人的不是本票，而是存款单。形式变了，但是目的并没有改变。

就本质而言，出具存款单的做法比发行纸币更为谨慎，这一点上文已经强调过。纸币发出去之后几易其手，许多纸币持有人永远都不会到银行要求赎回。但是拿到凭存款开具的支票后，人们总归是要拿回银行兑现的。如果有人要求一家银行兑现支票，但自己的储蓄账户开在另一家银行，那么就相当于这家银行的部分现金流失到了另一家银行。同时，其他银行也会发放贷款，得到的收益也会以支票形式支付给这家银行的储户们。只有在一家银行发放贷款的速度超过其他银行时，这家银行才会出现现金净外流的现象。不计后果地发放贷款会受到惩罚，这一惩罚比对存款形式的银行业务要来得更快，只是惩罚的程度有所差别。

但是这两种惩罚的严厉程度相差并不大，所以银行也没有因此更为小心谨慎。在禁止发行纸币之后，银行倒闭仍然时有发生，有几年更是十分频繁。1878年140家银行倒闭，1893年496家倒闭，1908年155家倒闭。[7]（这些银行倒闭的后果我们下一章再说。）大多数倒闭的银行都是小型州立银行。接下来的65年里，各州仍然继续成立小型银行。这些银行发放的贷款和纸币继续让那些贫困但是有志向的农夫、值得信任和不值得信任的企业家得以展开事业。

内战固然让支持金属铸币的一派在这场妥协中占了上风，他们禁绝了州立银行的纸币，但是也削弱了这些人支持金属铸币的立场。内战前，市场接受的货币不是金币就是银币，并且金币越来越受欢迎。根据 1834 年和 1837 年的法案调整过后，相比银币含银量，金币含金量有所下降。（银币含银量仍然是 371.25 毫克，而金币含金量则从 24.75 毫克下降到了 23.22 毫克。）自此以后，对于那些铸币获利的人而言，最划算的做法就变成了在公开市场上卖出白银，买入黄金，然后用黄金铸币。加州发现金矿后，铸币厂大量使用黄金铸币。在一段时期内，人们甚至可以融化更小面值的银币，如 50 美分、25 美分和 10 美分硬币，用得到的白银去换黄金，然后再铸币以获利。国会在 1853 年下调了这些银币的含银量，使得融化银币所得的合金铸币不再有利可图，从而遏制了这一趋势。因此，1837 年后，美国的货币是贵金属铸币，这里贵金属指的是黄金。唯一的纸质货币就是银行发行的纸币。这些纸币只要能够交换到任意一件物品，就可以兑换成黄金。白银消失在人们的视线中，就这样被人们忘却。此时的美国虽然没有立法实施金本位制，但是事实上已经全面实施了金本位制。

人们往往认为，战争爆发后，首当其冲的就是真相。事实上，货币也许更加首当其冲。截至 1861 年 6 月 30 日，在这一财年中，美国政府的支出是 6 700 万美元，下一财年支出达到 4.75 亿美元。接下来几年，支出更是飞速上涨，1865 年达到 13 亿美元，这一水平直到 1917 年才再次达到。[8] 面对如此庞大的支出，萨蒙·波特兰·蔡斯并没有一个明确的应对宗旨。他郑重地警告不能使用纸币："绝对不能再设计导致大众贫困、政府失信的致命的权宜之计。"[9] 但是他也明显表示出不愿意建议征税，国会在这方面的表现也和他不相上下。截至1862年6月30日,在这一财年中,政府收入为5 200万美元,赤字高达4.23亿美元,收入仅占支出的11%。接下来的3年里,政府加重了税收,还创造性地开征持续时间不长的所得税。但是,战争的压力导致支出进一步上涨。1865年,政府收入虽然达到了3.34亿美元,但是赤字却高达10亿美元。[10]这一赤字通过发行纸币和借贷才得以消除。从1862年开始,出售政府债券成为一项重要的事业。杰伊·库克组织了2 500名销售员,劝说人们购买政府债券,支持国家。这一举措十分成功,最初销售额超过了国会发行的债券量。国会立刻十分合作地追加了发行量,但是政府还需要更多资金。1862年,在蔡斯的默许下,国会授权发行了1.5亿美元的纸币作为法定货币,可以用于除支付关税以外的任何用途。(因为政府希望靠关税获得黄金,以支付债务利息。)这些纸币是用绿色墨水印刷的,因此得名"绿背纸币"(greenback)。接下来的几个月,政府又发行了更多纸币。蔡斯当时暂时还能完全控制住自己的忧虑,他很快就要求发行的纸币面值要小于5美元,这样纸币可以更好地充当流通媒介。最后,政府总共发行了4.5亿美元的纸币。

历史学家批评起"绿背纸币"来毫不留情。直到现在,这个词仍然象征着宽松的财政政策和货币政策,比如"这就像是发行'绿背纸币'一样"。提到这个问题就不能不提怀特教授对此的结论:"此次战争筹款犯下的最大的错误,就是没有及时大力征税,反而使用了带来诸多害处的纸币。"[11]即使是较为宽容的学者也认为蔡斯"发放了过量的纸币作为法定货币,因而助长了通货膨胀"。[12]

看到这里,读者一定发现此事只能得出一个结论。当时即使再发行更多债券也没有什么用处了。之前政府已经绞尽脑汁地大力推销过债券。人们用存款或是囤积的钱买了债券,政府把这些钱花了出去,这就像任何新的支出一样,会增加需求,从而导致通货膨胀。政府固然可以早一点开始征税,并且征更多税,但是即使是竭尽所能,也还是需要发行绿背纸币。[13]

发行绿背纸币的后果也并不是那么糟糕。据记载,1861年时,财政部和各家银行暂停支付金属铸币,也就是不再用黄金赎回纸币。纽约出现了混乱的黄金投机市场,显现出一幅令人感到幻灭的战时景象,虽然并没有造成多大的损害,但是也足以让政府感到十分棘手。更实际的问题是物价,以纸币标价的物价不断上涨,到1864年达到峰值,略高于1860年水平的两倍。(以1910—1914年为基准,1860年批发指数是93,1864年就达到了193。)[14] 战时薪水涨幅不及物价涨幅的一半,[15] 工人们的日子并不好过。但是农民却欢天喜地,因为小麦价格涨到了2美元(战后价格更高)。受物价上涨和战时需求刺激,工业产能和产出都大幅上涨。当时美国南北分裂对立,供养着人数最高达到100万的军队,并且安排他们自相残杀。对于这样的一个国家,以上的经济表现并不算糟糕。内战期间金融政策的恶名是由后来极为保守的历史学家所认定的。他们希望借此证明,只要是违背了正统的金属铸币,使用了如"绿背纸币"这样的货币,就一定是极为不明智的做法,无论取得了多大成就,都不能改变以上论断。

以上是北方联邦的情况。南方邦联的货币管理情况更值得分析。南方普遍认为即使没有人人闻之变色的税收,战争也已经够恐怖了。邦联政府的税收收入并不多,只征土地奴隶财产税和棉花出口税。而后来由于北方联邦的封锁,棉花出口受阻,棉花出口税也就形同虚设了。政府的财政收入主要是依靠征用各州的物资。邦联政府用自己发行的纸币支付给各州，各州又用这些纸币支付自己的支出，甚至自己发行纸币。邦联政府就是靠这样发行纸币和在国内借贷来支付军费。邦联最终发行的纸币总计 10 亿美元，而借贷大约是纸币发行量的 1/3。整个内战期间直到 1864 年 3 月，南方的物价一直不停地上涨，速度达到了每月上涨 10%。邦联东部各州的物价指数在 1861 年最初几个月约为 100，到 1864 年 12 月就涨到了 4 285，到 1865 年 4 月战争结束时，达到 9 211。而薪资涨幅远远不及这个水平。1865 年的物价比 1861 年高 90 倍，按照同一方法计算，工资仅高约 10 倍。[16] 物价专员规定了粮食价格上限，希望能够遏制涨价。报纸还一度登出这些价格上限和实际价格进行比较。南方在阿波马托克斯投降之后，邦联的纸币和债券都变得一文不值。

固然没有一个严肃的学者为这种战时金融说过好话，但是他们可不仅仅是不说好话。"北方作家在写到经济方面时，常常将邦联的垮台归咎于其发行的纸币……"[17]

毫无疑问，邦联政府本可以征收更多、更重的税收。这样也许可以分担一些军费负担，也许就可以消除一些因物价飞涨而带来的混乱，邦联政府还能维持一个稳定、理智的名声，军队士气会更饱满，工人的情绪也会更稳定。作为一个新成立的小国家，既处在封锁之下，本国的工业生产、市场情况也不大好，就这样在本土作战了 4 年，军队十分庞大，人数最少 60 万，最多达到 100 万。在这样的情况下，邦联政府的军费总额仅为 3 700 万金属铸币，这是一个低得不能再低的数字，简直是金融魔术。邦联的奇迹就像罗马的奇迹一样，并不在于最终是否成功，而在于坚持了很长时间。有一个故事说到，一万年以后，有一个考古学家在纽约废墟里发现了一个收费厕所，并且确定了其用途。然后他就牵强地得出结论，说这一文明的覆灭应当归咎于铸币出了问题。那些将邦联垮台归咎于其发行的纸币的人和这个考古学家应当是属于同一学派的。

内战后 19 世纪余下的 35 年间，在金融妥协中，支持铸币的一派声势更大了。[18] 他们已不再认可"绿背纸币"，并且开始反对纸币。同时还展开了新一轮攻势，强势支持白银。当然，他们还坚持认为废止州立银行的纸币有诸多好处。

1866 年，政府开始撤回"绿背纸币"，最初的 6 个月撤回了 1 000 万美元，之后每个月撤回 400 万美元。这一政策并不得人心。包括支持南方重建在内的政府支出仍然十分庞大，物价也在下跌。战后小麦一直在涨价，1866 年涨到了 2.94 美元，到 1868 年下降到 2.54 美元，1869 年更是下跌了近 1 美元。全部农产品价格指数在 1864 年是 162，1868 年下降到 138，下一年又下降到 128。（10 年后下降到了 72。）[19] 战争期间，农场贷款债务有所上涨，而解甲归田或拓荒的士兵也和其他人一样激烈地抵制低价。

受到影响的人认为，这都是因为政府撤回了"绿背纸币"。1868 年，国会两院都以获得大多数票数决定停止撤回"绿背纸币"。1871 年和 1872 年，财政部在金属铸币派的反对下，又发行了几百万美元的"绿背纸币"。接下来的一年里，又发生了一次经典的恐慌，人们涌到银行挤兑。为了满足人们的需求，政府又追加发行了更多的"绿背纸币"。1874 年，国会通过法案，规定"绿背纸币"流通量不得超过 4 亿美元。

格兰特否决了这一法案，认为"在不拥有或持有铸币以即时遵守承诺赎回纸币的情况下，我不相信有任何人工的手段能让纸币等同于铸币"。[20] 这一问题又传到了选民那里。1876 年，有人成立了"绿背党",为纸币(以及其他的金融创新品)据理力争。(这些创新品包括受压制的新一批国家银行纸币,这些纸币被认为违反了政府发行纸币这一唯一且神圣的权力)。1878年,"绿背党"在国会选举中赢得了100万张选票,选举了14名"绿背党"国会议员。[正是这场选举引入了"软钱"(soft money)和"硬钱"(hard money)这一说法。]与此同时,虽然发行新的"绿背纸币"这一要求被拒绝了,但是政府也暂停撤回纸币了。这一问题就以不改变现状的方式解决了。最终"绿背纸币"的流通量精确地固定在346 681 016亿美元。通常认为这一数字维持了几十年。1878年,"绿背纸币"之争达到最高潮。现在,我们来看看白银的问题。

白银自古以来就是最坚挺的金属铸币,但是现在却被认为是"软钱"。我们还记得,1867年,主要的欧洲国家在巴黎会晤,将黄金定为基础货币、各国货币的唯一储备金和各国交易的媒介。欧洲国家当时认为这是正确的做法,美国现在也是这样认为。因此,从1873年开始,铸币厂不再铸造普通的银币,这在当时看来绝对是例行公事的措施。[21](但是铸币厂在接下来的几年中还是铸造了一些分量更重的贸易银币,供美国商人和东方国家进行交易,因为这些国家仍然要求用白银交易。)6年后,为了和之前的法律保持一致,政府规定现存的"绿背纸币"可以但仅可以兑换成黄金。而国家银行纸币由于可以兑换成"绿背纸币",所以当时也可以完全兑换成黄金。美国就这样轻松地完成了对金本位制的回归。物价又回到了战前水平。[22]之前纸币流通量相对交易额较高,但现在由于工业和农业蓬勃发展,纸币流通量显得较低。因此当纸币可以兑换成黄金时,人们就不想要黄金了。回归金本位制并没有引起过多评论。

但情况并未一直如此。轻松回归金本位制的原因是物价低，但是物价低对农民而言并非好事。与此同时，欧洲确立金本位制之后，欧洲各国（尤其是普鲁士）政府和银行开始出售白银，以换取黄金。因此，相对黄金而言，白银的价格下降了。在19世纪70年代，由于内华达州发现了银矿，白银的价格进一步下降。半个世纪以来，白银价格一直高于铸币价格，格雷欣法则使得铸币厂不用白银铸币，而用黄金铸币。现在白银价格低了，铸币厂应该开始使用白银铸币才对。但是1873年法案不允许用白银铸币，因此铸币厂仍然不铸造银币。1873年法案在当时看起来是很不起眼的，但是现在却成了扼杀银币的"凶手"。当时英国金融家恩内斯特·赛义德（Ernest Seyd）曾给国会行贿，以推动通过这一法案。后来这一阴谋进一步发酵，成了犹太银行家的集体阴谋。[23]因此，在"绿背纸币"之争平息之后，银币的问题成为19世纪80年代的焦点。

银币的政治反击更为强烈。支持"绿背纸币"的人成立了一个党派，支持自由银币的人也同样团结到了一起，称为民粹主义者。更重要的是，后者争取到了民主党人的支持。所谓自由银币，指的是自由地或无限制地铸造银币，采用的是原来的标准，即1美元含371.25毫克白银。毫无疑问，以这个比例铸造出的银币面值是1美元，但是在市面上1美元可以买到更多白银。现在1美元面值的铸币有371.25毫克白银，或是23.22毫克黄金，两种金属的相对价值仍然是之前的（但不是历史性的）比例，即16∶1。

支持白银自由化的人在1878年首次获利。战争过后，支持"软钱"的人被新成立的州派往西部，他们左右国会；而支持"硬钱"的人则一贯能够左右总统。1878年2月，国会推翻了海斯总统的否决，下令在一个月内按照市价购买200万~400万美元的白银。这些白银将按照原来的标准铸成银币。铸成银币之后，就可以获得更多美元，再用来购买市面上的低价白银，政府就可以从中获利。

支持金属铸币的一派虽然认为这一举措不甚明智，但还是希望至少可以满足一下支持银币的一派。可惜，后者仍然不满意。他们继续表示不满，不仅对铸造的银币数量有限不满，而且对整个政策全盘都表示不满。支持银币的一派认为，现在的政策不仅会导致银价上涨，还会导致农产品价格上涨。他们都是正直虔诚的信徒，因此深信为白银抗争就是为了上帝。在接下来的几年里，无论本意如何，上帝都深深地卷入美国货币政策中。

1890年，由于支持高关税的一派和支持银币的一派反复拉锯，购买白银更为自由了。购买来的白银又被用于购买财政部的债券，而债券可以视持有人意愿兑换成白银或黄金。可以预料到，格雷欣法则又要起作用了，这一次是针对黄金。白银被用于交易，财政部的债券则被兑换成了黄金，然后被囤积起来，或是送到海外保管或使用。财政部的黄金储备缩水了，1893年发生了大规模的黄金挤兑。为了补充黄金储备，政府出售了一批需用黄金购买的债券，但是这样得来的黄金又被用于赎回纸币，而原本发行这些纸币也是用于购买白银的。

如果能对后果保持警惕，还是可以转危为安的。1893年就是一个很好的例子。当时人们对黄金的挤兑几乎达到了恐慌的程度。这一恐慌的出现还有别的原因，之前的投机活动也是原因之一。然而支持金属铸币的一派和他们的代言人，比如格罗弗·克利夫兰（Grover Cleveland）总统一样，将之归咎于银币。1893年夏，克利夫兰召集国会召开特别会议，要减少银币发行量。时任众议员的威廉·詹宁斯·布莱恩雄辩反对，参议院进行了长时间的辩论，最后国会屈服害怕了，减少了银币发行量。

但是支持银币的人并没有就此被击溃。1896年，他们将银币之争交给选民定夺。在支持金属货币的人眼中，布莱恩"愚昧地坚持将银币问题作为主要问题讨论"。[24] 在民主党大会上，他发起了名垂青史的挑战："对于那些要求金本位制的人们，我们要这样回答：你们不能把荆棘之冠强加在劳动之首，你们不能把人类钉在黄金十字架上。"[25] 之前有人告诉上帝，白银是正道，而现在又有人告诉上帝，原来黄金至少在象征意义上是和上帝之子的死相关的。

布莱恩在选举中大败。时间一如既往地做了定夺。此刻，中西部也支持金属铸币了。麦肯利以271票对176票获胜。纽约《世界报》评论道："自从里士满之后，爱国的美国人从没有如此欢欣鼓舞过……荣誉得以捍卫。"[26]

1900年，有关铸币和纸币的补充法进一步巩固了金本位制。因此，一些纯粹主义者认为美国采纳金本位制是在1900年。实际上，金本位制在那之前就已经大获全胜了。

但是1900年的这一法律颇有些幽默。它允许国家银行和当权者的稳健银行发行纸币，其总额相当于所有存在财政部的政府债券总额，还将小额的发行税减半。结果国家银行的纸币发行量立竿见影地上升了，在之后的8年内翻了一番。所有优秀的金融人士都赞赏这一举措，认为这对于国家商贸的发展是十分必要的，这是一个稳健而有益的举措。用"绿背纸币"、白银票据或是财政部纸币的形式购买白银，实际上都是一样的。这样的货币扩张是不稳健、不明智、不计后果的。在纽约《世界报》看来，这是可耻且不爱国的行为。这两个问题并没有原则上的分别，只是其真相和正当金融利益之间有着不同的、引人入胜的联系。

第九章

价　格

对有钱人而言，19世纪最后几年到20世纪前10年是最美好的时期。这段时期没有所得税，内战时征收的所得税在战后很快就废止了。大多数民众仍然十分贫穷，这更凸显出有钱人的富裕。1899年，托斯丹·凡勃伦写道："财产与英勇战绩或卓越功业不同，它现在已经成为衡量成就的可敬程度时最容易被认明的证据，因此就成了博得尊崇的习惯依据。"[1]历史学家们凭直觉称这段时期为"镀金时代"（Gilded Age）。

准确地说，这段时期是"黄金的时代"。凡勃伦将地位归结于财富，而对于一部分人，也许是许多人而言，财富是由货币的性质赋予的。如果手中的货币价值不高，甚至在贬值，那么即使是有钱人也无法确保自己的身价。和其他人一样，有钱人也会担忧货币某一天突然贬值，就像大陆纸币和德国马克一样。他们固然有一套保值的策略，但是这个策略也许会失效，到那时货币又值几何？如果手中的金钱是长久保值的金属铸币，那么有钱人和那些诋毁有钱人的人就不用考虑这个问题了。

1900年，物价延续着战后开始的下降趋势。小麦、棉花和其他粮食的价格都比100年前低了一半。由于货币购买力上涨，富人不仅可以通过积累货币变得更富裕，而且还大可坐等财富增值。

对于富人而言，这一时期还有一些其他好处。许多享受都是富人独有的特权，其他人并不会奢望，这一点很重要，我们在最后一章中会再提到。其中一种享受就是旅行。欧洲只有富人才去，无产阶级则试着向西跨越大洋洲去美洲，由于旅行配套设施糟糕，因此航程极为艰苦。当时只有去苏丹和沙皇的领上需要护照，也不需要考虑汇率的问题。英镑、先令和便士兑美元的汇率是不变的，美国和英国货币各自兑换黄金的比率也是不变的。粮食换算成英镑、法郎或美元的价格也是如此。当时还没有无线电，人们在兰兹角和其他登陆点竖起信号旗，告知从圣劳伦斯运来粮食的船只去往泰晤士、鹿特丹、安特卫普或是洪堡，以赚取各个港口的价差。现在有人设想，甚至是幻想建立共同市场，但是从唯一性和统一性上来看，都比不上当时的货币系统。

富人和他们的拥趸能够把那些对他们有利或为他们提供便利的事物和社会道德对应起来，也能把那些对他们不利或不便的事物描绘得荒谬或愚蠢。在他们支持黄金和谴责纸币时，这种能力得到了最为充分的体现。经济学家们也同样倾向于在名人和富人赞赏的事物中寻找美德，这一趋势也是十分明显的。但是在金本位制的实施过程中，有一点是十分确切、和谐且统一的，这一点使得金本位制也受到了其他一部分人的欢迎，这些人并不是那些对富人曲意逢迎的人。金本位制确实让各国货币之间的关系变得简单而确定，让那些工业国家及其帝国有了统一的货币。可惜的是金本位制也有其严重，甚至是致命的缺陷。这些缺陷会狠狠地惩罚普通人，并且假以时日也会毫不留情地惩罚富人。在美国货币妥协的这一背景下，这些缺陷显得尤其严重。

说到经济问题，就必须谈一谈相关的术语。在约翰·奥哈拉（John O'Hara）最杰出的剧作《好友乔伊》中，主人公乔伊在芝加哥为了买蛋糕和咖啡而卖唱。他解释说之所以这么不走运，是因为经济还处在"恐慌"（panic）之中。他的用词有些古老，因此显得有几分做作，这也是奥哈拉作品的魅力所在。从19世纪直到1907年，美国有过几次恐慌，这就是当时的说法，不用掩饰。但是到了1907年，各种用语都为经济利益服务。为了尽可能降低对信心的冲击，商人和银行家解释说现在经济受挫并不是一场恐慌，而只是一次危机（crisis）。当时马克思提出"终极资本主义危机"一说，使得"危机"这个词听上去有几分险恶，但是商人和银行家仍然无所忌讳，照旧用这个说法。到20世纪20年代，"危机"这个词听上去就像其指称的事件一样恐怖。因此，人们为了安慰自己，解释说这不是一场危机，而只是萧条（depression）。这个词显得更为温和。之后"大萧条"这一严重的经济问题又使"萧条"这个词显得甚为可怕。经济词汇学家们又解释说即将到来的不是萧条，而是衰退。20世纪50年代，经济略微受挫，经济学家和官员们异口同声地否认这是衰退（recession），他们说这只是经济运行略微有所倾斜或是波动调整。赫伯特·斯坦（Herbert Stein）是一个和蔼可亲的人，对他而言，做理查德·尼克松的经济发言人简直是太可怕了。如果让他来描述1893年的这场恐慌，他可能会说这是对增长的校正（growth correction）。

前面提到了19世纪的数次恐慌和20世纪初期的这次萧条，这些事件毫无疑问是不受欢迎的，分别发生于1819年、1837年、1857年，1884年也有一场小规模的经济动荡。1893年发生了一次很严重的经济动荡，1907年又发生了一次。1921年有一场短暂而严重的经济动荡，之后就是最为猛烈、持续时间最长的一次，直到

1929年10月后才结束。经济动荡如此频繁,以至于在20世纪的初期,人们简直认为系统性的波动是经济生活和经济发展的特性。如果专门研究商业周期,还可以获得经济学高级学位。有识之士将其简称为"周期"(cycle)。这一学科分支较为晦涩,没有定论,争议较大,因此也是较为有名的。

前面也提到过马克思的阐释。马克思也认为危机是正常的,至少在资本主义社会是正常的。生产力在快速增长的同时,仅仅将一部分产品的价值反馈给了劳动力,而且反馈的量还越来越少。工人没有能力购买自己生产的物品,而资本家又倾向于将储蓄用于扩大生产,导致产品不断积压,利润不断缩水,危机也就愈演愈烈。而终极危机会摧毁因为集中在少数人手中而变弱的资本主义。马克思在美国并非家喻户晓,在他生活工作过的英国也一样。但是在欧洲,一些以英语为第二语言或第三语言的国家中,或是在一些学者的著作中,都时不时会提到一个这样的思想,即反复来临的恐慌或危机预示着资本主义终将完结。[2]

商业周期通常呈波动形态,经常被比喻成海浪。价格和产量逐渐升高,增速越来越快,到达峰值之后开始下降。周期的长度是峰值到峰值或谷底到谷底的距离,因此这又是一个波浪状的周期。实际上,19世纪和20世纪的商业周期比较像粗齿锯的齿,上升的坡度较平缓,而下降坡度则很陡峭。如果用波浪来比喻,就像一个缓缓升起而又突然坠落的浪头。

从所有的恐慌中可以观察出一些共通之处。首先是商业活动扩张,通常是围绕着某种占主导地位的投资模式,这种模式会重塑整个国家的经济活动布局。投资对象一开始是运河,后来是更为重要的铁路。修建运河和铁路使得商业活动扩张到新的区域。物价往往就会上涨，但也不是必然上涨。

随着时间的流逝，投机取代了扩张。"投机"这个词必须精准地去理解。（一位深思熟虑的波士顿观察家在1840年注意到，投机一旦成功就会成为事业，只有在失败时才是坏事。）³投机是围绕着一种或多种不动产或是信托资产展开的，这些资产都是当下经济扩张的关键。1819年和1837年时，不出意外，这一资产是土地。1829年时，政府以150万美元的价格卖出了120万英亩①的公共土地。1836年，在崩盘之前，政府以2 500万美元的价格卖出了2 000万英亩的土地。大部分土地在卖出之后，立刻就被抬价转手卖出，然后又再次被抬价卖出。这些年也是开凿运河的鼎盛时期。此外还通过证券投资修了许多回报率高的项目，如收费公路、议会会场、学校和几间监狱。公共设施得到了极大的改善，证券交易也得到了大幅扩张。

到1857年，投机者将兴趣转向了铁路，直到19世纪末他们的热情才消退。在1873年恐慌之后和1893年恐慌之前的几年，美国借助铁路证券大举修建铁路，投机行为也随之而来。19世纪，最为引人注意的莫过于人们总是能够轻易地忘记上一次的铁路投资崩盘，紧接着再次投资铁路失败。引起投机者注意的还有其他一些较小的项目。在1873年恐慌之前，黄金仍然可以公开出售，以"绿背纸币"询价。1869年，杰伊·古尔德（Jay Gould）和他的经纪人吉姆·菲斯克（Jim Fiske）想要垄断黄金市场，即控制黄金供应，使得黄金商人必须和他们签合同才能供应黄金。这些"坏蛋"

---

① 1英亩≈0.004平方公里。——编者注

想要成功，前提是政府不出售黄金。古尔德买通了格兰特总统的连襟和几个小官员，认为这样就算买通总统了。但是事实上，他的人并不能确保总统的支持。这一计划就此失败了。在1907年恐慌之前，也曾经有人用并不专业的手法尝试垄断铜市场。

到了1907年，铁路仍然很重要，但是投机者的兴趣整体上已经转移到了普通股上。在1921年大萧条之前，出现了几乎是非常态的土地投机和大宗商品投机热潮。到了1929年，不可限量的科技前景抓住了活泛的人心，这些人都认为有些金融天才是无所不能的，可以委托他们通过投机获取财富。由于认为科技大有可为，现代所谓电子公司的先驱美国无线电公司（RCA）成为投机者的宠儿，但是实际上这家公司从未分红。还有许多人天真地以为海岸航空公司是经营航空业的，因此也十分青睐这家公司，但实际上这是一家铁路公司。金融天才们还组织了共同基金的前身，称为定额投资信托，帮助那些贪婪但无门道的个人投资者进行投机。20年代末，产生了各式各样的投资信托。

投机随着人们购买资产而发生，背后通常有某种门道作为支撑。人们之所以购买资产，是因为相信资产会增值。这样的期望和所导致的行为则会确认这一期望。当下的问题关键不在于人们购买的土地、大宗商品、股票或是投资公司的这一资产未来会如何获利，关键在于有足够的人期望投机对象能够持续涨价，这样就能够吸引更多的人来购买，进一步满足人们希望投机对象继续涨价的期望。

这一过程十分简单，价格一旦停止上涨，一切就都结束了。如果发生重大事件打断了价格上涨，就会击碎或威胁对于持续涨价的期望，所有怀有涨价期待的人就会撤出投资。这些人都是容易受骗的极端积极分子，世界上从来都不缺这样的人。无论之前投资增加的速度是快还是慢，崩盘的过程总是十分迅猛。因此投机行为的起伏会像锯齿或是浪头一样，来势较缓，突然倒下。1819—1929年的恐慌期间，投机和经济扩张都是这样结束的。

这样的事件还有其他一些不变的特点。虽然在繁荣期间整体价格并不是一直在暴涨，但是在恐慌期间和恐慌之后，跌价总是很迅猛。出现这一反差的一部分原因是19世纪的价格整体处于下行趋势。繁荣遏制了这一下跌趋势。但是在繁荣之后的崩溃期，下行的趋势又变本加厉了。物价跌落的幅度很大，农产品价格尤甚。现在有说客游说稳定农产品价格，立法者也小心翼翼，再加上一些稳定价格的措施，后人已经很难想象之前跌价的幅度之大。1818年，农产品价格指数是117；到1821年，这一数字就降到了64。辛辛那提的小麦当时是25美分每蒲式耳，玉米是10美分每蒲式耳，威士忌完全是滞销货品，15美分每加仑①。1836—1840年，农产品价格指数从89降到了65，在1843年又降到了48。[4]这样的价格变动并不是很久远、很古老的现象。在1920—1921年的一年内，农产品的价格就降了一半。1929—1932年，农产品价格下降更严重。

这些恐慌对于物价产生了确凿的影响，但是对城市就业和产出的影响则较难确定。标价是可以查到的，但是失业率必须计算才能得出。在大萧条之前，没有人计算过精确的失业率。按照保罗·戴维（Paul David）教授的说法，[5] 1840年之前是数据的黑暗时期。在恐慌时期和之后的萧条时期，经济增长肯定是放缓了，也许还一度陷入停顿。除此以外，无法给出其他确切的结论。[6]

---

① 美制1加仑约为3.79升。——编者注

然而，有足够的主观证据表明生活变得艰难了。1819年夏天，纽约、费城和巴尔的摩约有5万名工人失业。在波基普西市，机灵而自强的体力劳动者约翰·达利（John Daely）承认自己偷了一匹马，他辩解说："找不到工作，只有这个办法确定能够支撑全家生计。"[7] 这个办法成功了，他也因此被判了8年徒刑。一家报纸报道了这一事件，认为"我们的头上笼罩着厚厚的乌云，即使是最年长的老一辈也没有遭受过这样的噩运。和现在的时世比起来，从前的战争年代简直是阳光普照"。[8] 18年后，也就是1837年恐慌之后，纽约《先驱报》总结道："美国现在正处于最为岌岌可危的时刻。"《先驱报》充满着路见不平的同情心，评论道："我们哭泣哀悼，为那些卷入经济崩溃中、一贫如洗、不知所措、流泪哀泣、无招架之力、无辜而美丽的女性。"[9] 后来的每一次危机都会有类似的绝望之语，有同样振聋发聩的文辞。

在恐慌时期，人们总是寄希望于两种补救办法。这两种办法都受人青睐，但是从来没有任何证据表明其有效。第一个办法是强调经济灾难并不存在，以此驱散经济灾难。1820年11月是十分黑暗的一个月，一年前经济崩溃了。当时，门罗总统向国会表示，国家的形势是"繁荣而幸福的"，他还补充道："眼前的景象是如此令人满足，如此繁荣昌盛，造物者给予我们方方面面无法衡量的福祉，我们必须心怀至为深刻的感恩之情。"[10] 而当时政府其实正因为经济危机而满怀忧虑。1837年3月，人们开始感受到这一年的可怕之处，而安德鲁·杰克逊（Andrew Jackson）总统在卸任演说里说道："我离任时，伟大的美国人民繁荣且幸福。"[11] 1930年6月，一群民意代表求见赫伯特·胡佛（Herbert Hoover）总统，要求政府提供更多公共职位，以缓解失业困境，当时失业的人数已有数百万。总统答道:"先生们,你们来迟了,大萧条两个月前就已经结束了。"[12] 尼克松总统和他的经济学家们也十分恳切地、不厌其烦地宣称通货膨胀已经结束了,他们的这一做法其实是延续了以上传统,这一传统比他们所知道的还要古老。

第二个办法是督促人们向宗教寻求慰藉,以此代替成本更高的措施。1837年,一位好心的牧师督促受苦的信众利用这段艰难的时期"在天堂存储财富",并且充满希望地补充道,"即使收入微薄也能做到这一点"。[13] 1857年也是艰难的一年,当年《商业期刊》刊登了一段类似的建议:

从华尔街抽身片刻,
暂时忘却世俗牵挂,
每天中午花一小时,
带着谦卑希望祈祷。[14]

1878年,波士顿大主教威廉姆斯采取了更为实际的做法,在其教区内的教堂分发演说辞,要求信众不要因为恐惧而去银行取钱。但是这一做法反而引起了挤兑。1907年的恐慌导致纽约信托公司和银行遭遇大规模挤兑,J. P. 摩根为遏制恐慌做出了许多努力。作为圣公会的重要人物,他在10月将纽约主要的牧师召集到他的办公室,要求他们在周日布道时安抚人心。"所有教区的宗教领袖都同意在那个周末为信众描绘出祥和的景象。"[15] 正是因为这样的历史渊源,后来皮里牧师和格雷汉姆牧师才会主张传播能够稳定经济、安抚社会的福音。

然而,早期繁荣和恐慌的交替与后来的经济灾难相比,还是有较大差别的。19世纪时，城市劳动力较少，而农业劳动力较多。在恐慌之后的1820年，美国约有290万有偿工人，其中210万都从事农业生产。1870年，农业劳动力仍然占劳动力总数的一半。到了大萧条时期，农业劳动力占劳动力总数的不到1/4。[16]在经济受挫的年份，农作物物价下跌，农场主可能不得不把农场抵还给债权人，但是失业的情况是极少有的，甚至是没有。(在20世纪30年代大萧条时，随着城市人口撤回农村，农业就业率在某种程度上反而有所上升。) 19世纪时，城市里的企业比现在的企业更像农场，大型官僚企业的力量还无法维持其产品价格。当时，也没有能够保障工资水平的工会。因此城市里物价下跌，工资也下跌，有些行业工资下降的幅度高于物价下降的幅度。经济受挫的原因不是大规模失业，而是企业收入和工人工资的下降。这是19世纪萧条与后来萧条的差异之处。我们现在再回过头来讲讲经济灾难中货币的角色。

  毋庸赘言，银行为每一次灾难之前的投机提供了资金。那些买地、买大宗商品或是铁路股票和债券的人都会到银行贷款。因此，纸币和存款都流入了市场，为他人的投机行为埋单。这也是因为贷款的银行是小型的本地银行，因此会信投机者所信，被同样乐观的信念所吸引，认为价值会不断上升。正如19世纪和之后一样，银行系统的设计初衷本就是为了扩大货币供应，满足投机需求。

  银行和货币也为之后的经济崩溃做出了贡献。这些恐慌还有一个共同点，那就是每一次都会有银行倒闭。在早期的恐慌中，那些如鬼火一样闪烁在沼泽和十字路口的银行都消失了，而且有的银行创始人本身就知道这些银行会倒闭。19世纪后期，陆续有银行倒闭，小型的州立银行倒闭情况尤其严重。在1873年和1874年的恐慌中，98家银行停止营业，之前的两年倒闭了29家。1892年，有83家银行停业，之后的一年倒闭了496家。1907年和1908年，246家银行倒闭。1920年之后像是开始了大屠杀，1929年后倒闭简直成了安乐死。1930年之后的4年，有超过9 000家银行和银行家烟消云散。[17]

银行倒闭不是普通的商业厄运。弗里德曼教授指出，[18]银行倒闭对经济活动的负面影响不是单一的，而是双重的。银行家失去了资本，储户失去了存款，双方都失去了购买的能力。倒闭（或是对倒闭的恐惧）也意味着缩减货币供应。这一现象并不神秘。一家稳健的银行发放贷款，从而创造储蓄，这也就是创造了货币。担心倒闭的银行则会收缩贷款，因此就会收缩储蓄。而已经倒闭的银行会清算贷款，冻结的存款也就不再是货币。清算还会撤出储备金、贷款和存款，因此也影响了其他银行的货币供应。

我们提到过，19世纪的恐慌中，倒闭的主要是小型州立银行。这和大妥协是一致的。那些想要金属铸币的人不仅拥有金属铸币，而且也能依靠稳健的大型银行。乡村和西部的企业则较为随意，其贷款和抵押大多含糊不清。这一系统中蕴藏着银行倒闭的风险，但是有着稳健货币的机构并不担心这一风险。在1931年的一次讨论银行倒闭潮的银行家会议上，时任纽约联邦储蓄银行行长的乔治·哈里森（George L. Harrison）注意到："有一段时间，我们在城里（也就是华尔街）普遍感觉到倒闭的影响……倒闭的主要是社区小型银行，这种影响是可以隔绝的。"[19]他接着说，后来恐慌不断扩散，纽约的大型银行也明显有可能受到牵连，情况就变得严重了。

其实，早在1931年之前，中央金融利益和地方银行利益之间的隔离已经开始消融了。这一部分是因为通信发展，美国各地区之间的商业交流越来越频繁。因此，地方银行将更多存款存在纽约和其他大城市的银行。当储户到小型银行挤兑时，小型银行就会到大型银行挤兑。大型银行就这样感受到了挤兑压力。

随着19世纪结束，20世纪到来，投机从地方性现象变成了全国性现象。乡村和西部出现土地投机。在铁路出现之前和之后，也有投机现象。这种投机一旦崩溃，主要影响的是乡村银行。而证券投机是金融中心的业务。大城市的银行为购买证券的人发放贷款。一旦证券价格下跌，大城市的银行就会受到冲击，储户就会警觉起来，要求取出存款。

此外，19世纪末时，纽约出现了一种新型银行，这种新型银行反映了更具投机性的西部特有倾向。这就是州立信托公司。这些公司的特许状允许其从事比州立或国家银行更为广泛的业务，可以为富人管理资产、注册并转让公司证券、托管债券和不动产。这些公司所受的监管也没有那么严格，因此毫不奇怪地实现了长足的增长。大型信托公司尼克博克信托（Knickerbocker）的老板在1907年深度参与了黄铜投机。在黄铜泡沫破灭后，传言说尼克博克信托麻烦缠身。储户涌到尼克博克挤兑，尼克博克就真的遇上麻烦了。不久之后，其他的信托公司的资金都不再充足了，其中包括同样卷入了黄铜投机的美国信托公司。1907年的恐慌和之前的恐慌一样，都不是从农村起源的，而是纽约城里本土制造的。

正因如此，这一恐慌才更为严峻。这不是因为其影响力大于之前的恐慌，而是因为波及的人和事物更为重要。危急的情势迫使货币改革迈出了接下来的重要一步，即联邦储备系统。

早在1907年之前，大城市银行的困境就曾迫使政府采取过行动。在1873年恐慌时，政府停止撤回当时被视作邪恶化身的"绿背纸币"，并且又发行了2 600万美元的"绿背纸币"作为储备资金，以缓解纽约的紧张局势。在后来的数次恐慌中，财政部在大型银行存入了政府资金，帮助应对挤兑。所有的历史学家都认为1907年是摩根拯救了美国信托公司。当时，J. P. 摩根宣布恐慌应当就此结束，然后请求财政部部长乔治·B. 科特鲁（George B. Cortelyou）用政府存款拯救美国信托公司，因为包括摩根在内的其他纽约银行家的资金不足以拯救这一公司。科特鲁没有权力将政府资金存入信托公司，他具体是这样操作的：立刻将3 500万美元存入国家银行，然后马上转手贷给美国信托公司。这样美国信托公司就能够用这些资金说服储户，使他们相信存款是安全的。这是一种临时性且不可靠的做法，[20]并且过于铁面无私。1907年，尼克博克信托的老板查尔斯·巴尼（Charles Barney）在绝望之下想找摩根帮忙，但是却没能见到摩根。于是，巴尼饮弹自杀了。如果有中央银行，巴尼至少还能进门谈一谈。为了帮助像巴尼这样走投无路的人，更是为了保护更重要人物的利益，之后的几年间，美国又开始讨论成立中央银行。

回顾19世纪的恐慌或危机，金条委员会面临的问题又浮现了。货币明显扮演了一个角色。是主要角色吗？又或者货币和银行业更多是为响应这一新国家变幻莫测的增长趋势而生？

这个问题并不容易回答，但是历史学家也没有就此止步不再回答。刚才我们已经看到，19世纪银行和货币的设计是为了响应积极情绪，为投资热情提供资金，再推高投资热情，最终使得之后的崩溃更为严重。在没有有效约束的情况下，人们可以成立银行、创造货币，为扩张和投机提供资金。但是接踵而至的往往是银行倒闭，人们对倒闭的恐惧，以及贷款、存款收缩，这一切都会让人追悔莫及。

但是借贷、投资、冒险和投机的冲动也是不可或缺的。如果没有这样的冲动，银行就不会横空出世。19世纪的美国洋溢着高涨的投资本能，这种本能并非无缘无故产生的。突然出现了一块新大陆，土地广袤，资源丰富。拥有了这些资源，就可以加以利用，实现创收，资源所有者的财产价值就会攀升。这样的机会在当时的美国遍地都是。

有无资产成了致富的关键，而银行正好可以提供资产。所以，一方面银行系统设计的初衷就是辅助扩张和投机，一方面人们也强烈地需要银行。没人能断言哪一方面的原因更为重要。19世纪的英国和法国也出现过恐慌或危机，但是比美国要温和得多。一般认为这是由于英法的银行和货币系统更为成熟保守。这一解释是成立的。但是同时还有一个原因，那就是英法没有像美国这种导致扩张和投资热情的诱因。如果我们仔细研究，会发现这个原因显得更为重要。英法声势最大的投机热潮和崩溃都是源于认为美洲有着无穷尽的机遇。密西西比公司、南海泡沫、达连湾灾难、19世纪30年代英国资本涌入美国运河项目、英国投资者不断在南美投资，这些都是例证。

银行轻易地提供货币，而人们又忍不住要从银行获得货币去投机或生产，我们最多只能说二者是密切相关的。在之后的岁月里，假如通过利用新资源或占有资产而获利的前景不再如此光明，情况就会暂时有所不同。那时银行就会时刻准备着，急切地要发放贷款、创造储蓄，以此巩固货币供应。但是在前景黯淡时，并不会有人去找银行贷款。

第十章

无懈可击的美联储

几乎所有的经济学家都推崇联邦储备系统。联邦储备系统能够最为充分地向年轻人展示成熟机构的精妙与益处。公司的缺陷在于本能性垄断。工会干扰市场，要求限制贸易，抵制新技术，因此阻碍进步，还有可能被敲诈之人和骗子利用。政府监管机构作为经济引导工具则有着诸多不完美之处。联邦储备系统也并不是从未受过批评。它也犯过许多错误，但是这些错误都是源自一些特殊的判断失误。在研究这些失误时，人们是怀着尊敬之心，而非吹毛求疵的态度，目的是弄清楚为何有远见卓识的人也会犯错。对于经济学家而言，如果因为这样的错误就要解雇或是严肃批评负责人，那简直是不可想象的。[1] 对联邦储备系统的认同可以追溯到其创始之际，且不会因时而变。1913年年末的几周内，国会通过了《联邦储备法》，威尔逊总统签署生效。关于这一起源，有一个流传最广的说法，生动地解释了联邦储备系统的诞生。"它因1907年的恐慌而生。当时银行倒闭犹如传染病一样肆虐。这个国家不愿再忍受不稳定的私人银行业专制。"[2] 这一总结出自萨缪尔森教授，他还说道，经济学家称联邦储备系统为"美联储"（Fed），这个亲切得有些过分的简称并没有任何不敬之意。他注意到，联邦储备系统的主要决策机构"公开市场委员会"的决策有着极大的效力。用"可以谅解的夸大之词"来说,这些委员会成员也许是"最有权势的一群美国公民"。[3]

一旦形势与此有冲突,即使是最小的冲突,也会让人警觉。在应对大恐慌方面,联邦储备系统有许多缺陷。在联邦储备系统成立7年之后,1920—1921年,出现了一次严重的恐慌,10年之后又出现了史上最为严重的萧条。正经的专业人士也不会否认,有许多证据表明联邦储备政策让当时的情况恶化了。在1920—1921年和1929年,联邦储备系统为之前的投机提供了资金,并且加剧了投机之后的收缩。在银行倒闭如传染病一样肆虐时,联邦储备系统也没有起到良好的抑制效果。在联邦储备系统成立之前的20年里,有1 748家银行停止营业;而在美联储终结不稳定的私人银行业专制,成立20年之后,这个数字反而变成了15 502家。[4]

在经济繁荣时,中央银行的基本职能是约束银行借贷;在繁荣之后的萧条中,中央银行的主要任务是做最终贷款人。然而,在大萧条时期,完成这一任务的并不是联邦储备系统,而是为这一职能而专门成立的重建金融公司(Reconstruction Finance Corporation)。1933年,起伏不定的银行业终于画上句点,所有的银行都必须接受有效的监管。令储户们相信自己可以随时随地取出存款的机构并不是联邦储备系统,而是联邦存款保险公司(Federal Deposit Insurance Corporation)。这一公司相对低调,因此也没有任何名气。到20世纪30年代,人们意识到银行即使有充足的资金用于借贷,也不一定就会使用这些资金。因此,政府意识到仅仅允许支出是不够的,还必须确保支出。为了确保支出,政府自行借贷并支出,而这是通过财政政策,而不是货币政策来完成的。很明显,萧条一旦恶化，美联储就无能为力。

此外，还有通货膨胀这一问题。1963年，为了庆祝联邦储备系统成立50周年，理事会（和现在的说法一致）发了（准确地说是再次发布了）一本简短的目标手册。理事会表示："今日，我们普遍认识到联邦储备系统的主要目标是促进增长，同时保证就业率维持在高水平，美元稳健稳定……"[5] 在接下来的10年里，美国出现了和平年代最为严重的通货膨胀。公开市场委员会成员仍然是美国最有权势的一群人，他们多次就此问题会晤。但是通货膨胀仍然持续。最后通胀终于放缓了，失业率却又令人遗憾地开始上升了。权势的影响力终归有限。

美国有一个重要的经济传统，与其说这一传统是保守主义，还不如说是安逸的循规蹈矩。哈佛大学称其为贝尔蒙综合征（Belmont Syndrome）：许多德高望重的教职工宁愿居住在闲适的市郊，上班时告别妻子，放下家中事务，通勤来到办公室、电脑旁和教室里，以此远离对立、批评或是不安的想法。这些教职工偏爱舒适生活，即使有不便之处也不介意。这种贝尔蒙综合征是自然、无害的。学者的学术水平并不会因为其洋溢着改变世界的想法就有所提升。总得有人来传授普遍公认的知识才行。但是回过头来看联邦储备系统，我们必须认识到，在过去的60年间，它一直是贝尔蒙综合征或是其他类似学术概念的主要受益机构。在分析其历史的方方面面时，必须有意识地抛开一贯流传的教义和看法。

这并不意味着联邦储备系统的成就不值一提，只是有些成就被过分赞扬了。在联邦储备系统成立的初期，人们在美国几个主要城市的中心地带购买了高端房产，为经典的金融机构建立起了庄严肃穆的大厦。从那以后，这些高楼大厦就构成了一种坚不可摧的形象，令克利夫兰、圣路易斯这样的二级金融中心相形见绌。在英国和法国，只有首都才有这样的金融中心，而在美国，十几个大城市都有金融中心。这些标志虽然不是至关重要，但是也有其意义。我们也不能批评这些机构的人不够清醒。对于大多数人而言，货币是一件严肃的事情。他们希望这些金融机构能够表现得庄重严肃，而不是浮躁轻佻。人们对银行家的期望也是如此。医生虽然负责生死大事，但还是可以有些幽默感的。在《衰落与瓦解》中，伊夫林·沃甚至塑造了一个醉鬼医生的形象。但是滑稽的银行家是无法为人所接受的。即使是沃也没有办法让人们接受一个醉鬼银行家的形象。

联邦储备系统还引入了高效的支票结算兑现手段。之前，一家银行的支票到另一家银行兑现或结算，会自动缴纳一小笔税款，这也是每一笔货币支出都要缴纳的税款。而现在，用支票支付是免除税款的。这是很小的一步，但是效果显著。最后，联邦储备系统自创立以来，一直保持着无法比拟的廉洁声誉。从来没有出现员工监守自盗或是挪用资金的事件，当然这也是因为很少有员工能够经手，甚至是看见可以挪用的货币。员工也几乎从没有涉嫌利用对美联储信息的了解为自身牟利。同样，这一部分是因为美联储内只有极少数人掌握这些信息，而且可以用来牟利的信息也不如人们想象中那么多。联邦储备银行的波士顿分行和费城分行曾有几名员工将本应销毁的旧纸币带走，因而被拘留。他们以为这些纸币还能使用，这也不是完全没有道理。联邦储备系统的诚信标准仍然是十分严格的。[6]

此外，在成立初期，联邦储备系统在立法上只得到了单方面支持，因此深受其累。在规划联邦储备系统时，大妥协的双方又开始积极地对抗。希望成立中央银行的一方向反对金融集权的一方做出了足够多的让步，导致这一新系统权力分散，目的和手段都不明确。这样的状态一直保持到了 20 世纪 30 年代，到了这一时期，货币管理和中央银行自身蕴藏的机遇已经不多了。

1908 年，为了应对恐慌效应，国会通过了《奥尔德里奇-福瑞兰法》（Aldrich-Vreeland Act）。在此之前，如果有恐慌的人群到银行挤兑，银行有时会向持有人发放一种票据，也就是欠条，以此结清银行之间的账目，或是发给比较信任银行的债权人。这样一来，银行就能够将接受度更高的现金支付给那些要求更高的储户。新法开始监管这些做法，并允许银行统一发行救急货币。这种货币可用杂项债券和商业贷款担保，而杂项债券和商业贷款实际上不用出售就可以转化成现金。一旦危机解除，政府就会对这种货币征收税款，以保证撤出这种代用货币。这一法律只在 1914 年战争爆发时援用过一次。该法更重要的一项规定是成立国家货币委员会（National Monetary Commission），专门设计减轻或应对恐慌影响的固定程序，以此保证货币系统的稳定。

到此刻，美国已经有了两套研究货币管理的机构，各自代表大妥协的一方。其中一个机构是刚刚提到的国家货币委员会，主席是罗得岛参议员尼尔森·奥尔德里奇（Nelson Aldrich）。奥尔德里奇是一位谦谦君子，十足参议员作风，毫不掩饰地支持高关税和稳健货币，支持给予大银行家充分的自由，支持一切能够巩固富人财富或权势的措施，他自己当然也是个有钱人。

奥尔德里奇的女儿艾比·奥尔德里奇嫁给了小约翰·D. 洛克菲

勒，这更加巩固了奥尔德里奇的富人身份。这一对夫妻的儿子就是著名的尼尔森·奥尔德里奇·洛克菲勒。在 20 世纪初期，奥尔德里奇在普通人看来是最具影响力的参议员。林肯·史蒂芬斯喜欢使用不准确但是有力的措辞，他称奥尔德里奇为"美国的大老板"。[7] 在奥尔德里奇的领导下，国家货币委员会委托美国和其他国家的十几家货币研究机构研究新兴的经济学。联邦储备系统后来被经济学家推崇备至，这方面至少有一部分功劳可能是因为许多经济学先驱都参与了美联储的创立。

与奥尔德里奇竞争的研究在不久之后展开，由路易斯安那众议员阿尔塞纳·普若（Arsene Pujo）主持。萨缪尔·昂特迈耶（Samuel Untermyer）积极地为研究提供指导。该研究主要针对货币信托的运营，货币信托公司是纽约的一股影子力量，尼尔森·奥尔德里奇正想要巩固这股力量。普若和昂特迈耶的职业生涯在 1912 年 12 月 18 日达到了顶峰，当日国会召开听证会，传召已经年迈的 J. P. 摩根。摩根虽然已经上了年纪，但是仍然知道证词是否可信不是关键，关键在于简洁，并且不改口。他告诉委员会，货币不是权力之源，人格才是权力之源。虽然大妥协中代表农业的一方并不相信他的说法，但是摩根仍然坚持这一证词。

普若的听证会只是起到了警示作用，切实的提议是由奥尔德里奇的研究提供的。1910 年，在国家货币委员会取得进展之前，保罗·M. 沃伯格（Paul M. Warburg）已经提出了一个单一中央银行的设计方案。沃伯格是一名华尔街投资银行家，思维强硬独特，并且坚持独立。20 年之后，他几乎是孤身一人警告牛市的疯狂与危险，导致华尔街对其进行围攻。沃伯格称这一套中央银行的方案为联合储备银行。因为提出了这一方案，并且之后供职于第一届美联储委员会,沃伯格被称为"美联储之父",这是个比较公正的称号。然而遗憾的是,沃伯格的计划遭到了奥尔德里奇的破坏。

在引入立法的阶段,虽然民主党多次在行动纲领中强调与共和党对立的立场,奥尔德里奇仍然与长期对立的民主党人会面,听取任何关于中央银行的提案。为了包抄反对派,他认为不能只成立一个中央银行,而是要成立多家央行,并且避免使用"银行"这一名称。1912年,奥尔德里奇通过立法成立了国家储备协会(National Reserve Association),包括15家地区分会。加入这些协会的银行将准备金,也就是一部分存款交给这些协会,之后就可以向这些协会申请贷款,在危急情况下要求救济。这一切都尽在组成协会的银行家掌控之下。这是一个十分重要的概念。反对派接受了这一地区分会的想法。因为这样一来反对派就可以排除成立全国性或是中央储备权威机构的想法,还可以冲淡银行家对地区分会的控制色彩,从而接受这样的控制。反对派还做出了让步,同意这些地区分会称为"银行"。联邦储备系统就此基本成形。

然而,最终推动立法的并不是奥尔德里奇和其他共和党人,而是民主党人。这也许是注定的。美国政治最为确定不变的一个特点,就是政客一开始是被反对派挟持,后来就会变成反对派的代理人。盎格鲁-撒克逊的政治在某种程度上也是如此。因此,一些重要的倡议发起者都不是最初最为支持这些倡议的人。最先得出想法的人总是很害怕反对派。只有等到反对派也接受了这种需求,并且希望最初的支持者缴械时,行动才会展开。20世纪60年代,美国的自由派民主党人呼吁和平友好的国际关系,但是仍然继续冷战,并且导致美国陷入了越战。他们这样做,有一部分原因是害怕被右翼称为"绥靖主义者",或是"地下共产党人"。理查德·尼克松是有名的冷血战士,最终却推动美国与中苏和平共处,并且逐渐地撤出了越南。他正是这样在外事上实现了对自由反对派的包抄。米尔顿·弗里德曼教授(Milton Friedman)曾提出为穷人提供保底收入,这一想法被认为是创造性的(确实如此)。但是如果民主党政府向国会提出这一想法,就代表着保守政治。乔治·麦戈文(George McGovern)竞选总统时提出了类似的概念,并且更为慷慨,保守主义者就谴责这是财政狂人的胡思乱想。众所周知,共和党人是美元的坚定捍卫者,但是在20世纪70年代,共和党人不止一次,而是二度将美元贬值。对于对美元价值持灵活态度的一方来说,将美元贬值反而是十分危险的做法。

1912年的情况也是如此。伍德罗·威尔逊在担任总统后,立刻接受了反对派的观点,认为现在必须成立中央银行。反对派已经做出了让步,同意成立许多个而不是一个央行。这就是立法的参考框架。1913年,威尔逊总统召集国会特殊会议制定法律。这仍然是一场漫长的斗争。布莱恩的人又一次站了出来,提出了许多创意十足的提案,其中包括发行2亿美元的"绿背纸币",用于给种植棉花、小麦和玉米的农民提供贷款,为一般的商业和公共项目提供类似的资金。他们还希望法律规定一名自耕农加入联邦储备理事会。但是当时的国务卿威廉·杰尼斯·布莱恩,把自己人安插在当权者中的这一安排真是别出心裁。布莱恩一派的一些提议被接受了——主要是限制美联储中银行家的提议。其他更多提议都被否决了,败给了当时法案的主要发起人、更为保守的弗吉尼亚众议员卡特·格拉斯(Carter Glass)。布莱恩自己也撤回了一些提议,包括为农民提供特殊货币的提议。布莱恩还有一个设想,是利用联邦储备系统的收入建立初级存款保险。在议员格拉斯的坚持下,这个设想在两院的一次会议中被否决了。

距1913年圣诞节还有两天时，经伍德罗·威尔逊总统签署，《联邦储备法》生效。依据这一法律不仅成立了中央银行，而且总共成立了12家，当然这个数字是后来决定的。华盛顿通过联邦储备理事会的7名理事进行指导，其中财政部部长和货币监理官是当然理事。理事会的职权是较小的。地区银行的设想占主导地位，真正的权力在12家分行手里。12家分行各自由9人董事会管理，其中6人从参与美联储的银行或成员银行中选出，这6人中只能有3个银行家。其余3人由华盛顿任命。美国银行家协会的几名成员被剥夺了董事资格，他们认为政府在联邦储备系统中的角色看似较重要，因此表示："不信仰社会主义的人一定很难接受这一安排……"8

1914年8月10日，美联储第一届理事会在财政部部长威廉·吉布斯·麦卡杜（William Gibbs McAdoo）的办公室宣誓就职。和之后的历届理事不同，这一届的理事会成员个个都是精英。第一任主席是查尔斯·S.哈姆林（Charles S. Hamlin），其他理事包括阿拉巴马州伯明翰市的W. P. G.哈定（W. P. G. Harding）、沃伯格、芝加哥的弗雷德里克·A.德拉诺（Frederick A. Delano）和加州大学经济学教授A. C.米勒（A. C. Miller）。米勒供职美联储22年，可谓树立了长久的标准。比起银行家们，伍德罗·威尔逊更为看好美联储的前景。他在给麦卡杜的信中写道："我们如此热切地希望我们深爱着的国家能够永葆繁荣幸福，祖国迎来了新的一天。"9

最终通过的《联邦储备法》条款十分细致，既有较为直接的安排，也有一些颇为不合理的地方，这反映了对大妥协中农业派做出的让步。

《联邦储备法》要求所有乡村银行归属于联邦储备系统，声望较弱的国家银行也可以加入。（政府还鼓励所有国家银行放弃用于担保本行纸币的债券，但是直到 1935 年才最终完成。）成员银行要上缴 6% 的资本，后来称之为会费，其中一半可以随时取出。这笔投资就成了当地联邦储备银行的资本。这一资本的回报率是有限的。联邦储备系统的成绩并不是由盈利来衡量的，这一点从最开始就很明智地点明了。美联储要求成员银行的储备金必须高于指定的最低额度，这些储备金中至少有 1/3 要存到储备银行的金库里。这些储备金可以是黄金，也可以是等同于黄金的证书。这些证书是由财政部发行的，换来的黄金用于铸币，或是交给政府。当时流通的各类货币也可以做储备金，比如"绿背纸币"、白银证书、1890 年试验的财政债券，这些货币当时都有一个尊贵的别名——"合法货币"。除了假币，人们从来没有指出过非法货币的本质。当然，所有法定货币都可以随时在任意一家银行兑换成黄金。成员银行的准备金就是联邦储备银行的存款。

加入美联储的最大好处就是可以从联邦储备银行借钱用于赢利。为这些贷款提供担保的是短期商业或农业债务，称为商业票据。在美联储成立初期，这些票据是央行借贷的基础，显得十分神秘。客户从成员银行借钱之后，看上去就像开了一个可供支付的存款账户。同理，成员银行从美联储借钱之后，看上去就像是在美联储有了一笔可以转账提款的存款。成员银行向美联储借钱的行为，此后被称为再贴现。而美联储收取的利率则被称为再贴现率（现在仍然如此）。再贴现并不会形成存款账户，因为成员银行直接领取联邦储备纸币。为了迁就一直支持政府纸币的人，这些纸币的义务完全由美国政府承担。因此，我们不难发现，联邦储备纸币上面并没有联邦储备银行员工的签名，而是由美国财政部部长和原本默默无闻的财务长共同签发。出于某种原因，人们一直认为这一多此一举的职位应当由女性出任。①

按照要求，联邦储备银行必须以合法货币的形式储备35%的存款。为了担保联邦储备纸币，联邦储备银行必须储备占纸币总面值40%的黄金，或是黄金证书，这些证书代表着这些银行放存在财政部的黄金。联邦储备系统从此成为储存政府资金的金库。与英格兰银行不同，联邦储备银行不能直接与公众交易。《联邦储备法》中还有更多细节，但是都不甚重要了。

我们已经看到，大妥协为金融社群提供了其渴望的稳健银行和稳健货币，允许西部和乡村存在松散的银行业，因为农业人群不无理由地认为松散银行业符合他们的利益。正是这些小型乡村银行存在专制现象，也正是这些小型乡村银行为那些缺钱但是野心勃勃的人提供了贷款，所以这些小型乡村银行的存款对应的储备金数额较小，甚至接近于零。如果要终结萨缪尔森教授所说的不稳定的专制，新成立的联邦储备系统就必须更为严苛。与此相反，大城市的银行则较为值得信任，比较有责任心，能够维持足够的储备金。即使是在1907年恐慌时，虽然恐慌的中心是纽约，但是出问题的却是暴发户信托公司，而不是更大的商业银行。

《联邦储备法》中针对这种小型乡村银行的规定是最为不合理的。该法按照城市大小，对各家银行准备金占存款的比例进行了区分，分为18%、15%和12%。乡村银行在过去的100年里是最为

---

① 自1995年起，美国财务长一直由女性担任。——译者注

不计后果的，但是法律规定的这一比例却是最低的，仅为 12%。而在纽约、芝加哥、费城等较为保守的大型金融中心，银行要维持的准备金率是最高的，即 18%。在中型城市，这一比例是 15%。这一做法经过改良后，现在仍然存在。几乎没有人提到导致这一做法的关键原因。实际上，从事松散业务，甚至是高风险业务的银行都极为偏好这些业务，那些急切想要拿到贷款的人，就像 100 年前一样，也很青睐这样的业务。如果乡村银行的准备金率和大都市的银行保持在同一水平，那么这些乡村银行就不会加入联邦储备系统了。为了和大妥协保持一致，这些银行将继续我行我素。保守的大城市银行准备金率更高，这是因为它们本来就保守，无论如何都会将准备金维持在较高水平。

这一策略虽然很精明，但是并未奏效。乡村银行还是可以选择不加入联邦储备系统，大部分乡村银行也确实选择不加入。联邦储备系统实际上成了由大型银行组成的银行业系统。1929 年，联邦储备系统已经成立了 15 年，所有银行中几乎有 2/3（65%）都没有加入，但这 2/3 的银行持有的银行资源不到总量的 1/3。美联储成了大银行的俱乐部。

在讨论是否通过《联邦储备法》时，人们不断提到一个神奇的说法。这就是"弹性"货币。卡特·格拉斯在立法辩论时宣称："基于国家债务发行（根据《国家银行法》）的货币完全不能响应国家的商业需求。"[10] 最终颁布的法律也说明了其目的，即"提供弹性货币"。这个说法安抚了存有质疑的农业人群。弹性就意味着灵活、柔软。这正是他们长期追求的那种货币供应。如果有弹性，那肯定不会差。

不幸的是，"弹性"可以有多种多样的意思。[11]人们在使用这个词时，很少停下来解释这个词的意思。因此，"弹性"也可以表示在小幅度增加存款的基础上，大幅度增发贷款，在这方面可以有很大的弹性。如果有一家地区储备银行收到了国外央行（经过授权）存入的价值1 000美元的黄金，那么在不违反储备金率的要求下，这家储备银行可以为成员银行额外提供3 000美元的贷款。这笔贷款就会形成存款，也就是成员银行的准备金。对于大城市的银行而言，美联储要求的准备金率是18%，准备金增加后，它们就可以将贷款扩大5倍，形成的存款也会扩大5倍。[12]储备银行收到从境外流入的1 000美元新增资金，实际上意味着成员银行的存款新增了1.5万美元，这也是可以花的钱。确实，这也是弹性。当然，小型银行的弹性空间更大。

就1.5万美元而言，理论和现实并不一致。联邦储备银行不是营利机构，因此不存在花光储备金去贷款赚利息的动机。实际上，黄金并不会流入联邦储备银行，而是流入大型的成员银行。在这种情况下，大型成员银行维持新增贷款和存款的能力与面对新增现金时并无区别。因此，联邦储备系统新增资金并不会导致放大效应。但是，这样的弹性仍然大于之前《国家银行法》所允许的弹性。如果因为战争需求，或是因为欧洲富人寻找资金庇护而导致大量境外黄金流入，最终贷款和存款的扩张会十分剧烈。即使有稳固的金本位制，也难以避免通货膨胀。

联邦储备银行可以避免上述扩张情况。如上文所述，各家联邦储备银行可以将贷款量保持在准备金允许的额度以下，还可以通过出售债券，将上述境外黄金之类的现金从成员银行及其储备金中转移到联邦储备银行的金库里。联邦储备机构可以通过这些自由裁量措施降低扩张空间。弹性货币的对头就是央行大大增强的自由裁量权,这也是支持弹性的人最为恐惧的。在接下来的30年内,黄金大量流入,使得这一自由裁量权绝不仅仅是个学术概念。

"弹性"还有另外一个意思,指的是银行存款单这类货币轻易地兑换成金属铸币或流通货币的能力。这个问题也有两面性。在《联邦储备法》通过之前,农产品上市时,会出现季节性的货币需求。这时大量农民都更愿意收取现金,而不是支票或存款单。这一季节性的需求要求存款单转换成现金,因此耗尽了银行的现金储备。为了满足这一需求,银行有时会叫停一些贷款,或是缩减贷款规模。这一季节性需求只是造成了一些不便,除此以外没有证据表明还有其他后果,而且这种问题即使是最没有想象力的金融人士也能想到。联邦储备系统成立之后,成员银行可以用商业贷款做担保,获得联邦储备纸币。这些纸币有效地满足了人们对现金的需求。之后,这些纸币被再次存入州立银行,还可以起同样的作用。农民偿还债务或使用纸币之后,纸币就会回到那些要存款不要货币的人手中。这一季节性弹性的问题相较而言并不严重,和许多太严重的问题一样,很容易解决。

但是不同种类货币之间兑换的弹性还会引起一个历史上多次出现,也更严重的问题。那就是在出现挤兑时,没有足够货币的银行要如何才能提供货币,以应对艰难的紧急情况。这一问题正是《联邦储备法》要解决的头号问题。对于一些小型成员银行而言,《联邦储备法》可能会使情况恶化。在紧急情况下,这些银行急需资金,向各自友好的联邦储备银行借钱,但却常常吃闭门羹。联邦储备银行往往对这些银行的纸币持怀疑态度,这种怀疑有时也是有根据的。同时,自《联邦储备法》颁布后,这些银行只要能保证指定的现金储备量，就可以贷出比之前更高数额的贷款。这是第一种形式的弹性，使得成员银行在危急时刻需要的救济金更多。此外，小型州立银行并不是美联储的成员。由于其自身的原因，一旦储户因恐慌而挤兑，它们的应对能力也是最为脆弱的。一旦出现挤兑，也就是过多储户同时要求将存款单兑换成现金，这些银行唯一的办法就是和从前一样，关门大吉。

在联邦储备系统逐渐起步之际，美国也投入到战争之中。按照广为流传的说法，美联储遇到了第一个危机，并且成功地度过了这一危机。这是胡说八道。储备银行只是在财政部要求之下购买了政府债券，然后按照财政部要求的利率出售而已。在和平年代，银行可以拒绝向个人提供贷款。但是在战争年代，银行无法拒绝向政府提供贷款。利率是限定的，出售债券也是服从命令，央行毫无独立性可言。联邦储备系统在成立之初，只是财政部例行公事的附属部门，是一个不需要任何头脑的角色。

此外，联邦储备系统逐渐暴露出了一个根本性的结构缺陷。成立地区分行固然能够彰显当地的力量，建起威严的大厦，并且打消农业人群的疑虑，但实际上是行不通的。

在早期，地区分行十分严格地执行自治权，纽约联邦储备银行尤其如此。其行长是野心勃勃、不怒自威的本杰明·斯特朗（Benjamin Strong）。在他的领导下，纽约储备银行凭借毗邻华尔街的优势位置，成为地区银行中的翘楚。同时，由于《联邦储备法》并未赋予联邦储备理事会较大的权力，理事会无法协调总指挥，其本身也缺乏威严，甚至是能力。

联邦储备理事会的成员是政府公务员，拿的是政府公务员的薪水。联邦储备银行的行长则是银行家，拿的是银行家的收入。（早期曾有两位联邦储备理事会主席兼任储备银行行长，拿两份收入。）在那个年代，衡量一个人价值的标准就是他的收入，银行家的收入和地位决定了其影响力。

此外，当时美国政治家普遍认为，只要能获得合适的职位，就是这方面的专家。随着首届理事会成员任期结束，或是调换岗位，联邦储备理事会在任命人员时也受到了这种观点的影响。20世纪20年代，哈丁总统任命丹尼尔·R. 克里辛格（Daniel R. Crissinger）出任联邦储备理事会主席，两人是俄亥俄州马里奥市的同乡。克里辛格在这方面没有受过什么培训，他的经验仅限于给哈丁总统当邻居和好友，还有在一个蒸汽挖掘机公司当过顾问而已。他直到1927年才卸任。接下来的两位主席也曾辅助过克里辛格，赫伯特·胡佛在回忆录中形容他们"水平一般"。

此外，早期的联邦储备理事会对手头的调控工具缺乏认识。在调整再贴现率时，联邦储备理事会会先征求地区银行的同意。当时理事会认为这是明智的做法，也是斯特朗行长之前决定的做法。直到几年后，联邦储备理事会才认识到公开市场操作的妙处。

这可不是小事。前文提到过，公开市场操作指出售或购买政府债券。[13] 出售之后，债券就到了成员银行或其客户的手里，现金就到了联邦储备银行的金库里。在现金这样转移之后，成员银行的准备金就减少了，这就要求这些成员银行要么紧缩贷款，要么就以新的、更高的再贴现率向联邦储备银行借钱。由此，公开市场操作就能使再贴现率起效。由于没有认识到公开市场操作的重要性，联邦储备理事会放弃了央行的大部分权力。

1935年，罗斯福政府进行全面改革，地区分行自治的试验也随之结束。较之威尔逊政府，罗斯福政府更为公开地质疑金融势力，因此最终赋予了美国一个中央银行。按照弗里德曼教授的观察，地区联邦储备银行从此只是一个机械的职能机构，仅提供顾问意见。[14]

值得注意的是，美联储从未承认过这一机构调整。12家地区银行及其建筑依旧保留，作为分行使用。分行仍然承担着有用且广泛的职能，主要是结算支票、日常转移货币、管理政府金融交易。但是，分行的自治性和重要性仍然是个谜。1971年弗吉尼亚州的里士满联邦储备银行发布了一本宣传册，这一银行曾是支持邦联资本的。宣传册上，9位董事齐聚一堂，在装潢合宜的房间里，围着一张质地坚实的桌子讨论。靠近照相机的那一位穿着运动夹克，其他几位都西装革履。但是，配文还是不情愿地间接道出了真相。文章说道，这些人虽然叫作董事，但是不管分红，也不管投资方式，不监督业务。（虽然文中没有提，但是这些董事也不任命员工，不定薪水。）但是，他们会"确立并服从（联邦储备系统）理事会的命令，接受联邦储备银行向成员银行收取的贷款贴现率"。这也算是艰难地说明再贴现率也是归央行决定的。弗吉尼亚州这一群"严肃审慎"的董事有一长串的职能，其中只有一个是名副其实的，即里士满联邦储备银行的董事"为联邦储备系统的官员提供大量'基层'商业信息"。[15]实际上，里士满距华盛顿仅109英里，道路通畅，通信无碍，报纸触手可及，没有多少信息是一定要通过董事们传达的。教科书也毫不例外地维护这一地区分行的迷思。虽然纽约也许是金融中心，华盛顿是首都，但是重要的指导来自堪萨斯城。也许这一流传至今的说法只是为了增强地方的自豪感，为此甚至牺牲真相也在所不惜。但是真相和现实自有评说，事实就是奥尔德里奇对农村的让步不仅是行不通的，而且在这40年内也并未真正让步。

第十一章

崩 塌

随着美联储的成立，美国国内因完善合理保守的货币系统而存在的长期争斗也就此结束。当时，各个工业国家各种类型的货币都可以即时直接兑换成黄金，白银则用来做镀银器具。尤其重要的是，在世界范围内，美国人在货币方面最为不计后果、最乐于试验，对黄金的怀疑最深，现在虽然不情愿，但还是跟上了工业国家的步伐。联邦储备系统就是现代国家所需要的万能货币工具，既能垄断纸币发行，也可以监管银行借贷和随之而来的新增存款，更可以在银行走投无路时做最终贷款人。诚然，联邦储备系统因大妥协而生，也被其所困。但是当时人们既没有意识到这一点，也没有确定应当是由华盛顿的联邦储备理事会集中权力，还是将权力下放到12家联邦储备银行。联邦储备银行是一个非集权的央行，由12家央行组成，各地区和华盛顿在管理这些银行时都享有一定程度未确定的独立权。当时，这一设想不仅看似没有冲突，而且还是一个宽松且民主的设想。这对于银行要服务的宽松民主而言，再合适不过。前文已经提到过，联邦储备系统的缺陷也不像弄丢邮件一样需要谴责。和其他国家一样，在美国，普通的官僚犯了错误会受到批评，但是外交官和央行犯了错误却反而会受到重视。如果这一错误是灾难性的，比如像已故的前国务卿约翰·福斯特·杜勒斯（John Foster Dulles）犯的错误那样，或是已故的前纽约联邦储备银行行长本杰明·斯特朗犯的错误一样（有人认为是斯特朗导致了 1929 年的金融崩溃），当事人的社会声望甚至还能因犯错误而更稳固。他们都在最为文明的一段历史里留下了自己的印记。截至 1914 年，货币史已经跌跌撞撞地走了 2 500 年（美国 100 多年的货币史充满了苦涩和令人困惑的不幸），然而货币此刻从某种程度上来说，似乎已经没有出路了。

历史学家都会为凑巧同时发生的大事件欢欣鼓舞。在历史书里讲述这样的巧合，既可以让读者兴趣盎然，也可以体现作者对矛盾的敏感度，甚至还能向最坚定的无神论读者暗示冥冥之中有一只善意、恶意或是恶作剧的手在操纵一切。1914 年夏天发生的事件就是所有历史学家最为乐见的。8 月 10 日，首届联邦储备理事会成员在财政部部长麦卡杜的办公室里宣誓就职，而 8 月正是一战枪声四起时。新成立的银行被视为货币系统发展的顶峰，一战的枪声却为这一系统画上了句号。

毫无疑问，首届理事会成员并未预料到这一点。对他们而言，货币问题无论在哪个方面都不是当下的燃眉之急。理事会成员与财政部部长麦卡杜就办公室问题僵持不下，理事会办公室一开始被安排在财政部大厦里，而理事们担心这会让理事会看起来像财政部的附属机构。理事们还很关心他们在华盛顿的社会等级。当时，他们位列州际商务委员会和公务员委员会之后。这令央行的领导们感到十分震惊。理事们最终得以向威尔逊总统反映这一令他们蒙羞的安排，但是总统并未表现出同情之心，只说了一句："可以把他们排到消防部后面。"[1] 但是报界则帮忙抬举理事会，称其为"新成立的金融最高法院"。

一战爆发后,德国、法国、英国和澳大利亚这几个主要的工业参战国立刻中止以金属铸币进行支付的做法。也就是说,纸币和存款单顿时就不能兑换成黄金了,这些国家相当于暂时放弃了金本位制。美国虽然坚持不参战,但是也有人提议放弃金本位制,这引发了激烈的辩论。放弃金本位制的理由是很明显的。100 年以来,欧洲人,尤其是英国人,在美国进行了大量的投资。因此,境外人士持有大量的美国债券,有 60 亿美元之多。[2] 如果将大量的债券以现金结清,美国的黄金储备就不剩毫厘了。(美联储 8 月成立时,金库里只有 2.03 亿美元的黄金。)还是把握好手中的黄金为妙。

战争刚爆发的那几天,由于害怕上述债务清偿,且无法确定美国的黄金储备将以怎样的速度被寻求现金的卖家洗劫一空,纽约的证券市场出现了大量的抛售行为。所获得的利润立刻被兑换成英镑或黄金。如此一来,美元兑英镑的比例从 4.87 美元兑 1 英镑变成了极高的 7 美元兑 1 英镑。美元还像之前一样可以兑换成黄金,人们可以将黄金运回伦敦,按照和原价差不多的价格买英镑,然后再把这些英镑运回美国,兑换成 7 美元,而不仅仅是 4.87 美元,之后又可以换成黄金,这样操作可以获得丰厚的利润。虽然德国 U 型潜水艇和海盗大大打击了船运,但是美国的黄金还是经由上述方式流入海外被用于购买英镑。因为恐惧,人们希望能够握牢黄金,恐惧导致英镑大幅升值。此刻还有另一个不言自明的必要行动,也就是关闭纽约证交所,防止境外债券结算。因此,证交所就这样被关闭了。

金融专家的预见往往并不代表未来的方向。纽约证交所关闭后，交易场所转移到了华尔街，正规的经纪人称之为黑市。纽约证交所禁止其成员参与黑市交易，但是黑市交易屡禁不止。到了 10 月，较有创业精神的黑市经纪人开始发行印有收盘价的单据。很快，人们就发现这些单据上面的收盘价和纽约证交所关闭时的收盘价相差无几。原本准备抛售在美投资的欧洲投资者也开始三思，因为美国远在战场千里之外，处境较为安全。而这场战争当时的惨烈程度令人难以置信，并且很有可能演变为持久战。12 月，纽约证交所重新开张了。一切安然无恙，黄金清零的猜想也被打消了。英格兰银行在加拿大又开了一家分行用于接收黄金，由此避免了海运的危险。现在黄金不再外流，而是开始如洪水一般流入美国了。很快，美国的黄金储备就超过了各国史上最高储量，从 1914 年年末的 15 亿美元涨到 1915 年年末的 20 亿美元，到 1917 年年底已有 29 亿美元。[3] 但是，这一黄金浪潮还有另一重效果：既摧毁了黄金流出国的金本位制，也摧毁了流入国的金本位制。

流入的黄金一部分存入了美国银行或是暂由美国保管，一部分投资在美国证券上，但是造成黄金流入的最根本原因是交战各国需要美国商品。一战前，沙俄是欧洲小麦的主要原产地，而苏联的社会主义农业并不成功，不仅不能出口小麦，反而需要进口小麦，因此美国就成了这一面包谷物的主要供应国。参战国还需要船只、盔甲，最急需的是弹药。1915 年，参战各国尤其是英国不断地发起空袭，按照当时战争的标准，炮弹必须不断地飞越无人区打击对手，甚至是进行突袭，因此弹药总是供不应求。1915 年 5 月，劳合·乔治（Lloyd George）出任英国军火大臣，刚一上任就立刻开始找供应商下订单，对方能卖多少，他就买多少。

当时用于购买战争补给的资金有一部分来自征召，或是在美国出售美国证券所得。之前，人们还以为受到惊吓的持有人会自行抛售这些证券。用这部分收入购买战争补给并不涉及黄金流动。还有一些订单是通过在美国进行私人借贷而支付的，也不涉及黄金流动。理论上而言，双方可以互相贷款。但是实际上，由于英国控制了海运，英国的敌人无法用这些贷款购买大量的货物，所以虽然这一做法看似公平，但是德国人和奥地利人实际上不需要美国的贷款。这一情况导致威廉·詹宁斯·布莱恩又一次，也是最后一次采取了违背大众意愿的行动。他认为，基于目前的情况，无论是在想法方面，还是行动方面，给英国贷款都与威尔逊总统强调的中立立场不符。那些认为大道理应该为爱国和赚钱让路的人猛烈地抨击布莱恩，指责他的立场出现了偏差。1915年6月，在"卢西塔尼亚"号被德国潜艇击沉后[①]，因不满威尔逊总统对此的反应，布莱恩退出内阁，这让抨击他的人长舒了一口气。布莱恩是美国历史上少有的以辞职表示反对的内阁成员。

　　黄金也被直接用于采购军火。这些黄金一小部分是英格兰银行、法兰西银行和俄罗斯帝国银行的储备，更大的一部分是之前流通的黄金，或是私人所有。金币经由一般的商业行为流入英国或法国的各家银行，银行随之发行纸币。英国和法国还号召人们将黄金兑换成纸币，这一要求使得某些人认为可以囤积居奇。因此，在1914年时，法国公民个人所有的黄金价值约为12亿美元，而国家通过以上号召收到的黄金价值约为2.4亿美元。[4]

[①] "卢西塔尼亚"号是一艘英国客轮，于1915年5月被德国击沉，导致1 000多名乘客和船务人员丧生，其中有许多美国人。——译者注

在战争时期，英国和法国的财政部并没有哪位能人能够奇迹般地解决问题。财政部官员必须通过出口、出售资产、贷款、负债，或是用黄金付钱给外国供应商，这样才算称职。如果以上办法行不通，那么财政部官员就失职了。然而，媒体和公众总是会幻想这个世界上有金融天才，都相信在财政这一重要问题上，总有一些人能够无所不能、无中生有。在战争期间（以及战后），英国人将这种幻想投射在了时年（1914年）31岁的财政部官员约翰·梅纳德·凯恩斯身上。他在这段时期的文章不久前得以出版，[5] 从文章中可以看出，他是一个勤奋能干、善于应对的人，精心娴熟地调动资源付款，并且也思考了法国和俄国所面临的类似问题，仅此而已。

黄金流出欧洲相当于从英格兰银行和法兰西银行的储备中挪出可以用纸币兑换到的黄金。流通中的黄金被挪为他用，纸币取而代之，货币供应中纸币的比重随之上升。只要允许兑换，纸币就有可能被拿去兑换成黄金。这一效应对金本位制的影响是显而易见的。用于兑换黄金的纸币更多了，而可供兑换的黄金却流失了。

政府的做法或许还造成了一个更为严重的后果。政府征收黄金，就相当于暗示本国公民，黄金比纸币或银行存款更为贵重。1914年之前，人们转手金币就像转手银币或纸币一样轻松。自1914年以后，黄金显得更为贵重了，贵重到应当小心地囤积在手上。在1914年之前，人们漫不经心地收取并转手金币，之后却鉴定、展示、品鉴并且收藏金币。格雷欣法则又重演了，1914年之后出生的人再也不可能通过普通的交易或收款获得一枚金币，这一情况部分也是因为政府的以上做法。

以上就是黄金流出所造成的影响。与此同时，黄金的大量涌入也打击了美国的金本位制。上文提到，1914年年底到1917年年底，美国的黄金总量几乎翻了一番。黄金经由英国和法国的银行经纪人来到美国，汇入补给供应商的账户，保存在这些银行的金库里，或是交给当地联邦储备银行作为准备金。如果银行将收到的黄金全部交给联邦储备银行作为准备金，那么就可以大幅增加贷款发放，扩大存款量和纸币发行量。这一涨幅远高于商品及服务供应量的涨幅，因此价格就会大幅上涨。布莱恩的追随者看到这种局面一定会大惊失色，因为他们希望价格稳定，或是价格回升到紧缩之前的水平，而不愿意价格一路飙升。如果货币可以完全兑换成黄金，价格就会一路上涨。这毫无疑问也会令布莱恩的追随者感到震惊。美国当时面对着一次由黄金引起的通货膨胀。

然而，即使准备金已经远远超出法定标准，新成立的美国央行负责人和商业银行家仍然任由准备金增加。按照《联邦储备法》的严格规定，准备金量决定贷款上限（以及随之而来的纸币发行增量和存款增量）。但是实际上决定贷款上限的是借款人的需求和要求，商业银行家和联邦储备银行按照自己的判断各自独立决定贷款上限。黄金过量也影响了传统金本位的规则，货币供应不再受黄金供应量的限制，而是由商业银行家和央行负责人来决定，取决于借款需求。这是管制货币的初级形式。这并非严格意义上的管制，只是一系列未经协调的行动。民主党内部的管制就是这样，由精神病人管理的精神病院也不过如此。现在美联储已经成立了，似乎有必要将货币供应和黄金供应分离开来了。

1917年，美国加入一战，开始为英法同盟国提供贷款用于支付军费，英法不必再征用黄金（和证券）。因此，黄金也不再流向美国了，反而是少量地外流到西班牙和其他中立国。这种外流是被法律禁止的。美国由此放弃使用金本位制进行国际交易。但是只要黄金不出国，就可换到黄金，因此许多不太爱国的美国人仍然在用纸币和银行存款单兑换黄金。从美国国内的角度看，一战是建立在金本位制上的。这是一场十分独特的金属铸币战争。更准确地说，流入美国的黄金形成了一张弹性十足的大网，其中万事皆有可能。和其他战争一样，货币总是为战争的需求服务，因此这场战争的关键并不在于货币扮演了什么角色，而在于用于支持战争的资金是如何筹措的。

对于未参战的人而言，收税会打击他们的爱国热情。在一战前后，美国通过了所得税修正案，这更是大大打击了人们的爱国热情。（法国的情况稍好一些，虽然规定要交所得税，但是在停战之前一直未完全实施。）因此，保守派反对政府过分采纳预扣税款制。麦卡杜财长起初希望加重税收，按照他的指导思想，政府50%的开支都将由税收支付。摩根认为这个数字最多不能超过20%。而实际上按照通常估计，一战中美国30%的开支来自当期税收。其余的资金是采用类似内战时的方法筹集的。

自从威廉·菲普斯爵士从魁北克归来之后，这是政府首次在真刀真枪打仗时不要求立刻印刷纸币。但这只是因为美国政府现在可以采取另一种更为微妙的方法获得货币。财政部现在可以直接从联邦储备系统借钱。无论联邦储备系统理论上如何独立，都无法拒绝政府的要求，甚至想都不敢想。为此，联邦储备系统新发行了一批债券，财政部获得了新印刷的联邦储备纸币，并且能够使用联邦储备银行的新增存款。这一做法，无论是在本质上还是实际上，都与直接印刷"绿背纸币"无甚分别,只是表面形式不同而已。财政部还将债券出售给商业银行,这一做法也是换汤不换药。政府通过出售债券获得了现金或存款用于支出。银行又将政府债券交到联邦储备银行,凭借政府的有效担保来借钱填补政府用掉的资金。联邦储备系统通过直接出售债券创造了更多货币,用于支付战争开支。

从事这些交易的人一个个都举止严肃斯文、衣着得体、善于言辞,完全不像发行"绿背纸币"的人那么粗野。内战和"绿背纸币"一直都代表着不负责任的金融行为,而一战却没有蒙受这样的恶名。讲究格调对于经济学和货币管理的效用可见一斑。

实际上,一战时的这些魔术手法包括一种更为高明的障眼法。内战时,杰伊·库克招募了一批志愿销售债券的人员,专门向公众兜售政府债券。这些销售人员的"三分钟演说法"是值得借鉴的,他们已经意识到,推销的时间越长,就越难以有效地激起人们的爱国热情和社会义务。理论上讲,这种销售方法是有一定经济效果的,也许可以说服一些人放弃消费,转而购买债券。个人减少消费、增加储蓄之后,市场压力就变小了,通货膨胀也会有所缓和。人们放弃购买和使用的劳动力、物资和资本设备就可以为政府所用,为战争服务。然而,在一战中,政府鼓励购买了政府债券的人使用债券作为担保,从银行借钱消费。许多人照做了。银行又用这些债券做担保从联邦储备银行借钱充实储备。这一做法的直接后果较为隐蔽,与政府直接从联邦储备银行借钱相比,手法更为迂回。不久之后,其影响就会逐渐显现出来。战争过后,人们都希望拿回债券,偿还银行贷款。这就使得用于日常消费的支出减少了,也稍微加剧了战后消费者支出的下跌。在战争时期,没有人注意到出现这种后果的可能性。也没有多少人质疑为什么政府本可以以更少的成本直接向银行出售债券,却反而敦促人们从这些银行借钱购买政府债券。

在战争时期,美国的批发价格翻了一番,这主要发生在1916年中期至1917年中期,这段时间之后,美国就加入了战争。英国和德国虽然卷入战争的时间更长,批发价格的涨幅也仅仅略高于美国。假设1914年7月的批发价格为100,4年之后,德国的批发价格就涨到了216。1918年时英国的批发价格则为239。法国北部的工业区受到了重创,加上是本土作战,又格外反对加税,所以批发价格涨幅更大,到了1918年,批发价格几乎涨到了战前水平的3.5倍。意大利受战争的破坏较小,但是由于比法国更为排斥税收,批发价格也大幅上涨,大约涨到了战前水平的4.5倍。[6]英国和德国都采取了严厉的措施,试图通过控制价格遏制涨价,同时实施稀缺粮食和物资配给制。法国采取了控制措施,但是并未严格执行。

美国采取了一些非正式的措施限制肉类和谷物的供应。自1917年年中开始,美国政府通过赫伯特·胡佛掌管的谷物公司,以2.2美元一蒲式耳的价格收购全美生产的小麦,1918年提价到2.26美元一蒲式耳。这一价格是最低的,农民可以争取更高的价格,许多农民也确实争取到了高一些的收购价。燃料局正式限定了燃料的最高价。战争工业委员会的定价委员会通过价格协议,控制了许多其他产品的价格,这些产品主要是重型军工产品和其他满足战争需求的产品,其中包括钢铁、铜、木材、羊毛、皮具、棉纺品、硝酸、硫酸、镍、铝、水银、锌、砖头、水泥、空心砖、碎石、砂砾。这些协议是自愿遵守的,政府最多只会进行制裁,没收产品,威胁撤销运输优先权,或是指控生产商不爱国,这在当时就意味着亲德。定价委员会里有一位特别著名的委员——来自哈佛的F. W. 陶西格（F. W. Taussig）。他也许是同时代最受景仰的经济学家。陶西格之后不久就用较长的篇幅描写了担任定价委员的经历，他说定价"大部分是随机的，因势而动，每一次的定价原则都不一样"[7]。镍的定价给他留下了深刻的印象，这是所有定价中最为成功的一次。当时镍行业是完全垄断的。这样的垄断大大地简化了定价的过程，也为二战留下了重要的经验。

陶西格教授坚持认为一战的价格管控修正了急需产品的价格。总体而言，一战和美国内战一样，都是在市场的支持之下进行的。这一点也是战争工业委员会主席伯纳德·巴鲁克（Bernard Baruch）终生的遗憾。（他认为应当固定所有的价格和薪酬。虽然大家都认为这一想法过于诡异，但是他仍然在二战爆发之际尝试推行。）如果抛开外在的掩饰，一战的融资过程实际上和内战是一样的，价格的波动也是一样的。综合考虑，内战的融资过程可能比一战更站得住脚。

一战开启了国际金本位制的终结之路。虽然过程十分艰难，但黄金作为世界单一通货的地位正在逐渐消融。工业国家的黄金储备分配不再合理。之后许多年，美国的黄金一直过剩，其他国家则缺乏黄金。20世纪20年代时，英国、法国和其他工业国家曾经试图恢复金本位制。但是除了美国和法国，其他国家的黄金储备都不足以维系安全感，法国的黄金储备也只是在短时间内较为充足。有些国家曾短暂地允许公民将纸币或银行存款单兑换成黄金，但是之后再也没有哪个国家这样做过。金本位制成熟之后，其实施的时期是十分短暂的，前后不过几十年，至多半个世纪。黄金看似一种古老的通货，其实只不过是因为人们觉得黄金是最后的一步棋，是终极货币。

第十二章

终极通货膨胀

金本位制的趋势是统一各国的经济情况和经济政策，这实际上也是其主要目的。在实行金本位制的短暂时期内，金本位制确实实现了这一目的。假如英国商业繁荣了，物价也较高，那么其他国家的货物就会流入英国，而英国的黄金就会因购买货物而流到这些国家。一旦出现黄金外流的现象，英格兰银行就会予以重视，导致商业银行的储备金减少，利率提高，贷款随之紧缩，价格走弱，产出和就业双双受损。与此同时，流入巴黎、柏林或是纽约的黄金则造就了截然相反但欣欣向荣的景象，即扩大贷款，拉动商业活动。最终随着扩大贷款和价格攀升，黄金又会从这些国家流出，流回英国。在整个过程中，有手段的人能够预见并且加速进程，同时调配资金，借着利率和价格的波动获利。虽然教科书里把这一过程描述成一个十分精确的过程，但是在实际操作时并非如此。创立中央银行理论的人认为这一过程十分平衡，但是实际操作时调配资金的人并不能达到他们所设想的水平。无论如何，我们都不能否认（在预算平衡且符合财政道德的前提下实施）金本位制是各国为了协调经济行为而做出的出色安排。

但是金本位制也有着明显的缺陷。随着民族主义兴起，人们逐渐认为政府应当为经济形势负责任。而按照金本位制，民族主义和国内的经济管理都要服从于一个没有人情味的国际机制。这一机制还可能会导致人们的生活变得十分艰难。支持金本位制的人拒绝承认金本位制的缺陷。他们认为政府之所以有时会犹豫不决，是因为政客一贯缺乏道德心。因此他们仍然试着缓解金本位制的问题。这些人并没有意识到，政客的道德取向是不可能在短时间内改变的。

上文提到，在一战结束之际，除了美国，所有的主要参战国都放弃了金本位制。当时，各个大国都禁止自由出口黄金，因此不用担心外籍人士用存款单或纸币换取黄金带到海外。本国公民如果出于谨慎或是贪婪有了类似的动机，也只能偷偷摸摸地夹带黄金出国。如此一来，政府在制定国内政策时，就不用再顾忌黄金流失的问题。禁止黄金出国可以防止黄金流失，由此避免因黄金流失而导致银行储备金、银行存款和纸币流通量减少，从而避免打击生产、物价和就业。换言之，所有的工业国家自此得以根据本国的偏好和需求制定国内经济政策，而不用与其他国家的政策亦步亦趋。各个国家从此不用再因金本位制而被迫协调政策。

一战后的15年期间，尤其是在一战刚结束的那几年，工业国家行使这一新自由的方式极为不同。法国制定政策时尽量避免社会抵制，因此收效最佳。英国的政策引起了最强烈的抵制，因此自作自受吃了很大苦头。而德国委曲求全，最后造成了现代历史上最为严重的通货膨胀。美国时而管理失误，时而疏于管控，造成了最为严重的经济萧条。在货币漫长的历史中，20世纪20年代的10年也许留下了最多的教训，之后的几年余波仍未平息。

除了沙俄，主要的参战国家中只有法国的国土遭受了严重的打击。一条宽达 5 英里的丑陋伤疤从多佛尔海岸一直划到瑞士边境，划出了一片如月球表面般荒凉的战后废墟，很多地方还留存着未爆炸的炮弹，因此成了死亡区。英国和德国在战争中失去了整整一代工人，法国伤亡的同年龄人员中农民较多，无产阶级工人较少。而农民伤亡对于经济的挫伤较之工人伤亡要小一些。许多人因为战争致残或其他原因必须依靠国家赡养，这对于各国而言也是沉重的负担。但是法国有一个优势，那就是在战后重建时不用考虑成本。法国人深信德国人应当为法国重建埋单，而且外界也会迫使德国埋单。虽说法国人总是习惯性地误解经济形势，但是这一想法并非误解。50 年前，在普法战争之后，德国人要求法国支付 50 亿法郎的巨额赔款，法国人想办法筹款，仅用 24 个月就偿清了。

既然认定德国人会埋单，战后的法国政府似乎就可以理直气壮地借钱开始重建了。只要等到德国付钱，贷款就可以偿清了。抱着这样的想法，法国以堪称典范的速度有条不紊地展开重建。

在贷款和支出的刺激之下，物价上涨了。1920 年和 1921 年，美国和英国战后的繁荣崩溃了，而物价仍继续上涨。1920 年 7 月，法国批发价格达到了 1914 年的 5 倍水平，1922 年 7 月又降到战前水平的 3.3 倍。1923 年，法国占领德国鲁尔区，希望以军事行动迫使德国赔款，世界各国对此表示反对，同时德国当年通货膨胀十分严重。按照当时的情况来看，法国指望德国埋单的希望破灭了。由于市场信心受到打击，通货膨胀率升高了。1924 年 7 月，法国物价水平达到了 1914 年水平的 4.9 倍；1926 年 7 月，物价更是涨到了 1914 年水平的 8.5 倍。[1] 法国人免不了会想到应该将手中的法郎兑换成当时较为稳健的货币，包括美元、瑞士法郎，甚至是英镑。

因此，虽然法国的物价在上涨，但是法郎与其他货币兑换的汇率却下降了。战后的几个月中，法国得到了美国的贷款和供给，当时 5.45 法郎可兑换 1 美元。之后的几个月中，法郎飞速贬值，到 1922 年年底，13.84 法郎能兑换 1 美元。到 1923 年年底，19.02 法郎才能兑换 1 美元。[2]

由于法郎贬值的速度比法国物价的涨速要快，20 世纪 20 年代的前半叶，在法国旅游和购物是颇为便宜的。法国人认为物价之所以飞涨，一部分原因是大批游客涌到法国来淘便宜货。基于这种想法，1926 年的一天，巴黎人成功地攻击并赶跑了一整车的美国观光客，只是因为他们认为是观光客推高了法国的生活成本。

实际上，在 1919—1926 年，法国是极为繁荣的。除了如凡尔登附近等无可救药的地区，法国已经修复了战争的创伤。（几次大战役的战场都很小，令人难以置信，凡尔登之战的战场只比伦敦普通的公园大一点而已。）法国的工业得到了扩张，许多地区实现了奇迹般的发展。1929 年，从德国手中夺回阿萨克斯-洛林之后，法国的钢铁生产量便达到了 1913 年的两倍，也是 1921 年战争结束后的 3 倍。但是引起人们注意的却是物价。我们又一次看到伟大的周期操控着人们对货币的态度。通胀时，人们渴望稳定的物价。如果物价稳定，税收就会加重，经济随之萎靡，出现严重的失业。法国在 20 世纪 20 年代的经历同时还说明了一个紧密相关的规律。经济繁荣总会被认为是理所应当的事情。经济繁荣时，人们会转而关注物价的波动。如果物价稳定，人们就会去关心产出和就业是否达到了应有的水平。人们最迫切需要的总是那些尚未拥有的事物。

20 世纪 20 年代物价波动严重，因此法国人迫切渴求稳定的物价。当时，即使是最为世故老练的人也普遍认为通胀对经济没有好

第十二章　终极通货膨胀

处,这种想法使得人们更为渴望物价稳定。人们认为通胀是有百害而无一利的。在这一时期,有两位著名的法国经济观察家惊讶地指出:"虽然看似矛盾,但是法国战后的经济情况证明通胀能够刺激工业发展。"[3]这一观点颇为激进。

虽然法国人渴望物价稳定、法郎稳健,但他们却不大希望政府实施相关的措施,尤其是加大税收及限制借贷的措施。20世纪20年代早期的观察家大可以预言法郎会步德国马克的后尘,但是情况却并非如此,这不免令人有些困惑。1926年,雷蒙·普恩加莱(Raymond Poincaré)另组国家联盟政府,并出任总理。政府宣称要拯救法郎,实现这一目的的手段基本上就是税收和控制商业借贷。虽然政府不久之后就放松了征税措施,但是人们都认为政府是动真格的了。再加上国家经济整体表现尚可,法国政府又采取了一些具体措施,最终还是成功地稳定了物价。很快法郎汇率也稳定下来了。法国出人意料地打赢了法郎保卫战。一位法国历史学家不失公正地评价说,这些年的法国政策是在一片错误之海中露出的一小块理智之岛。[4]所谓的理智,就是做了当时看似明摆着要做的事,并且意识到法国经济和以往一样,是难以受损的。

在稳定物价期间,法郎贬值的速度仍然和之前一样低于法国物价的涨速。因此,在法国购物仍然很划算,但是在法国卖东西则较为困难。1928年,法国黄金储量增多了,于是法国又回归了金本位制。然而,法郎只能兑换成金块,并且交易门槛是21.5万法郎,超出了普通市民的能力范围。1914年,用20法郎就能兑换到的黄金现在几乎价值100法郎。有些法国家庭在战争时期没有响应政府的爱国号召拿出黄金,现在看来他们的决定是正确的。黄金不断地涌入法国各家银行和法兰西银行,市场对法国银行的信心增强,因此也带来了更多的存款。法国现在成了黄金和金本位制最为积极的拥护者。

法国逃过了终极通货膨胀。但是法国的发展是建立在德国的赔款之上的，而法国要求德国赔款也确实是德国经济崩溃的部分原因，这也是当时人们的普遍看法。

和其他革命一样，俄国大革命也是由纸币支撑的。1918 年后东欧的政权都背负着沉重的债务，政府职权有限，财政收入较低，并且都有着不同程度的通胀，大多数国家的通货膨胀都十分严重。然而，在整个世界范围内，奥地利和德国的战后货币戏码是最为极端的。德国的通货膨胀尤其严重，引发了极大的灾难。物价毫无限制地上涨。到了后来，德国货币买不到任何东西。大笔债务只要几个便士就能还清，清道夫和流浪汉花几美元就能买到大师的经典画作，收利息的人一夜之间一贫如洗，而投机者则一夜暴富——这些通货膨胀的典型后果，在德国一一上演。如果不考虑美国邦联，德国的通胀是法国大革命和美国大革命之后绝无仅有的。而自德国之后，除了 1937—1949 年的中国部分地区，再也没有哪个国家出现过这样严重的情况。

然而，奥地利的通胀来得比德国更早，对经济思想也可以说是产生了更大的影响。通货膨胀发生时，奥地利共和国刚成立不久，财政部部长是年轻的约瑟夫·A. 熊彼特（Joseph A. Schumpeter）。熊彼特后来移居德国和美国，学术成就令人瞩目。奥地利的这一次通货膨胀也让其他亲历者难以忘却，这些人后来组成了世界上最为著名的一代保守派经济学家集团（按照欧洲的标准则是自由派），包括弗里德里希·哈耶克（Friedrich von Hayek）、路德维希·冯·米塞斯（Ludwig von Mises）、戈特弗里德·冯·哈伯勒（Gottfried Haberler）、弗里兹·马克卢普（Fritz Machlup）、奥斯卡·莫根施特恩（Oskar Morgenstern）。这些经济学家最终都移居美国，都和熊彼特一样，彻底反对任何似乎会引起通胀的行为，对任何看似计划经济的努力都嗤之以鼻，他们都是深具影响力的经济学家。

1922年，奥地利持续通货膨胀。1922年年底，国际联盟向新成立的奥地利共和国施以援手，奥地利也实施了一系列财政和金融改革措施。但是，此时奥地利克朗兑美元的汇率已经贬值到了7万克朗兑1美元。一战之前，这一汇率是4.9克朗兑1美元。接下来的一年中，德国的通货膨胀如洪水般汹涌而至。这一次通胀值得我们仔细研究。

通胀一般都是与发挥主导性作用的情势相关的，比如战争或革命，或者与经济管理失误有关。但是德国的这一次严重通胀则与此不同，历史学家们认为其诱因不仅有以上三者，还与欺诈有关。很长一段时间内，历史学家们认为德国是有意设计了这一次通货膨胀。也许是出于无耻，或是绝望，或二者兼而有之，德国希望能够通过通货膨胀左右全世界的观点，让全世界意识到，如果让德国按照《凡尔赛和约》赔款，其成本比原谅德国要更高。但是只要仔细研究一下，就会发现德国并不是有意这样混淆视听。赔款确实对德国通胀有影响，但只是产生了正常应有的影响而已。虽然最终造成了极为荒谬的后果，但是引起德国通胀的诱因都无甚特殊之处，也看不出任何蓄意设局的痕迹。

在战后的几个月内，随着战争的结束和魏玛共和国的成立，德国的财政系统大为巩固。之前的德国政府和法国政府一样，缺乏直接征税的能力，尤其是没有力量征收所得税。（对于富人而言）这是一个可喜的缺陷，但是现在的政府解决了这一问题，财政收入因此上升。在战后初期，德国的国内预算基本是平衡的。1921年，不算铁路赤字的话，财政收入足够支付90%的国内支出。1922年，国内账户的预算在短期内实现持平。这远远超过了当时法国的财政表现。

尽管如此，德国仍然面临着两个严峻的问题。无论何时，在所有的国家中，总有大量待使用的资产随时可投入市场。只要一个冲动，现金、银行存款、储蓄、政府债券和其他各类证券就可以投入市场使用。在战争时期，和其他国家一样，德国这类待使用的资产大幅增长。政府负债在1914年略高于50亿马克，到1919年3月就涨到了超过1 050亿马克。现金持有量在1914年年底略低于60亿马克，到1918年年底涨到了约330亿马克。[5]

到了现代，经济学家在研究货币政策和财政政策对经济中需求量的作用时，总是较少考虑这些流动资产有可能被投入市场，一旦发生这样的情况，即使是最完善的宏观经济预测都会被扰乱。德国在20世纪初期的经历就生动地提醒着人们要警惕这样的危险，并且这样的危险是由通货膨胀本身引起的。正是因为通胀，心怀远虑的人们才会产生忧虑，怀疑货币或代表货币的资产是不是已经不值得持有了，考虑是不是应当在物价不断飞涨之前，把这些货币和资产换成货品或是实体资产。

德国面临的第二大问题，是《凡尔赛和约》所要求的战争赔款。在战后初期，这些赔款大约和德国的国内预算一样高。凯恩斯的《和平的经济后果》（*The Economic Consequences of the Peace*）[6]一文也许是关于当下经济重要性最有影响力的记述。此文也许给全世界造成了较为夸张的印象，令全世界认为这些赔款要求是不合理的。最终赔款是价值等于1 320亿战前马克的黄金（约330亿美元），这笔赔款仍然非常高。德国需要采取一系列的措施才能偿还赔款，这些都没什么神秘之处。德国可能需要大力限制公共支出，也要严格地限制对消费需求的投资，如住房。收税要毫不手软，尤其是消费品税。这两种措施结合起来，就可以使公共收入高于支出，从而将盈余用于偿还赔款。这两种措施，尤其是重税，都会削减消费和进口，但是不会对出口造成太大影响。如此一来，德国国内就可以通过贸易顺差积攒美元、英镑、法郎和黄金。德国政府可用预算盈余的马克去购买这些外国货币，然后将其还给法国、比利时和英国。德国赔款能力的限制就在于德国人民是否愿意缴纳更高的税额，是否愿意减少公共和个人消费。

德国人民是十分不情愿的。在20世纪早期，德国人民已经认为战胜国要求德国赔款是为了报复，而不是为了实现正义，因此不愿意赔款。此外，赔款额直到1921年4月才最终确定，自那以后，赔款的具体期限就一直没有确定。这也就意味着德国某一年赔款越多，下一年可能就要支付更高的赔款。这一安排对重税政策并无助益，也无法唤起缴税的热情。

1919年，德国物价大约涨了3倍。也许，物价没有继续上涨已经算是一项成就了。德国发生了政治革命，也正在压制社会革命。同盟国一直到1919年年底才停止对德封锁。这引起了德国整体组织的紊乱，食品和原材料都极为匮乏。新的税制还没有生效，政府仍然继续借贷，以维持国内支出和支付停火协议及之后《凡尔赛和约》所要求的赔款。1920年，德国的物价继续上涨，但是之后令人瞩目地停止上涨并且小幅下跌了。美国大萧条之后，农产品和其他产品突然出现富余，这甚至也影响到了德国。1920 年春至 1921 年夏，出于各种实际目的，德国的物价稳定在战前水平的 14 倍。凯恩斯之前提出论断，认为德国的经济无法满足《凡尔赛和约》的赔款要求，这一论断已经蜚声世界。为了以身作则支持这一论断，他当时对德国马克做了大量的投机，最后差点破产，幸亏有出版社贷款和金融界朋友才躲过一劫。"如果连最近让世界振奋的人都破产了，那真是一场灾难。"[7] 没错，确实是一场灾难。

凯恩斯只是没有算准时机而已。1921 年夏，物价再次开始上涨。4 月，伦敦最终确定了德国赔款的总额，是价值 1 320 亿战前马克的黄金。这笔钱也许让一些德国人认为前景无望，因此开始将可消费的资产兑现成货物。全球大宗商品的价格也停止下跌了。德国对外和国内账目的预算赤字也逐渐开始显现出来。无论如何，从 1921 年年中到年底，本国的物价已经从 1913 年水平的 14 倍上升到了 35 倍。1922 年，物价继续上涨。到了当年年底，物价涨到了战前水平的 1 475 倍。到了 1923 年，形势变得更为严峻了。1923 年 11 月 27 日，德国国内物价涨到了战前水平的 14 229 亿倍，进口物价也进一步上涨了。[8]

在物价上涨的同时，马克兑英镑和美元的汇率也下降了。在法国，法郎贬值的速度比物价上涨实际上还要更快一点。1921 年币值稳定期间，81 马克等于 1 美元。到 1922 年年中，这一汇率已经下降到了 670 马克兑 1 美元。到 1923 年春天，3 万马克才能兑 1 美元，国会专门召集委员会研究这一问题。6 月 18 日委员会召开会议时，马克兑美元的汇率已经跌到了 152 000：1，7 月更是到了 100 万马克兑 1 美元。之后，马克贬值的速度变得更快了。《伦敦每日邮报》驻柏林的记者也受到了影响,他在7月22日的报道中写道:"今天我惊讶地发现,昨天只卖14 000马克的火腿三明治已经涨到了24 000马克。"他还补充道,幸亏工资也涨了,"内阁部长的工资已经从10天前的2 300万马克涨到了3 200万马克。"[9]

在接下来的几周内,无数对通胀的老生常谈都成真了。男男女女一拿到工资,就立刻急着花出去。纸币多到得用手推车或者婴儿车推到商店里。在谈到通胀的时候,人们总是会提到最后不得不靠出版社来印纸币。到了那年秋天,德国每一家能够印纸币的出版社都在帮着印纸币,机器源源不断地制造纸币。印刷进度一度跟不上贸易的需求,总是没有足够的大面额纸币用于购买当日需要的食品。之后到了7月,《伦敦每日邮报》的记者写道:"要兑现支票是很难的。最大面值的纸币为1万马克,银行也没有几张。今天上午,装着纸币的卡车一辆接一辆地到达德意志银行,但是同时也有许多人推着手推车在银行门口等着提取这些纸币……在我开户的银行,柜员给了我400万马克,都是面值为1 000马克的,每一张还不值1/4个便士……他好心地把这些纸币装在一个纸袋里,这样我后来在餐厅吃饭的时候就可以把这些钱放在桌上,服务员为我结账的时候,我就可以打开纸袋付钱。但是下星期之后我们就不用再担心这一问题了,因为那时候就有400万面值的马克了。"[10]

在接下来的几周内流传着更多类似的故事。10月底,《纽约时报》报道称一个外地人到了柏林"一家比较一般的餐馆",他亮出一张一美元的钞票,请餐厅给他上菜。当他酒足饭饱,快要离开的时候,服务员又端来一碗汤和一道主菜,礼貌地鞠了一躬,说道:"美元刚才又升值了。"[11]美联社的驻外记者也严肃地报道德国境内现在普遍流行一种病症。"德国医生称这种病症为'零中风',指的是因当前货币面额数字太大而导致的心理紧张。目前已经有多个病例,有男有女,来自各个阶层。病人因为没有办法算清以万亿计的数字而备受困扰。许多病人看上去都十分正常,唯一的症状就是忍不住要在数字后面添上'0'。"[12]《纽约时报》注意到,波兰现在的货币仍然只是以千计,所以波兰人的情况就好得多。布尔什维克政府甚至也意识到了本国货币必须获得市场信心,在当年早些时候宣布卢布币值已经稳定了,并且宣布其采取的措施"自然能够经受怀疑"。在意识到外界金融家对共产主义经济有所怀疑时,苏联当权者甚至迈出了令人佩服的一步,邀请了一些举足轻重的代表到苏联中央银行的金库参观黄金储备,让这些代表亲眼看一下。

有一种说法认为德国通货膨胀是因为赔款引起的。持这种观点的人坚定地认为,是在法国1923年占领鲁尔区要求德国按照条约履行赔款之后,德国的通胀才超出控制范围。生产随之被扰乱,再加上德国政府的消极抵抗政策耗费了大量德国预算,导致通胀无法控制,使马克完全崩盘。这一解释有其倾向性。法国本来就因为占领鲁尔区而受到了严厉的抨击。按照以上解释,法国又成了导致德国经济灾难的罪魁祸首。这个说法的漏洞显而易见。1922年,在法国占领鲁尔区之前,德国的物价指数已经从3 700(1913年时为100)涨到了147 500。法国占领鲁尔区之后,马克跌到了1万马克兑1美元,并且持续快速贬值。这不是通货膨胀还能是什么?法国占领鲁尔区至多是火上浇油。

1923年的最后几个月里,通胀愈演愈烈,并且摧毁了所有能够控制通胀的手段。在这种情况下囤积货币当然是极为愚蠢的。因此，所有人都将收入和储蓄投入了市场。税收本应控制局势，却毫无效力。政府必须立刻拿钱付给公务员、士兵和供应商。按照《伦敦每日邮报》提到的内阁部长的收入情况，这笔开支每天都在上涨。但是税收上调之后，要几周或几个月才能收回。到了高税收生效的时候，当下的开支已经又涨了好几次了。因此，通胀又引起了政府的巨额赤字。

企业也需要弥合当前支出和延后收入之间的缺口。现在由于通货膨胀，这一缺口变得更大了。企业也不能从商业银行获得任何贷款。银行家无论是疯了还是没疯，都不会在这种情况下贷款。现在把钱贷出去，过了几周之后还回来时，价值或是购买力只是原来贷款的一小部分。因此，德意志银行不得不直接向企业提供贷款。1921 年 12 月，德意志银行的商业贷款达到了 11 亿马克。到 1923 年 11 月，这一数字达到了最高值，3 473 010 377 760 亿马克。政府贷款在 12 月底达到了 4 970 000 000 000 亿马克。[13]

就像没人想囤积现金一样，也没人想要银行存款单。同样，用支票结算也变得非常困难，因为拿到支票的人很清楚，几天后兑现支票时，这笔钱已经贬值了。银行在结算支票的时候，也很清楚这一点。因此企业和政府在借钱时，都是以现金结算。这就推高了对纸币的需求。有些需要贷款的德国辖区向债权人承诺，会用与购买力等值的大宗货物偿还贷款，奥尔登堡承诺的是黑麦，柏林承诺的是燕麦，威斯特伐利亚承诺的是沥青，巴登电力供应公司承诺的是燃煤。

马克汇率贬值的趋势十分明显，并且远高于国内物价的涨幅。这就像法国的情况一样，吸引了一大批国际投机商人。德国国内有许多人的储蓄已经一文不值，不得不变卖家族物件、油画和艺术品或是地产，以换取口粮。国内的商人对此进行了大量收购，因此国际投机又加剧了。随着通胀不断持续，德国政府下令禁止出口个人藏品，人们离境时必须打开行李箱，上交夹带的此类物品。法国人认为法国的投机商人是美国人。德国则流传着更为糟糕的谣言，说这些投机商人都是犹太人。

1923年11月20日，幕布终于降下了。就像一年之前的奥地利一样，德国的通胀戛然而止。法国的通胀更为温和，因此结束时更是出人意料地轻松。也许通胀之所以结束，只是因为已经到达顶峰难以为继了。11月20日，德国宣布之前的德意志马克失效，新货币为列登马克。1列登马克等于1万亿德意志马克。政府宣布新的列登马克由德国所有土地和其他实体资产作为抵押。这个办法的前身是指券，只是比指券更具欺诈性。1789年，法国发行指券时，用于抵押的土地是切实可见、刚刚从教会收回的，指券最初是可以兑换成土地的。但是如果有哪个德国人要用列登马克兑换德国的地产，那人们肯定会认为他精神不正常。

尽管如此，这一方法还是奏效了，这要归功于当时的情势。在之前的几个月，条约赔款已经大幅缩水了，并且各国也不再那么严肃地要求德国赔款了。虽然直到二战时，国际上才确立战胜国补贴战败国的原则，但是在20世纪20年代，德国最终获得的贷款已经比偿还的赔款还要多。[14]德国总理施特雷泽曼放弃了鲁尔区的消极抵抗，德国也因此从沉重的预算负担中解脱出来。由于这些举措，德国的预算实现了平衡。德意志银行同时也不再给私企发放减息贷款了。在一段短暂且痛苦的过渡期之后，这些企业又可以在商业银行获得贷款了。通胀期间较低的失业率在1923年最后一个季度飞速上升,到了圣诞节的时候,1/4 的工会成员都失业了。然而,复苏也立刻随之而至,1924 年,劳动力市场整体失业率平均为 6.4%,到 1925 年就下降到了 3.3%。[15]

1923 年 11 月 20 日,原来的德意志马克失效。十分凑巧的是,这一天德意志银行的行长鲁道夫·哈芬斯坦(Rudolph Havenstein)也卸任了。他的继任者是雅尔玛·贺拉斯·格里莱·沙赫特(Hjalmar Horace Greeley Schacht)。作为列登马克奇迹的幕后英雄,沙赫特缔造奇迹的名声流传至今。按照普遍流传的说法,他是一个金融奇才,一手打造了阿道夫·希特勒时期德国经济的复苏,为德国重整军备提供了资金,并且引导了德国二战初期成功的金融政策。没有几个人像沙赫特一样拥有如此难以界定的金融盛名,他的金融才能使他成为希特勒罪行的关键"装备",将他送上了纽伦堡审判的被告席。这又是一个金钱与死亡相随的例子。

实际上,沙赫特就像许多经济学家一样,只是时势造就的英雄。在 1923 年之后,如果德国预算的支出保持不变,德国继续支付赔款和消极抵抗,那么马克和沙赫特的声誉就无可救药了。德国政府已经摆脱了以上支出,再加上经历过通胀的人们都希望拥有可以信任的货币,如果有一个神话能够维系这种信任,他们就愿意维护这一神话。在这样的情况下,任何事情都是有可能实现的。经历了 21 年又几个月之后,美国经济学家在评价二战空袭对德国经济的影响时,曾经审问过战后关押在监狱里的沙赫特。沙赫特当时被关押在法兰克福附近英国军队看守的一座监狱里,这一监狱专门关押较为职业性和技术性的纳粹高官,英军指定代号为"垃圾桶"。沙赫特极力声称他在纳粹统治时期缺乏影响力。他说,这是因为他当时没有能力说服希特勒平衡预算，限制银行借贷，并且无论形势好坏都遵循正统金融不可变更的规则。审问过后，这些经济学家确信沙赫特实际上是一个见识有限且头脑僵化的人，而德国的国家社会主义经济政策更具有实用性，可以想见他对政策制定没有起到多大影响。鉴于这一结论，纽伦堡的法官之后同意将其无罪释放。

1948 年，德意志马克又代替了列登马克，还是像以前一样几乎一文不值。这一次物价并没有失控。当时要购买货物，除了货币，还需要凭配给卡或配给券。人人都有足够多的货币，卖家主要看买方是不是有配给券。列登马克以 10∶1 的比例更换成德意志马克后，货币突然又变得紧缺且重要起来。有的商人将货物囤积起来，等待新货币出来之后再出售，现在这些货物一夜之间就可以买到了，也不需要配给限制了。这又是一场新的德国奇迹。更换货币的计划是由两个原为德国犹太人的美国人设计的，他俩是杰哈德·科姆（Gerhard Colm）和雷蒙德·戈德史密斯（Raymond Goldsmith）。当时的经济部长路德维希·艾哈德（Ludwig Erhard）袖手旁观，并没有参与，但是他当时在这个职位上，因此成了新的奇迹缔造者。令人感叹的是，艾哈德后来又当上了总理，平平的政绩说明他其实也只是碰巧缔造了奇迹而已。

可以推测，德国通货膨胀和中欧其他国家一样，导致财富从那些拥有储蓄、货币、证券或是抵押品的人手中大量地流入那些有债务或实体财产的人手中。尽管缺乏可供证明的数据，以上财富转移似乎是可信的。这使一些人失去了财富，也失去了社会地位所附带的优势，这些人因此而愤怒沮丧，并认为这是由于法西斯主义或共产主义的崛起而导致的。这些问题缺乏证据证明，肯定的说法也不能代替确凿的证据。但是这些简单的事实值得我们注意。一战后所有经历过货币崩溃的中欧国家后来都经历了法西斯主义或共产主义，大多数国家二者都经历过，例如波兰、匈牙利等东欧各国。而那些没有经历过货币崩溃的国家几乎都更为幸运。

  毫无疑问的是，德国的通货膨胀使得德国人闻之胆寒。无论通胀是否为法西斯铺平了道路，之后因恐惧通胀而采取的措施都产生了一定的效应。我们已经注意到了，之后也会再次看到，为抵制通胀而采取的最强硬的措施是在最不需要的时候采取的。1931年12月8日，在德国有1/6的劳动力失业的情况下，海因里希·布吕宁（Heinrich Bruning）政府下令将大多数薪酬减少10%~15%，使工资回到4年前的水平。政府还下令将工业品价格降低10%，同时降低房租、火车票、货运费和市政服务费。在此之前，公务员的工资也降低了1/5，工资所得税却都大幅提升了，失业救济金也降低了。接下来的一年，德国失业的劳动力达到了总劳动力人数的1/5，再下一年，希特勒就上台了。[16,17]

第十三章

自作自受

在各国货币政策相差迥异的 10 年间，法国选择了阻力最小的政策路线，而英国走的则是阻力最大的政策路线。法国的情况比英国好一些，但是这也不能证明法国的政策就更为明智。我们之前已经看到，法国无论遭遇了怎样的打击，总是能够雨过天晴。但是英国极为依赖外贸，更难管理。因此，英国的经济政策必须比大多数国家更为完善才行。英国糟糕的表现实际上恰恰反映了英国制定政策的难度。然而，在 20 世纪 20 年代这 10 年间，英国制定的政策虽然经过了深思熟虑和充分讨论，但还是让形势更为恶化了。

1920 年和 1921 年，各国都解决了战时物品紧缺的问题，英国的物价和其他国家一样开始下降，预算又回到控制内，经济繁荣也结束了。在之前的战争年代，失业当然没有得到重视，1921 年，失业率达到了 12.6%。1922 年，失业率平均超过了 10%。之后，失业率开始下降，物价稳定并有所上涨，工资也呈现相同的趋势。一切似乎都在回归正常。按照美国人的说法，这就像哈丁总统的闹剧①结束之后一样，回到了"正常状态"。（在尼克松总统 1974 年

---

① 沃伦·甘梅利尔·哈丁（Warren Gamaliel Harding），美国第 29 任总统（1921—1923 年任职），任职期间作风懒散、丑闻频出，后于任期尚未结束时去世。——译者注

下台后，曾有人造出了"回归常态"这一新词。）1925年，英国决定回归金本位制。

后来针对这一决定的讨论使其显得极为重大，但是这一决定实际上并没有那么重大。英国在鼎盛时期，货币和黄金是可以互换的，二者价值不相上下。作为一个一心想要恢复以往在经济和其他领域荣耀地位的国家，重新确立金本位制是很自然的一步。当时的财政大臣温斯顿·丘吉尔是最希望重拾往日荣光的人，对于他而言，过往就是生命的一部分，也是家族地位和个人收入的稳定来源。1925年4月28日，丘吉尔在议会发表演说，宣布回归金本位制，这正是属于丘吉尔的时刻。他说道，英国的各个自治领都已经重新确立或是正在重新确立金本位制，整体而言，大英帝国将要采取"完全一致的行动"。纽约美联储将出资2亿美元，J. P. 摩根出资1亿美元。有了美国的支持，这一步的成功也得到了保障。重新确立金本位制将使国际贸易和帝国内部贸易得以复兴。从此以后，以金本位制联系在一起的各个国家将"共同进退，就像港口里连在一起的船一样，随潮水涨落一同起伏"。这一措施稍嫌美中不足，即黄金只能用于出口贸易，不能用于铸金币。第二天，《纽约时报》报道称"议员们普遍认为"，财政大臣丘吉尔的演讲是"长久以来最好的演讲"，并且"完全配得上他议会雄辩家的声誉"。头版报道写道，丘吉尔的提案令"议会和全国人民欢欣鼓舞"。[1] 16年后，丘吉尔将再获盛名，没有人比他更能发出雄狮的怒吼。但是在1925年，毫无疑问，他和他的口才却造就了灾难。

英国错在不应当将英镑金币的含金量恢复到战前的123.27毫克纯金，同时汇率也保持在1英镑兑4.87美元。1920年，1英镑已经只能兑换金本位制下的3.4美元了。虽然之后英镑升值了，并且持续在升值,但战前的含金量和美元汇率仍然是过高了。这是因为在这样的含金量和汇率之下,英国的物价就显得过高了。拥有黄金或美元的人大可以将黄金和美元兑换成英国竞争者的货币,然后到这些国家购物。英国人也大可以趁着合算的丘吉尔时期的汇率,将英镑换成美元、黄金或是他国货币,到海外购物。1925年,这种做法可以省下10%的钱。而英国一如既往地需要出口。因此,在这样的新汇率下,同等条件的英国煤炭、纺织品和其他制造业产品就必须削价约10%才能与他国产品竞争。这令人感到十分不快。

煤炭的情况尤其令人不快。当时的采矿场还是私人所有,设备简陋,疏于管理,工人都缺乏训练,脾气暴躁,受教育程度极低。煤炭价格越低,工资就会越低。丘吉尔意识到煤炭产业会遇到一些困难,将之归咎于行业的糟糕状况。他曾经采用了一个大胆的比喻,说汇率对煤炭产业的影响还不及海湾洋流。凯恩斯听到后,立刻形容这是"糨糊脑子的想法"。[2]

一些人对丘吉尔的政策心怀疑虑,其中包括美联银行主席和前财政大臣雷金纳德·麦肯纳(Reginald McKenna),他是经过挣扎之后才同意回归金本位制的。但是真正带头反对丘吉尔的是凯恩斯。要有理有据地反对并不难。[3] 按照原来的比例回归金本位制之后,英国相当于接受了令人痛苦的物价下跌和薪资缩水,同时伴随着经济停滞和失业问题,这一切都为社会动乱萌芽提供了肥沃的土壤。但凯恩斯是怀着同情心反对丘吉尔的。他迫切地想要知道为什么丘吉尔作为一个声望极高的人,会迫使自己去做"如此愚蠢的事情"。在经过一番思考之后,他为丘吉尔做了开脱。凯恩斯解释道,丘吉尔"没有直觉判断力,无法避免犯错"。同时,"由于缺乏这种直觉判断力,他对传统金融学家的据理陈词充耳不闻,更重要的是……他被自己的专家误导了"。[4] 凯恩斯的怜悯之心有时确实有些过火。

实际上,凯恩斯的同情心泛滥是不可饶恕的。后来发生的事情让人们更加无法原谅他。真正有名望的人当然能够看出谁会威胁他们的声誉。在接下来的 4 年里,英国的物价仍然压力重重,失业率依旧很高,从 7% 上升到了超过 9%。这已经成了英国的标志。在此期间,辛克莱·刘易斯(Sinclair Lewis)笔下退休的汽车巨头塞缪尔·多兹沃思(Samuel Dodsworth)来到了英国。他除了参观西敏寺,还想要看看兰卡郡领取救济的纺织工人。

在半个世纪后的 20 世纪 70 年代,直接向工人提出降低薪酬,是难以想象的事情。这在 1926 年也是不可能的。当矿工们听到别人建议他们按照货币政策的要求降低薪酬时,他们毫不意外地准备罢工。矿主预见到了罢工,采取了封锁措施。为了支持矿工,英国爆发了全面罢工。全面罢工并未持续很长时间,而且就像英国许多的不幸一样,波及了大部分英国人。温斯顿·丘吉尔和许多人一样,站在法律、秩序和宪政的制高点上,反对罢工暴民。他还是声称这不过是海湾洋流。尽管如此,矿工的罢工还是持续了一年,直到 1926 年年底才最终被制止。整个 20 世纪 20 年代,英国的出口都十分疲软,英格兰银行的黄金储备一直都岌岌可危,不得不向美国寻求更多支持。

由于之前对《凡尔赛和约》有异议,凯恩斯仍然被当权者排除在外,但是现在也有人认为凯恩斯的立场实际上是有些正确的。凯恩斯当时只能安于执掌一家保险公司、写作、培养艺术爱好、兼职教学,并以自己的名义和作为剑桥国王学院总务长代表学院积极地从事一些投机活动。直到二战后情况万分危急时，凯恩斯才得以再度进入政府。丘吉尔当时的处境就要好一些。人们都认为货币政策的误判只不过是一个有些意思的错误，甚至丘吉尔这次严重的误判也不例外。人人都同意丘吉尔犯了错误。但是和他当年在达达尼尔战役时的立场相比，这个错误并未对他的政治生涯造成同样严重的负面影响。

1929年，失业率开始下降，产出在上升，只是速度都较为缓慢。英格兰银行的黄金储备仍然比较少。紧接着，美国经济崩溃下滑了。1925年的决定至少是部分地导致了英国在野党陷入不利，现在英国工党上台执政了。和前任政府一样，工党政府也不免要受到传统金融观点的影响。1931年8月23日，时任首相拉姆齐·麦克唐纳（Ramsay Macdonald）的顾问向他建议，说假如内阁和公众能够支持削减预算，包括减少救济，美国一家银行财团就很有可能会应英国的要求发放贷款。但是，内阁的少数成员执意反对。因此，麦克唐纳主动请辞，与自由党和保守党组建了联合政府。9月，《金本位制法》规定的支付黄金义务暂停实行。[5]

某种意义上而言，丘吉尔赢了。由于人们认为社会主义者在经济方面较弱，丘吉尔1925年回归金本位制，一举使得左翼在接下来的15年内都无法对他造成任何威胁。1925年的这一决定也许是现代最具破坏性的货币政策。

美国战后的繁荣从1919年持续到1920年，之后严重的萧条开始了。由于联邦储备系统暂时中止履行防范繁荣转向崩溃的职能，繁荣和崩溃的程度都变得更为剧烈。虽然物价仍然在上涨，大宗货物和土地投机仍在继续，但是联邦储备系统将利率维持在较低水平。商业银行可以自由地从联邦储备银行借贷，以满足客户的投机等需求。美国财政部仍需要出售债券，但是同时也支持温和政策。只是这主要是因为谨慎的人们担心泡沫破裂，这样经济崩溃就会怪罪到某些人的头上。所以，大家都觉得最好还是顺其自然。不久之后，泡沫就破裂了。

1920年年初，随着军事需求消失，战时紧缺也不复存在了，海外的订单也不再靠美国贷款维持了，物价开始稳定，并逐渐下降。在这一转折之后，联邦储备系统又恢复了勇气。再贴现率被提高到了前所未有的6%。联邦储备银行之前给其他银行的贷款一直在不断增加，现在也停止增长，接着就突然减少了。1921年，贷款总额还不到1920年的一半。从1920年中期开始，美国经济开始大萧条。这一萧条是从那时到现在为止的时期内，历史上最为严重的一次。这是联邦储备系统面临的第一次重大考验，其表现谈不上出色，也谈不上合格。普遍的共识是，联邦储备系统既促进了繁荣，又加剧了崩溃。人们一直认为这是一个十分值得研究的失误。[6]

1920—1921年的大萧条很快就结束了。然而在这短短的一段时间内，大萧条展现了一种价格行为模式，这种模式有许多先兆。美国经济对于通胀和紧缩的反应从此不再是一模一样的了。农产品的价格呈现出比工业产品更快、更剧烈的下降趋势。1921年，非农产品的批发价格平均是1914年的158%，而农产品价格只是1914年水平的124%。[7]很明显，有许多不同的力量在影响这些价格。农产品和非农产品有一个很明显的差异：农产品市场中有许多卖家和买家，农产品的价格是由不可控制的市场所决定的；工业产品市场中卖家较少，私人控制力度更强。这一差异造成的后果最终会变得十分严重，私人的控制力也会变得极强。

以上情况造成的直接后果是农业部门在接下来的10年间都心怀不满。另一个直接后果则是诞生了不朽的平价公式。农业方面的管理者很快就意识到，农产品的价格水平并不重要，关键在于农产品价格相对其他产品价格的水平。由此他们萌生了这样一个想法，即战前农民支付和收取的价钱之间的关系对农民是十分有利的，这样的价格关系理所应当是农业政策的目标。战前农产品的价格就是平价，价格上升是由战争爆发后农民需要支付的物品价格上升所引起的。此外，还有一个不那么重要的后果，就是人们怀疑或许是美联储导致了农民的困境。农民对中央银行的恐惧由来已久，现在这种恐惧又略有抬头。

1920—1921年的大萧条是最早的一次大考验，美国对不受限银行业的专制、随之而来的倒闭和美联储的应对能力均失去了耐心。这一次考验也没有得到良好的应对。1921年，505家银行暂停营业，这一数目比上一年上升了3倍。银行倒闭的数目居高不下，1921—1929年，只有两年的倒闭数目比1921年小。倒闭的大多是小型州立银行，非美联储成员。之前的大妥协仍然在实行，其允许农村地区从事松散的借贷、存款和货币创造，因为农业人口认为这符合他们的利益，后果也能承受。但是银行倒闭的数量不断增加，其中许多是美联储的成员银行。这些银行规模更大，其存款量在20世纪20年代占所有倒闭银行的1/3~1/2。[8]

抛开远大期望不谈，美国现在还是没有一家机构负责监控银行的表现，以及在挤兑时出手相助。实际上，在这些年间，联邦储备系统似乎并不认为银行倒闭是应由自身管控的。"每年理事会都会报告凄惨的数字……并且仅仅停留在注意到暂停营业的银行中非美联储成员银行所占的不成比例的数字，而成员银行所占比例较小。

小社区银行比例较大……农业银行所占比例较大,而工业银行所占比例较小。"[9]这也预示着,在下一个10年中,全美各地的银行,无论规模大小,无论是否是美联储成员,都会感觉自己像是在飓风中被拔起的树。

美国货币新安排面临的第一场考验非常严峻。和19世纪比起来,新的安排并没有进步。一场更为严峻的考验也已经箭在弦上。操纵金融巨头命运的力量并没有停歇。

在1921年大萧条之后,美国迎来了繁荣的8年。这8年其实并没有任何成就。农民心怀不满,积极发声。由于工会被1921年的萧条所击垮,工人们没有发声,黑人和其他少数族裔也保持沉默,而妇女就更不用说了。实际上,没有人能够说出他们有多么不满。

可以确定的是,在欣欣向荣的表象下面,隐藏着缺陷。1922—1929年,工资和价格几乎都保持稳定。[10]但是由于产出和生产率不断扩张(制造业工人平均产出在20世纪20年代上升了约43%),[11]利润不断攀升。一项对84家大型制造企业的抽样调查发现,企业净收入在1922—1929年几乎增加到了之前的3倍,分红涨到之前的两倍。[12]之后政府又下调了所得税,这意味着富人消费和投资的收入比例大幅提升了。这部分收入必须用于消费或投资,如果有任何因素影响了消费或投资,就会打击需求,导致问题产生。

当时,消费和投资都十分脆弱。一旦出现如股市下跌之类的打击,富人的消费就会被挫伤。而富人的大部分投资形式是外国贷款,比如给德国城市和南美众多国家的贷款。这种投资可能会发生许多变化,比如投资目的地发生革命,对方拒付,或是难以收回要求以黄金和美元支付的利益或本金,这些变化都会使投资者感到恐慌。而国内的投资主要是流向当时金融天才们推销的项目，比如斯瓦林根兄弟（Van Sweringens）的铁路公司，塞缪尔·英萨尔（Samuel Insull）和霍华德·C.霍普森（Howard C. Hopson）的煤气电力公司，以及伊瓦·克鲁格（Ivar Kreuger）更为包罗万象、难以捉摸的众多公司。这些投资的结构都同样复杂，有时甚至难以理解：由上游公司发行债券（和优先股），再用这些债券购买和持有下游公司直至运营公司的股票；下一层的股票分红之后，收益要用于支付上一层债券的利息。一旦这一自下而上的流动被扰乱，上一层的债券就会违约，整个结构就会崩塌破产。此时就不会再有新增的外来投资了，因此受到损失的投资者也不会在别处再进行投资了。

以上这些控股公司的项目和投资信托是20世纪20年代的奇迹，其创造者都是当时的巨头。从各方面而言，这些项目都可以称得上是企业集团、速利基金、成长型基金、离岸基金和地产投资信托的前身，推销这些项目的人就是后来以上各类基金创始人的前辈。在后来的20世纪60年代和70年代，这批人的成功为金融界增光，失败则令金融界蒙羞。

此外，20世纪20年代的股市也十分繁荣。其中一部分原因是这一时期盈利丰厚，实际上也是由于这些了不起的推销者看似天才的能力。股票价格在1924年下半年开始上涨，这一趋势一直持续到了1925年。1926年，股价短暂受挫，当年发生了两次飓风，导致没有足够的新买家加入投机，投机活动一时难以为继，佛罗里达地产泡沫因此破裂了。但是到1927年，股价又重新开始上涨，涨势持续全年，延续到1928年，直到1929年9月才结束。《纽约时报》计算的25个工业平均值在1924年年底是134，到1927年年底涨到245，1929年年初则是331。在1929年夏天的3个月间，这一数值从 339 涨到了 449，涨幅达 32%。和从前一样，个人和机构都在不断地购买股票，因为他们相信股价会继续上涨。当时新创立的投资信托尤其积极，这也是后来共同基金的前身。买家不断购入股票使股价继续上涨，这恰恰符合买家的期望，也就催生了新的更高的期望，使得人们争先恐后地购买股票。此处再解释一遍原理：一旦买家发现股价走势不再符合自己的期望，或是某些事件让股价不升反跌，就不会再有新买家加入，此时这一抢购潮就会结束。抢购潮一旦停止，投资者就会像在外国借贷违约或是大型控股公司投资失败之后那样，屈服于自己的恐惧心理。投资和消费支出都会随之下降。

在这一段时期，新的货币系统扮演了主要的角色，不但为出售不良证券提供了资金，还推动了股市投机。

20 世纪 20 年代时，承销证券的资金大部分来自商业银行，且这一时期许多证券都是由商业银行的附属机构承销的。个人投机性购买证券时，也是从商业银行获得资金。许多承销方都是为盈利而来，承销股票还可以获得利润。也就是说，银行为购买股票提供了资金，并接受以股票作为抵押品。

反过来，这些为股票购买和承销发放贷款的商业银行又在联邦储备系统大量举债。因此，联邦储备系统也为资助股市繁荣助了一臂之力。这并不是起因，人们并不是因为有钱而投机。但是联邦储备系统确实推动了投机行为，并且没有阻止投机。[13]

根据流传下来的说法，联邦储备系统对股市繁荣的资助是由于另一个有趣的错误。1927 年 7 月 1 日，"茅利塔尼亚"号抵达纽约，船上下来两位著名的乘客，一位是英格兰银行的行长蒙塔古·诺曼

（Montagu Norman），另一位是德意志银行的行长雅尔玛·沙赫特（Hjalmar Schacht）。[这次到访并没有事先告知公众。亚历山大·克伦斯基（Alexander Kerensky）当天结束了对美国的访问，告诉各家报纸，苏联政府已日薄西山，几个月内就会倒台。]这两位行长访美是高度保密的，甚至保密得有些过分。二人的名字都不在乘客名单上，在抵达时也没有与媒体接触。但是根据《纽约时报》的说法，沙赫特博士在从餐厅去往隔离区的路上，"稍事停留，表示自己没有什么可说的"。[14]而蒙塔古爵士则一路匆匆地上楼，不停地摆手，比沙赫特更加不配合采访。

抵达纽约后，这两位与法兰西银行副行长查尔斯·瑞斯特（Charles Rist）一同会见了纽约联邦储备银行行长本杰明·斯特朗。之前，华盛顿理事会、相去甚远且民主共处的地区分行、纽约联邦储备银行都在争夺联邦储备系统的控制权，而此刻这场争夺已经缩小成为纽约和华盛顿之间的绅士之争。《时代》周刊所称的"旧世界"银行家都坚定地认为权力应当属于斯特朗行长。接下来的几天，许多人都在猜测此次会议讨论了哪些事宜，只是这些猜测几乎都是错误的。这些事宜固然会对公众产生影响，但是实际上这些参与讨论的人除了法律界人士，就是公务员。这些人都认为不能向公众透露任何有关这次谈判的信息。在很大程度上，现在与国际金融政策有关的人士仍然持有这种想法。

这次讨论的焦点，或者说重点，就是英格兰银行长期储备不足的问题。银行家们认为，如果联邦储备系统能够调低利率，鼓励借贷，就可以缓解这一问题。因为这样一来，为了寻求更高的回报，黄金持有人就会把黄金转而存放在伦敦。假以时日，美国的物价就会上升，英国工业和劳动力的竞争优势就会减弱，这样就可以延续温斯顿·丘吉尔的阴影。柏林仍然没有摆脱通胀的影响，法国的庞加莱总统也正在寻求稳定，如果黄金流入德法，也是大有裨益的。

联邦储备系统同意了。会后不久，美联储将再贴现率从4%调低到3.5%。接下来的几个月内，美联储进行公开市场操作，购买了3.4亿美元的政府证券，商业银行的储备也得以充实。人们通常认为，正是这一错误导致了美国股市的大投机（现在许多人仍然持此观点）。在美国经济需要约束的时候，外国人却说服了美国当权者，令其采取自由政策，导致美国受损，而外国得利。时任美联储理事阿道夫·C.米勒（Adolph C. Miller）当时持反对意见，后来他形容道，这一行动是"联邦储备系统所采取的最大，也是最大胆的行动，并且……（这一行动）酿成了美联储犯下的代价最大的错误，代价之大，为过去75年内任何其他银行系统所犯错误之首！"[15]伦敦经济学院的利奥尼尔·罗宾斯（Lionel Robbins）教授是研究这些事件的专家，他后来说道："自那天起，所有的证据都表明，情势开始完全失控了。"[16]

在美国金融殿堂里，供奉着米尔顿、毕多、杰伊·库克和萨蒙·P.蔡斯的大名。此外，还有一个小小的位置是为本杰明·斯特朗而设的。在他的年代，当"旧世界"金融老手们携其主张而来时，斯特朗被认为是最有能力应对的人。[17]而让他名垂青史的这笔交易却是对蒙塔古·诺曼和雅尔玛·沙赫特的让步，这真是最有趣不过了。名声就是由此而来的，起源不一定和经济学直接相关。如果没有水门丑闻，H. R. 哈德曼（H. R. Haldeman）和约翰·迪恩三世（John Dean III）的名字就不会出现在历史书上，戈登·利迪（Gordon Liddy）也一样。约翰·米歇尔（John Mitchell）只会是一个小小的注脚。约翰·福斯特·杜勒斯和迪安·腊斯克（Dean

Rusk）都是因为在对外政策上犯了大错而出名。如果威廉·威斯特摩兰（William C. Westmoreland）没有参与 1812 年以来最失败的那场战争，没有人会知道他的大名。即使你一事无成，只要犯下足够严重的错误，也足够你声名大噪。

实际上，斯特朗行长的立场不无逻辑，那些宣扬他这一历史性错误的人把问题看得过于简单了。如果研究当时的形势，我们还是可以学到许多。

在 20 世纪 20 年代初期，德国、法国和英国都面临着货币方面的紊乱或是困难，许多持有黄金的人都把自己的囤货存放在美国，这并不奇怪。股票发行量在 1918 年年底已经达到了难以置信的 29 亿美元，在 1926 年年底又攀升到了 42 亿美元，[18] 这就是"茅利塔尼亚"号朝圣之旅前夕的情况。外国的黄金一到美国，就被存入商业银行，只要政策允许，就会被用于扩张贷款、纸币发行量，创造更多存款（个人和企业永远在寻求贷款），形成了巨大的通胀效应。联邦储备系统在 20 世纪 20 年代通过公开市场操作暂时拖延了这一效应，为此出售了在战争期间获得的政府证券，从而将黄金从商业银行的金库中转移到了自己的金库中，使得这些黄金不再为贷款和存款扩张提供储备。（1923 年 3 月，美联储成立了美联储公开市场投资委员会，也就是萨缪尔森教授所说的有特殊权力的公民，令其协调这些操作。）只要美联储能够稳稳地占有黄金，这些黄金就不会和商业银行的借贷和存款有任何联系，因此就不属于货币供应的一部分。美联储发给商业银行的贷款远远不到其黄金储备允许的上限。美联储的贷款量取决于其向商业银行收取的贷款利率，从某种程度上而言，取决于美联储是鼓励还是打击银行借贷。这一借贷会影响商业银行的储备金和商业银行发放贷款的能力。

因此,虽然美国实行金本位制,但黄金储量的多少并没有多大影响。就像之前战时一样,美国在和平年代仍然管控着货币。流入美国的黄金不再影响美国的贷款、存款、物价或利率,这一切现在都由美联储的行动决定。因此,以往在金本位制下重新分配黄金的传统力量就不再活跃了。在传统的金本位制运行机制下,一旦黄金流入美国,利率必然下跌,贷款和商业活动必然扩张,物价必然上涨,以此制衡黄金的流入。但是现在,这一切都不会发生了。斯特朗行长毫无疑问是管控黄金的人,其实也可以说他之所以向沙赫特、诺曼和瑞斯特妥协,只是顺应了金本位制机制的自动反应而已。他有可能是这样看问题的,但是更有可能只是事后诸葛亮而已。

我们也不能完全确定,如果在1927年及其后采取了更为严厉的政策,股市投机会不会中止。有可能其他的活动会率先中止。银行会为一般的商业、工业和农业项目发放贷款,也会给以投机为目的的项目发放贷款。20世纪20年代,如果不算房地产贷款,商业银行发放的贷款总量是比较温和的,1921年中期是230亿美元,1929年中期是300亿美元。[19](而房地产贷款由于投机严重,涨幅更大。)但是在以上提到的总量中,发放给通过买卖证券赢利的经纪人的贷款,也就是发放给投机者的贷款大幅上升了,从1921年年底的8.1亿美元上升到了1929年年初的25亿美元,公司和其他非银行机构也发放了同等水平的贷款。1929年,贷款总量进一步扩大,在夏季每月新增4亿美元贷款。[20]当时,向股票经纪人发放贷款丝毫不用考虑其是否会引发物价上涨,可以收取很不错的利率,从6%~12%不等,有时更高。这种利率为12%的贷款是绝对安全的，只要一通知就可以拿到钱，而且12%的利率是固定不变的。哪怕联邦储备系统下调利率和缩减贷款，商业银行也不会轻易下调12%的利率，否则会减少那些出于普通商业、住房、工业或农业目的而申请的贷款，因为下调后的贷款利率相比而言实在太低。华盛顿美联储理事会中谨小慎微的理事们因此感到十分恐惧，担心银行会缩减以上各种非投机贷款。同时，用于股市的信贷中来自银行的贷款比例越来越小，这是因为各家公司都被这种高利率的短期贷款深深吸引。[21]

另一个办法就是警告那些从美联储借钱向股市发放贷款的银行，有可能的话不再向这种银行提供贷款。不幸的是，这一办法受到的最大阻力，正是来自纽约的那些银行。纽约的大型银行又和纽约联邦储备银行关系密切。国家城市银行和大通国家银行是最大的两家银行，当时的行长查尔斯·E. 米歇尔（Charles E. Mitchell）是一个十分热情的人，而后来的事件表明他也极其迟钝。米歇尔本人也深陷股市，因此一旦繁荣崩盘，他就会破产，这个利害关系他还是能想到的。

1929年年初，米歇尔凑巧成为纽约联邦储备银行的董事。1929年2月，华盛顿联邦储备系统理事会无视纽约联邦储备银行的反对，发布警告称，不允许使用联邦储备系统的资金为投机活动提供资金。这一警告绝对是经过深思熟虑的："成员（商业银行）若出于发放投机性贷款或维持投机性贷款的目的借款，其联邦储备银行将不予再贴现。"[22]该警告接下来声明，无论商业银行用自己的钱，也就是其储户的钱做了什么，都由该行负责。这意味着央行怯懦地推卸了自身最基本的责任，即监管所有的银行借贷行为，并进行必要的管控。该警告一出，市场就出现了震荡，但是很快又恢复了。

理事会又开始考虑下一步究竟要采取何种行动，或者是不采取任何行动。1929年3月，有消息称联邦储备系统的华盛顿总部正在开会，甚至还有消息说总部史无前例地在星期六召集会议。各家商业银行开始恐慌了，并收缩了对股市的贷款。3月26日，股票经纪人贷款的利率已经上升到20%。市场大额交易动摇了。现在，米歇尔要接盘了。他宣布自己感到有义务在身，这项义务"远胜过任何美联储的警告或其他任何事物。我有义务避免货币市场出现任何险恶的危机"。[23] 米歇尔接下来的行为既与他的言辞相一致，也与他的利益相符。国家城市银行第二天就拿出了2 500万美元向股票经纪人提供贷款，这笔钱分成5份，利率16%起，经纪人每增加1%的利率，就可以多获得500万美元的贷款。市场形势立刻就恢复了。米歇尔虽然没有躲过批评，但是仍然继续担任理事，没有遭到公开反对。[24] 此后，联邦储备系统理事会再也没有尝试采取约束措施。

美联储这次的表现差强人意，一部分原因是无能，而非设计问题。我们已经充分注意到，美国人相信只要获得任命，任何人都可以做央行银行家，在20世纪20年代尤其如此。赫伯特·胡佛曾形容这一阶段的理事表现平平，他对斯特朗也照样苛刻，称其在精神上只不过是欧洲的附属品。然而，在1927年，情况有了些许好转。能力较强的罗伊·A.杨（Roy A. Young）替代了蒸汽挖掘机公司的律师丹尼尔·克里辛格。杨曾大力推行约束措施，限制银行为股市投机发放信贷。然而，在1929年，杨基本上放弃了。他后来总结道，这种"歇斯底里的热情"虽然能够在一定程度上被约束，但是最终难免会宣泄出来的。[25]

美联储袖手旁观还有另一个原因,杨和其他人都没有提到过。这个原因还是与怕被怪罪有关。如果美联储强势限制为投机行为发放贷款,那么其不仅要为结束繁荣负责,而且还要为后果负责。数十万投机者将损失数亿美元,而许多投机者还认为自己是明智而谨慎的,理应获得回报。同时,限制信贷还有可能导致萧条。谁会愿意激起众怒?谁会希望下半生都被抱怨、被鄙视? 1929 年初夏,作为美联储的设计师和最初的行长,金融名人保罗·M.沃伯格警告世人,当前"不受约束的投机"狂欢十分危险。他发表了预言般的评论,说如果投机继续下去,将"导致一场殃及全国的大萧条"。一石激起千层浪,即使是最友好的评论员也说沃伯格跟不上时代精神,更直接的评论员则谴责他在捣乱,在"向美国的繁荣投沙包",还有人说他也许是在股市亏钱了。沃伯格后来告诉朋友们,这是他人生中最艰难的一段经历。[26] 从美联储的角度来看,顺其自然是最好不过了,这样一来,人们只能怪罪自然规律。

1929 年 10 月末,狂欢进入了尾声。10 月 24 日星期四,在连续几天下跌之后,人们认为股市已经触底了。下一个星期二,股市停止下跌了。

接下来的几天,恐慌情绪有所缓解,但是股价又开始继续下跌。1930 年,股市短暂复苏,之后又再度下跌。1932 年 7 月 8 日,《时代》周刊发布的工业平均值仅为 58,只比 3 年前水平的 1/8 高一点。此时,几乎一切都陷入谷底。按照当年的价格测算,国民生产总值,也就是整个经济系统的总生产值与 1929 年相比跌了 1/4,价值下跌了一半。1929 年,全年失业人数平均为 160 万,约占劳动人口的 3.2%。这一数据是事后估算的,不是十分精确。1932 年,失业人数达到 1 210 万人，约为总劳动人口的 25%。1933 年，失业人员进一步增多。当时没有失业救济，富人常常引用一条严格的宪法原则，指出济贫是地方的责任。所有的物价都比 1929 年低了 1/3，而农产品价格下跌得更为猛烈。1929 年，非农产品批发价格平均为 1926 年水平的 92 %（1926 年水平 =100 %），1932 年又跌到 70 %，降了 1/4。1929 年，农产品的批发价格是 105 美元，1932 年的批发价格平均为 1926 年水平的 48%，在 3 年内降了超过一半。[27] 为了后面的说明，我们这里要再次注意到在经济体各个部分起作用的不同力量。

在这 10 年之后的时间里，产出继续走低，物价仍然低迷，失业率维持在高位。直到 1937 年，国民生产总值才回到 1929 年的水平；直到 1941 年，失业率才降到 10% 以下。[28] 1920—1921 年的萧条猛烈却短暂，而 20 世纪 30 年代的萧条则不仅来势凶猛，而且旷日持久。

第十四章

财源中断之时

有人说，如果以一个事件对人们造成的焦虑程度和因焦虑而产生的后果作为评判标准，大萧条就是20世纪最为重大的事件，至少对美国人来说的确如此。两场战争都没有像大萧条一样波及如此多的人，开发原子能虽然为不理智的好战人士敲响了警钟，但是其后果也不及大萧条严重。与大萧条比起来，登月成功简直是小事一桩。没人能在经历过大萧条之后毫无变化。

与对待战争的态度不一样，很少有人关注是哪些因素将19世纪这次恼人的危机变成了一场影响深远、挥之不散的悲剧。对于马克思主义者而言，这只不过是资本主义又一次展现了其宿命倾向，之所以会比之前的危机更恶劣，是因为资本主义危机本来就会愈演愈烈，最终走向末日崩塌。而在传统的当代学者眼中，这是商业周期的又一个下行阶段，之所以延续时间更长，很有可能是因为各国政府在试图终结危机时，采取了不当的做法。

按照通常的看法，股市崩盘和之前的投机行为都不是决定性的诱因。市场是对更为深层的各种力量做出的一个反应，它本身并不是导致改变的诱因。"1929年年初，繁荣已经开始褪色。只是直到10月股市戏剧性崩盘，公众才开始意识到这一点。"[1] 大萧条是如此恶劣,股票投机是如此无足轻重,将前者归咎于后者,未免有些肤浅。这也许是出于直觉的保护意识在作祟。炒股一贯被正人君子斥为道德堕落的行为。既如此,凭什么要给华尔街的"敌人"更多弹药呢?凭什么要把投机归类为重要的社会现象呢?

对于成熟的头脑而言,20世纪20年代后期的投机潮和股市崩盘都是重大事件。之前提到过,20世纪20年代的繁荣是极为不平衡的,收益颇丰的主要是企业和富人。因此,持续的繁荣仰仗的是持续走高的商业投资支出,以及富人持续的高水平消费支出。股市崩盘给二者都造成了致命的一击。随着股价暴跌,所有的商业决策都相应地更为谨慎了。稳健型的企业开始重新考虑许下的投资承诺。霍普森、克鲁格、斯瓦林格兄弟、英萨尔和佛谢公司的金字塔型结构是依靠发行巨额债权构造的,其创造者很快就没有足够的现金用于支付巨额利息了,因此只好被迫重整其偷工减料的盈利结构。银行突然变得谨慎起来。借方都被股市套牢。储户很快就会开始恐慌,觉得还是把现金取出来好。个人投资者损失惨重,新发行的证券前景堪忧。

消费支出也遭到了同样沉重的打击。有的人直到10月还在用资本收益消费,而现在突然没有资本收益了。许多人虽然没有受到直接影响,但还是认为小心为上。"十月风暴"之前的几周,商界还算风平浪静,而风暴之后的几周里则出现了惨烈的大撤退。查尔斯·P.金德尔伯格(Charles P. Kindleberger)是一位抵制陈词滥调的经济学家和历史学家,他对留下来的证据重新进行了研究,并得出了谨慎的结论:"鉴于在1929年年底,企业突然破产,大宗货物价格和进口突然暴跌,很难得出结论说股市只是一个表面现象……"[2] 股市崩盘不是小事一桩。在股市崩盘的打击面前,经济是脆弱的，鉴于这种脆弱性，这种打击就是一件至关重要的事情。

股市崩盘之后，经济备受打击。上一个10年的货币历史宛若镜像一般精确地重演。联邦储备系统在崩盘之前没能有效地管控投机，此时可能也无法终止通货紧缩。但是，和从前一样，美联储的所作所为反而令情况恶化了。就像在1919—1921年那样，货币管理政策助长了繁荣，也加剧了崩塌。

在崩盘之后的几个月里，联邦储备银行确实降低了利率。纽约联邦储备银行的再贴现率（前面提到过，这就是它向成员银行发放贷款收取的利率）在崩盘前是6%，崩盘之后逐次降低0.5个百分点，在1931年降到了1.5%。毫无疑问，这个利率不算是高利贷利率了。然而，历次下调利率的时间间隔很长，对于当时飞快下跌的产出、就业率和物价而言，下调利率的反应过慢了。其他的联邦储备银行自恃自主性强，下调利率的脚步更慢。更重要的是，当时不仅不鼓励通过公开市场操作购买证券，反而避免这一做法。在这几年中，越来越多的储户孤身一人或是成群结队地前往银行要求提取现金。联邦储备系统明显应该购买政府证券，为银行充实资金。银行只要有意愿，就可以用这些资金发放贷款，或者至少可以保证金库有钱，这样就可以应对迟早要出现的挤兑长龙。但是直到1932年，联邦储备银行才进行了规模足够大的公开市场操作。

权威人士无不认为这是一个十分值得研究的错误。而美联储之所以反应如此迟钝，是源自一个读者们现在已经能理解的原因。我们已经了解到，在制定货币政策时，决策者们的主要依据并不是当下的情况，而是近期最为印象深刻的一次经历。在20世纪30年代，对于经济学家、金融专家、银行家和政客而言，近期最为记忆犹新的就是通胀的经历。就在15年前,在一战期间,物价翻了一番,造成了极为严重的影响。而就在10年前,德国和东欧的物价完全失控,纸币变得一文不值。在20世纪20年代和30年代,许多奥地利、德国和中欧的经济学家移民到了英美。这些人都经历过超级通胀。顺理成章地,在极度通货紧缩即将到来之际,这些著名人士却都在警告通货膨胀的危险。联邦储备银行正是人们公认的传统金融智者汇集之地,因此其内部人士尤其敏锐地感觉到了这种并不存在的危险。[3] 正是因为感觉到了这种危险,联邦储备系统才没能更为充分地缓解商业银行日渐窘迫的困境。[4]

对通胀的恐惧是金融思维僵化的重要原因,但是在这些年,还有另外两个因素也起了很大作用。其中一个就是经济政策净化观。这一观点认为繁荣毁灭性地扭曲了经济系统,但是这种观点往往不会具体说明是什么样的扭曲。按照这一观点,只有将这些扭曲全部消除之后,才能迎来复苏。通货紧缩和破产都是天然的纠正手段。约瑟夫·熊彼特曾在奥地利通货膨胀期间担任财政部部长,此时他已是美国经济界的重要人物。他说经济系统必须通过萧条来排出毒素。他回顾了商业周期的历史,并总结道,只有发生萧条,才能实现长久的复苏,任何试图加速复苏的政府干预措施都只会推迟治疗,并推迟复苏。作为伦敦正统学派最有名的专家,利奥尼尔·罗宾斯在他最著名的有关萧条的作品中给出了同样的建议:"没人期望破产。也没人喜欢清偿……(但是)当投资失误和过度负债超出某种程度时,采取拖延清偿的措施只会让情况更糟糕。"[5] 财长安德鲁·梅伦给出了更为直白的公式。他建议,为了促进复苏,美国需要"清偿劳动力、清偿股票、清偿农民、清偿房产"。[6]

此外，还有商业信心综合征这一说法。这一说法在当时有很强的威力，直到现在仍然余威犹存。按照这一说法，即使银行家和商人的观点是错的，并且对复苏有害，我们仍然应该尊重他们的观点。因为如果采取的行动有违这些观点，就会挫伤商业信心。一旦信心受损，就会导致投资下降，产出下降，就业率下降，萧条加剧。因此，只要是与商人和金融界人士的观点相抵触，即使正确的行动也是错误的。较为有名的银行家和商人都担心政府会采取济贫、创造就业等行动去扩大需求，因此按照商业信心综合征的观点，最好是不要采取行动。

赫伯特·胡佛对商业信心综合征深信不疑，以至于他最终试图使他的继任者也相信这一观点。1933年年初，他在给罗斯福的信中阐述了自己的信念，他写道："假如你能够尽早就你的两三项政府政策发表声明，就能够极大地重建信心，使经济重新走向复苏。"他提出了几项有利于重建信心的承诺，其中就包括应通过承诺预算平衡来暗示政府对济贫和创造就业的支出额度，并含蓄地表明"不会扰乱币值或者使货币贬值"。[7]

一旦发生通货紧缩和产出收缩，许多力量就会凝聚起来，维持这两种现象，并赋予其累加效应。正如上文所言，因资产受损而惊魂未定的个人会减少购买支出。这会影响供应方的定价、产出和雇用情况，并对需求产生进一步的影响。因受损而惊魂未定的投资者会停止投资，抓牢手中的现金。人们会把收入存起来，不再用于投资和消费，这也会产生进一步的影响。失业工人也会减少支出。因此，物价和产出都会下跌，这又会对物价、生产和就业产生更进一步的影响。无论是当时还是自那以后，从来没有人精确地定义过以上这几个通缩因素的权重,即使是粗略的定义也从来没有人做过。然而,这其中有两个因素对货币史及货币史的前景十分重要,值得特别关注。

首先是一种趋势。1930—1932年,随着萧条的不断加剧,那些能够稍微控制定价的企业都倾向于通过降价获得竞争优势,并通过降低工资以弥补较低的销售收入。一旦有一家企业这么做了,同行业的其他企业就会效仿其做法,很快就会形成螺旋式下降,与现代的螺旋式通胀正好相反。本来应该是物价拉动工资,工资拉动物价,但是现在却是物价逼着工资下降。每一次降价,就意味着新一轮的工资下调。

胡佛总统反对这种工资下调,但是他的反对并没有起到明显的效果。他认为下调工资会降低购买力,加剧通货紧缩。随着新政的出台,国家复兴管理局(National Recovery Administration)的主要目标就是要遏制这一螺旋式下降。其宗旨就是进行直接干预,之后再控制薪酬和物价,以此终止工资和物价的螺旋式下降。

当时的经济学家并不看好胡佛和国家复兴管理局。这样的干预是与市场自由运行和竞争机制相违背的。要防止工资下降,就要先遏制劳动力成本的正常下降。降低工资虽然会使公司盈利更多,从而雇用更多员工,但会打击整体购买力。当时的经济学家还认为需求不重要。最终,国家复兴管理局的正统观念占了上风,其做法大受欢迎。

从历史的长远角度来看,对胡佛总统和国家复兴管理局的评价似乎比当时的评价要好。毫无疑问,在现代工业经济中,物价和工资会互相影响,使现金收入和物价自动强烈地变动。自国家复兴管理局成立至今的40年间,政府通过经济政策不断地进行直接干预,以遏制这些变动。胡佛和国家复兴管理局的设计者们选择以直截了当的方式因势利导。和当时流行的理论相比，情势往往是更好的判断依据。

在这段时间，还有另一股值得注意的通缩力量，那就是银行倒闭。银行倒闭也是会产生叠加效应的。一旦传出某家银行陷入困境的谣言，人们就会像以前一样，前往银行提取现金。如果发生挤兑，即使是最稳健的银行也会出问题。如果一家银行外面大排长龙，附近的银行也会紧张不安。后来成为美联储理事会主席的马瑞纳·伊寇斯（Marriner Eccles）精准地写下了自己的亲身经历，他当时是犹他州一个著名银行集团的主席。当日，有谣言称，奥格登州立银行今天不会开门营业，而他所在集团旗下正好有一家银行在奥格登州立银行隔壁。他写道：

我告诉他们（员工）几个小时后将要面对什么。"如果你想让我们的银行继续开下去，"我说，"那你就要做好你分内的工作。大家要像什么都没发生一样，各司其职。储蓄部的小伙子们今天的任务会比较繁重。我们平时开 3 个储蓄柜台窗口，今天要 4 个窗口全开。要保证这些窗口时刻不离人，因为今天这家银行哪怕有任何一个窗口稍微停开了一会儿，都会造成更大的恐慌。午餐的时候我们会把三明治送到柜台，任何人都不能离开柜台出去吃午饭。我们没有办法中止今天的挤兑。我们所能做的至多也就是让挤兑慢下来。今天会有很多人来撤销储蓄账户。你们要把钱付给他们。但是一定要慢慢地付。这是我们解决这次恐慌的唯一办法。很多储户你们都能认出来，所以你们往常都不会检查他们的签名。但是今天他们如果拿着存折要撤销账户，你们就要把每张签名卡都检查一遍。要慢慢地检查。还有,在付钱的时候,不要用大额纸币,给他们一堆面值5美元和10美元的纸币,然后慢慢地点钞。我们今天的目标就是尽可能少付钱。"

打开银行大门的瞬间,人群蜂拥而入,银行里很快就挤满了人。尽管如此,柜员们还是有条不紊地坚守岗位。

……银行里密密麻麻全是人,而且个个焦虑不安。有的人为了取钱,排了好几个小时的队。如果我们在3点钟关门,说不好会发生什么。但是,就像很多情况下那样,由于别无选择,我们只好走了最大胆的一步。我们决定,为今天破一次例,只要还有人要取钱,银行就不关门。

同时,我们电话联系了盐湖城的联邦储备银行,请其将现金运送到我们位于奥格登的各家银行,以及第一证券公司的其他银行。运钞车装着现金来到奥格登,停在我们银行门口,这情景就好像邦联的骑兵队从天而降,把所有人解救出来。运钞员穿过拥挤的人群,大步走进银行,所有人都为他们让路……

……我站上柜台,举起一只手,对人群喊道:

"等一下!"

人们立刻鸦雀无声。

"等一下!"我又说了一遍。"我想宣布一件事情。看情况,我们现在办业务的速度似乎难以达到各位平时习惯的速度。许多人都排了很长时间的队。我注意到很多人推推搡搡、烦躁不安。我只想告诉大家,今天我们不会在3点钟准时关门。我们决定一直开门营业,直到没人要取钱或存钱为止。因此,如果你刚到我们银行,可以今天下午晚些时候再来,或者晚上再来。有些储户完全没有必要情绪激动,也没有必要惊慌失措。大家都看见了,我们刚刚从盐湖城调来了大量现金，足够满足大家的所有需求。盐湖城那儿还有很多钱。"（最后这句话是千真万确的，但是我可没说我们能够拿到更多钱。）[8]

伊寇斯银行表现出色，有惊无险，伊寇斯本人也躲过了一劫。

1929年，共有659家银行倒闭。这在股市崩溃后算是一个比较一般的数目。1930年，有1 352家银行倒闭，到1931年，倒闭的银行数目达到了2 294家。倒闭最多的仍然是大妥协时期的小型非成员银行。只是现在因谣言四起，人们排起长龙挤兑，没有哪家银行是安全的。联邦储备系统的成员银行也一样会倒闭。现在，即使是规模最大的纽约各家银行也明显不再安全了。1931年，纽约联邦储备银行的行长哈里森发现，他正在重新审视自己之前毫无同情心的看法，即"小型银行倒闭……是可以隔离的"。[9]他之所以说出这样的话，是有感于1930年12月美国银行的倒闭事件。美国银行存款总计2亿美元，是美国历史上倒闭的最大的一家银行。这家银行为美国服装行业提供了大量的贷款。由于其特殊的名字，加上之前流传的谣言，许多境外人士相信美国政府的信用也受到了牵连。纽约联邦储备银行曾经尝试向纽约各家大型银行提议，希望多家银行联手拯救美国银行。但是这些银行都认为最好还是任由美国银行倒闭。有的人还提出质疑，称美国银行也许是不值得拯救的。更重要的是，美国银行在纽约银行圈子当中是有名的"犹太异类"。因此，按照当时普遍的态度来看，美国银行倒闭不会导致实质性的损失。

一家银行倒闭之后，储户就损失了存款，没有钱用于消费，因此这些储户的支出就大幅降低了。银行倒闭还意味着想要借钱的人借不到贷款,也不能够再用这些贷款去创造储蓄。因此这部分人的投资也就下降了,未来的支出也减少了。随着清算的开展,倒闭的银行在其他银行开立的账户也收到了催缴通知。因此这些银行的贷款总额也会下降,并且开始召回贷款,投资和支出进一步下降。其他银行从上到下都变得极为谨慎,也会召回或是拒绝贷款,这样的举动也会产生相似的效应。"在银行倒闭潮中,幸存下来的只有那些快速且专业地将自身转型为保险柜储蓄机构的银行。"[10]因此,银行倒闭的后果和害怕银行倒闭的后果是一样的。二者都会产生不可抗拒的力量,催生通货紧缩,拉低消费者支出、投资支出,导致销售额、产出、就业和物价全面跳水。在这些年间,货币系统就是一个引擎,不断造成以上后果。但是在这个过程中,货币系统并非总是因,经济也并非总是果。银行倒闭会使经济受挫,物价、产出、收入和就业下滑也会催生不良贷款,引发恐慌,从而使银行倒闭。经济生活一如既往地是一个矩阵,其中既有因变成果,也有果变成因。

1932年,联邦储备系统终于克服了对通胀的恐惧,开始进行公开市场操作。美联储购买了政府债券,因此银行就获得了大量的现金。但是此时已经太迟了。银行家们都被吓坏了,他们紧紧地攥着到手的钞票,将其作为双保险资金,时刻提防着储户挤兑。也是出于这样的恐惧,不久之后,银行的储备资金都远高于美联储要求的下限,之后很多年都是如此。

美联储改变心意,并不代表其已经准备好扮演最终借款人的传统角色。如果一家银行运营良好,手头有很多现金,这家银行也许就能用贷款在联邦储备银行再贴现。但是如果这家银行极其需要钱，就意味着它陷入了困境，联邦储备银行就会漠不关心地审查其资产。沃尔特·巴杰特（Walter Bagehot）曾经就央行的功能发表过著名言论，他说道，在面对严峻危机时，央行应当放松贷款条件、调高贷款利率。但是在这段时间里，美联储不顾这一经典的建议，反其道而行之，缩紧了贷款，同时调低了贷款利率。

1933年年底，美国几乎有一半的银行消失了。早在1932年，各家银行的员工们就已经在担心自己是否会失业。在这种情况下，最终借款人的概念不再是一个仅限于美联储审慎选择的学术小问题，而是每个银行家都迫切渴望的机构。美联储仍然缺位这一职责，因此不得不专门设立一个"最终借款人"。1932年，作为最终借款人的重建金融公司成立了。

重建金融公司虽然迎合了迫切的需求，但是起步仍然十分缓慢。此时，许多银行已经没有多少资产可用作抵押，它们既需要贷款，也需要资本。同时也有人担心通胀，或者至少是担心该公司采取过于激进的行动。奥格登·L.米尔斯（Ogden L. Mills）当时是美国财长，被尊为金融智者。1932年3月，他通过广播发表讲话，说道："我们的私人信贷结构与美国政府的信用密不可分。我们的货币主要是依靠美国的信用而存在。如果（以不合时宜的过激做法）损害了这一信用，你手上每一张钞票的价值都会备受质疑。"[11]但是财长似乎忽视了一个事实，那就是手上还有钞票的美国人越来越少了。

重建金融公司的第一任负责人是前副总统查尔斯·G.道斯（Charles G. Dawes），他并不是一个十分理想的人选。他是一个极为典型的美国政治家，自由且俗套。这类人极为自信，想法从不令人意外。约翰·W.戴维斯（John W. Davis）和约翰·J.麦克洛伊

（John J. McCloy）就是其中著名的代表。他们都是由总统点名任命的，所担任的职位都不需要什么智慧或行动力。虽然在其他方面无甚作为，道斯却成功地放手演绎了一把最终借款人的角色。1932年6月，道斯突然辞职，宣布自己要回到芝加哥中央共和银行去料理一些离职期间的未尽事宜，这些事情非他不可。几天后，这家银行就从重建金融公司拿到了一笔9 000万美元的贷款。在此之前，这家银行的情况极其糟糕，存款仅为9 500万美元。支持这些存款的资产肯定更是少得微不足道。[12]

虽然有了重建金融公司，但人们还是继续挤兑。1932年年底和1933年年初这段时间，已经不只是单个小型银行出现挤兑了，挤兑已经蔓延到了整个社区，甚至是整个州。主要的金融中心和大型银行也发生了挤兑。此时，当权者眼看挤兑蔓延全国，决定采取补救措施，赶在储户清空银行之前，关闭整个社区的所有银行。截至1932年10月底，内华达州所有的银行都歇业了。1933年2月初，有谣言称海伯利亚银行和新奥尔良信托银行经营不善。行长休伊·P. 朗（Huey P. Long）急于给银行争取向重建金融公司申请贷款的时间，决定找一个令人信服的借口。他考虑宣布为纪念伟大的海盗让·拉菲（Jean Laffite）而放假。经过他人的劝说，他打消了这个念头，经过深思熟虑之后，改为为纪念与德国断交16周年而放假。两周之后，风暴刮到了密歇根州。密歇根州的银行业主要由两家公司把控，其中一家叫作联邦监理信托公司。这家公司深陷危机，请求重建金融公司给予援助。詹姆士·库真斯（James Couzens）是成就亨利·福特（Henry Ford）的关键人物，其作用比福特本人还大。作为一名自由共和党人，他认为用纳税人的钱去拯救一家管理不善的银行是毫无道理的，无论是拯救自己家乡的银行还是其他州的银行都不行。亨利·福特也是这样认为的。福特是最大的个人储户，有人要求他将这笔存款作为救援贷款发放，认为这是福特的社会责任，而福特丝毫不觉得自己有这样的责任。因此，密歇根州的所有银行都不得不关门了。其他州的人们听到了这一消息，于是开始排队取钱。各家银行只好继续放假。3 周后，罗斯福宣誓就职，此时只有东北部的银行还在营业。1933 年 3 月 6 日，政府根据《一战对敌贸易法》颁布了一条全国放假的行政命令。在此之前的几周里，人们都在未雨绸缪地取出现金。2 月，货币流通量从 57 亿美元上升到了 67 亿美元。[13] 然而，这部分钱和银行现有的存款相比并不算多，现在银行里有 300 亿美元存款，由于商业银行放假，取不出来。[14]

1923 年，德国货币由于数量过多，变得一文不值。而 10 年之后，美国却几乎没有流通货币。很明显，关于货币管理，人们还有很多需要学习。

1933 年年初，阿道夫·希特勒在德国上台执政。他之所以能上台，大部分归功于大规模失业，工人们的工资大幅下降，物价和地产价值也大幅下降。这都是布吕宁疯狂地保护马克造成的。3 月，美国罗斯福总统上台执政。他的前任仅担任了一届总统就下台了，这一不寻常的卸任也是因为他、他的顾问，以及央行害怕通胀而迟迟没有行动。也许有人认为金钱不重要，但是金钱带来的恐惧却是十分重要的，这一点毋庸置疑。

银行关门后没多久，没有货币的后果就显现出来了，现代经济没有货币是无法运行的。有工作、有资产的人拿到了抵充的物品，对方承诺以后会支付现金。而那些没有工作也没有钱的人则得不到类似的帮助。在银行关闭之前，这些人也没有钱，已经是很无助了。在这段时间里,经济运行速度非常缓慢。而早在银行开始放假之前,经济运行速度就已经很慢了。在美国终止货币供应的这段时间里,美国人遭受的损失和痛苦极为深重,甚至超过了德国人在通胀期间的痛苦。但是,两个国家的人民对各自的经历同样难以忘怀。[15]

罗斯福执政之后,金本位制被暂停了。银行不再将纸币和存款兑换成金币。这是一个选择,而不是形势所迫。在罗斯福宣誓就职之前的几个月内,已经有大量的外国和本国储户取出黄金,但是美国的黄金储备总量仍然较高。在一战期间,法国人和英国人曾经被要求交出黄金。现在,更为严厉的美国政府也要求公民和企业交出黄金。大部分人都照做了。一位著名的哈佛金融学教授称,政府无权扣押他的黄金,之后他就被辞退了,只是终身教职仍然保留。但是,也有谣言称这位教授也卷入了一些暧昧不清的电气投资项目。在下一章,我们还会进一步提到黄金的相关情况。

1933—1935年,联邦储备系统进行了大刀阔斧的改革。权力之争得到了彻底的解决。美联储理事会取消了财长和货币审计官这两个职位,之前提到的7位理事任期14年,不能连任,对地区银行及其人员有充分的权威。自此之后,地区银行行长的名字就只有他们的夫人和邻居知道了,大众最多只知道几个地区银行行长的名字。"自从1933年之后,最强劲的一股潮流就是地区联邦储备银行的权力削弱了。"[16]理事会有了一些新的权力,其中就包括调整商业银行在地区储备银行存放的规定准备金额度,限定从事证券投机的银行可获得的利润。

此时,美国终于有了一个各方面功能完备的央行。当然,这是民主党人的成就。民主党一直以来对中央集权是最为怀疑的，因此由民主党下令成立央行，不会有人怀疑其中有鬼。有人曾说过，任何一个组织在完善成形之后，就会开始走下坡路。1933年之后，美联储就是这方面的一个例证。在接下来的25年间，美联储一直不是经济政策的主流。

在1933年通过的银行业法规中，有一条规定遭到了保守主义者和新政府的反对。这是亚拉巴马州众议员亨利·B.史迪格尔（Henry B. Steagall）撰写的，此人在货币方面的观点一直与常人不同，甚至是有些怪异。和他观点一致的还有密歇根州的参议员阿瑟·范登伯格（Arthur Vandenberg）。这条规定涉及银行存款的保险事宜。按照这条规定，财政部和联邦储备银行要共同出资，成立一家特别的公司——联邦存款保险公司。无论是州立银行还是国家银行，无论是美联储的成员还是非成员，所有银行都可以选择加入这家公司，这家公司会为加盟银行的储户提供存款保险。所有人都很清楚这一提案的危险性，这意味着最好的银行必须为最不顾后果的银行负责，而最糟糕的银行心知他人会为自己付钱，就会理直气壮地为所欲为，即使是该法规规定的监管机构也无法限制其行为。美国银行家协会牵头抵制这一计划，声称要"反抗到底"，认为"这是一个不稳妥、不科学、不公平的危险计划"，[17]并且对此十分不满。他们还认为，这一计划甚至会导致美国银行业回到之前混乱经营的疯狂岁月。

纵观美国的货币史，从来没有哪一个法规引起了如此的变革。自那以后到本书成书时，并没有哪家银行制定了外部规则，并且将这种外部规则延伸到本市其他银行。历史上从来就没有形成过这样的外部规则，也没有什么理由非要这样做。现在，存款都获得了政府的保险，无论一家银行的经营状况如何，储户都能够拿回自己的储蓄。为此而成立的联邦存款保险公司必须为胡作非为埋单，因此就有了不容置疑的理由去进行监管和干预，以防止胡作非为。进一步说，联邦存款保险公司承担了美联储缺位的职责，成为绝对可靠的最终借款人。无论需要多少钱，联邦存款保险公司都会挺身而出，毫不犹豫地支付保险。1933年，共有4 004家银行倒闭，或者在假日结束后不能重新开业。1934年，银行倒闭数下降到62家，其中只有9家上了保险。1945年，全美国只倒闭了1家银行。[18] 毫无约束的银行业专制就这样画上了句号，终结者不是美联储，而是更为低调、名头更小、备受排斥的联邦存款保险公司。

第十五章

来自不可能的威胁

在富兰克林·罗斯福的首次就职演说中，有一句话被广泛引用。其中，罗斯福提到了经济事件中恐惧发挥着极大的作用。他说道，由于害怕失去工作、农场、住所、银行存款或是企业，人们做出了许多不合理的举动，使事态愈演愈烈。甚至是在1933年3月4日就职当天，他也面对着因恐惧通胀而产生的经久不息的效应，这一恐惧效应严重地影响着公众的行为，也是罗斯福接下来几个月要解决的头号危机。这一恐惧否决了任何可能增加货币供应量的行为，任何可能增加支出、拉高赤字的行为，任何似乎威胁要做以上事情的行为，由此打击了商业信心，催生了信心综合征。这种恐惧目前看来是占上风的，有能力否决所有旨在促进复苏的社会行为。而当时，除了口头说说，只要采取行动，就会在某种程度上增加公共支出。

罗斯福当选实际上加剧了这种对通胀的恐惧。随着萧条继续恶化，一些国会议员又开始倡导以前就存在的观点。内华达州的凯伊·皮特曼（Key Pittman）参议员当时是参议院外事委员会主席，他一直坚定地倡导使用银币。俄克拉何马州的参议员埃尔默·托马斯（Elmer Thomas）曾经是布莱恩麾下的士兵，他主张采取一切形式，进行货币扩张。"我们必须增加货币流通量。任何种类的货币都行，银币、铜币、黄铜币、金币或是纸币都行。"[1]他们在两院获得了越来越多的支持，这也是最后一次出现这样的现象。随着事态恶化，通胀派甚至争取到了知名人士作为盟友。前国家城市银行行长弗兰克·A.范德利普（Frank A. Vanderlip）执掌下的国家委员会与雷明顿·兰德公司的詹姆斯·兰德（James Rand）为银行业和商界提供了一个立足点，但是许多人怀疑他们是对民主和美元心怀不轨。密歇根州的电台牧师查尔斯·E.科林（Charles E. Coughlin）也常常在教会发表言论支持通胀。一些经济学家现在也开始倡导商品美元的概念，指的是该货币的价值不在于黄金含量，而在于其保持固定的购买力。这些经济学家认为，只要能保持这种固定不变的购买力，就是真正稳定了货币。当时货币购买力无论怎么计算都属于过高，要实现货币稳定，就必须抬高物价。因此，有的人一方面支持稳定美元，另一方面倡导提高物价。

然而，大多数经济学家和著名银行家、著名商人都是在恐惧中成长起来的，他们仍然心怀恐惧。1933年，40位最为著名的经济学家在普林斯顿大学埃德温·W.柯美尔（Edwin W. Kemmerer）教授的领导下加入了货币政策经济学家国家委员会，旨在对抗一切针对货币的不当行为。（柯美尔教授早年曾经多次率领货币政策代表团前往墨西哥、危地马拉、哥伦比亚、智利、厄瓜多尔等遥远的领地，每到一处都督促他的客户，也就是当地政府建立类似金本位制的制度。这些制度每一次都维持不了多久，当地政府之后总是毫无例外地抛弃了这些制度。由于和黄金有着这样密切的关系，柯美尔教授收获了极高的声誉，也获得了很多财富。但是，也正是因此，他卷入了利益冲突之中，难以洗脱嫌疑。）随着罗斯福上台，这种恐惧进一步加剧了，人们也觉得需要更加警惕。罗斯福竞选期间的所有言论都让人感到放心，但是谁知道他说的是不是真心话呢？很明显，有许多国会议员希望他说的不是真心话。

早在组建之初，新一届政府成员对外、对内都以是否支持通胀划分派别。没有哪个要员愿意称自己为通胀主义者。美国政客也许会在心里渴望摆脱无趣的婚姻限制，但是绝对不愿意被称为通奸者。通胀也是一样。政客们最多只会支持前文提到的货币稳定，主张美元价值不应上涨或下降，其中最著名的一位就是农业部部长亨利·华莱士（Henry Wallace）。另一些人则公开反对通货膨胀，主要人员有罗斯福的预算主任刘易斯·W. 道格拉斯（Lewis W. Douglas）、刚到华盛顿担任财政部顾问的詹姆斯·沃伯格（James Warburg，保罗·M. 沃伯格之子）[2]，后来很出名的财政部官员迪恩·阿彻森（Dean Acheson），以及伯纳德·巴鲁克。巴鲁克当时说："有的人说要逐步实现通胀，他们还不如说要逐步开枪呢……当前的氛围充满了摧毁货币价值的威胁，不能再投入更多货币。"[3]

3月4日之后的几周内，占据主导地位的是毫不讳言地支持稳健货币的人。罗斯福在宣誓就职后的第一周，就要求众议院按照道格拉斯的设计，通过了一个法案，大范围下调各级官员、公务员、议员的薪酬，并降低养老金。有几个自由派民主党人表示反对，但是寡不敌众。参议员托马斯更是提出了农业调整法修订案，提出多项要求，其中包括允许自由铸造银币；要求外国政府履行支付义务，接收最高价值2亿美元的白银；在有一定限制的情况下，发放最高不超过30亿美元的纸币；颁布行政命令，将美元的黄金和白银含量下调至一半以内。这些想法的背后，隐藏着由来已久的热情。罗斯福政府对于否决托马斯的修正案没有十足的把握，于是将法案改成了允许执行，而非强制执行，然后通过了该法案。罗斯福政府虽然就此规避了威胁，但是同时也失去了在货币政策上的无限制权威。这让外界对罗斯福的观点产生了更多疑虑。罗斯福体现出了高度的谨慎，如果他此时屈服于通胀主义者，就会满盘皆输。

1933年夏季和秋季，美国风云突变，支持稳健货币的人失去了权势。争夺罗斯福的战役中出现了转折点，这一转折点比经济史上的大多数转折点都更为明显且具有戏剧性，这就是伦敦经济金融会议。

经济金融会议于1933年6月在伦敦召开，与1945年的波茨坦会议一样，都是迄今为止20世纪甚为怪异的国际集会。这场会议是胡佛政府遗留下来的，寄希望于通过国际讨论缓和当时世界范围内的经济问题，尤其是货币波动、"以邻为壑"的关税、倾销过剩商品，最重要的是解决萧条本身所带来的困境。共有66国代表出席了会议，从表面看来，因为参与国众多，所以即使是糟糕的建议也不会被忽视。但实际上，会议的目的更为狭隘，就是几个当时仍然使用金本位制的国家希望通过此次会议，说服那些放弃金本位制以稳定币值的国家重新采取金本位制。这些使用金本位制的国家，法国、意大利、瑞士自然不消说，比利时、荷兰、波兰出乎意料地也在其列，在筹备会议期间，共和党领导下的美国也在使用金本位制。放弃金本位制以稳定币值的做法一点儿也不神秘，一旦本国货币对金本位制国货币的汇率下降到某一水平，制定货币政策的懦夫们只要能保证黄金兑换立等可取就可以了，这样非金本位制国的货币就不会继续贬值了。如果不说服这些国家，非金本位制国家的货币就会贬值,从而在对金本位制国出售商品时获得不公平的优势。金本位制国家的黄金则会被兑换成币值更小的货币,从而流失黄金,因此迟早会放弃金本位制。许多金本位制国家之前经受过通货膨胀的煎熬,所受的痛苦甚至比美国更甚,这些国家才刚刚艰难地将币值稳定下来,最不愿意看到的就是上述前景。法国稳定币值的过程尤为艰难,因此也顺理成章地成为金本位制集团的领袖。

在筹备会议的过程中,美国似乎是法国毋庸置疑的盟友,甚至是师长。美国当时坚守金本位制,坐拥大量黄金储备,胡佛总统更是视金本位制为信仰。但是等到与会者来到肯辛顿地理博物馆开会时,美国已经放弃了金本位制。因此,美国的立场变得模糊不清。美国还坚守着对金本位制的信仰吗?美国现在是否希望美元贬值,从而利用这一优势向海外市场出口美国产品,尤其是农产品,从而提升美国的物价?在会议前几周,罗斯福维持着最初的传统做法,给众多来访的政治家留下了他支持稳定美元币值的印象,使人感觉他支持恢复黄金兑换,希望终止美元汇率的不断下跌。然而,在美国代表团启程前往英国之际,这一基本问题并没有得到解决,甚至没有得到充分考虑。这是一个重大的疏忽,但是在当时而言,这样的疏忽是司空见惯的。

美国代表团团长是科德尔·赫尔(Cordell Hull),代表团副主席是曾在1920年总统竞选中与罗斯福搭档的总统候选人詹姆斯·M.考克斯(James M. Cox)。代表团中既有支持稳定币值的代表,也有反对的代表,还有一些对此无看法的代表可以平衡双方人数。得克萨斯州的拉尔夫·W.莫里森(Ralph W. Morrison)就是其中一位,他是在最后时刻才被纳入代表团的,这是对他给予民主党金融支持的奖励。还有一位没有看法的代表是参议员凯伊·皮特曼，他唯一的兴趣就是重新使用银币，还有躲开无趣的全美禁酒令。即使是喝得醉醺醺，他也可以准确地把一大口因抽雪茄而产生的浓痰吐到远处的痰盂里，只要一提到银币的话题，他即便喝得酩酊大醉也能够立刻清醒片刻，这两个本领都让同事们大为震惊。在正式招待会上，他极为不正式地问候了乔治五世和玛丽王后，说道："国王，很高兴见到您。还有您，王后。"代表团住在克拉里奇酒店。一天晚上，一位酒店服务员请詹姆斯·沃伯格跟随他去一趟楼层备餐间。进门一看，皮特曼赤裸着坐在水槽里，以为自己是喷泉里的雕塑。服务员几次试图说服他出来都没有成功。[4]

在众多代表团中，美国代表团最鱼龙混杂，也最没有头绪。随着会议的进行，由于种种事件，美国代表团内部开始互相鄙视。然而，以拉姆齐·麦克唐纳为团长的英国代表团立场也极为不清晰，他们不知道是出于正义维护金本位制好，还是应该禁止英镑兑换，锁定英镑与其他货币的汇率，以此保护英国的出口。有的人说英国代表团也很没有头绪，但是比美国代表团还是要好一点，而这也只不过因为他们是英国人罢了。在会议召开的前几个月里，美国政府坚决要求英国、法国和其他几个出力较少的盟国向美国偿还战争债务。由于无法先从德国收取欠款，这些盟国也严词拒绝了美国。人们担心一旦提起这个话题，会议就无法顺利开展了。因此，各国达成了共识，决定不在伦敦讨论这个问题。施莱辛格不无戏谑地说，拉姆齐·麦克唐纳"在为商业议程致开幕词时，突然不守信用地呼吁削减战争债务"。[5]麦克唐纳的同事们事后解释说，他这是因为身心抱恙，所以出了些差错。

开会时，法国突然开始督促与会各国先达成一个稳定汇率的初步协议，法国代表希望能够先签订一个初步协议作为过渡措施，之后再逐步达成更为长久的协定。因此，稳定金价就成了首要问题。如果这一问题得不到解决，其他的问题都无从谈起。美国的立场当然是十分关键的。在华盛顿，罗斯福总统手下支持稳健货币的人，包括阿彻森、路易斯·道格拉斯、巴鲁克和财长伍丁，都支持稳定汇率，代表团的詹姆斯·沃伯格也持同样立场。有人认为罗斯福对稳定汇率有所疑虑，但是他当时正在新英格兰海岸游船，因此他的想法没人能够确定。为了解情况，罗斯福的高级顾问、时任副国务卿雷蒙德·莫利（Raymond Moley）前往罗斯福的船上与其会面。也有人认为他只是想要去游船，顺便完成一次历史性的会面。莫利此行并没有弄清楚罗斯福的看法，因此给在伦敦的美国代表团带去了更多的不确定性。

在伦敦的代表们都急切地等待着莫利返回。科德尔·赫尔情绪欠佳，因为各国代表都认为他的团长职务会被撤销。莫利抵达后，马不停蹄地参加了一轮会议，之后得出结论，认为法国是对的，签署一个临时性的稳定汇率协议是有利于美国的。当时，英镑汇率刚刚有所上涨，1 英镑大约可兑换 4.4 美元。莫利认为总统应当能够接受这一汇率，因此他呼吁将美元兑英镑的汇率稳定在这一水平。

总统身边支持稳健货币的顾问们错在不该让总统独立思考，据说他们还任由总统读了一本关于新稳定主义或商品美元[①]的书。无论如何，7 月 1 日，代表们在威斯康顿·阿斯托（Viscount Astor）位于泰晤士河谷的克里夫顿庄园参加招待会，这个庄园在 20 世纪 30 年代常有当权要人来往。就在当日，有消息称罗斯福是反对稳

---

① 商品美元（commodity dollar），又称补偿美元（compensated dollar），是指根据市场商品价格变化，定期调整美元的黄金含量，由此维持美元的稳定购买力。——译者注

定币值的。换言之，罗斯福不会在美元兑英镑和法郎的汇率下降时允许兑换黄金，不会通过这样的做法避免汇率进一步下跌。一天之后，罗斯福给会议传话，阐述了他的立场，措辞之清晰令许多人感到震惊。

此次会议是极为盛大的国际会议，召开的目的是要为世界各国人民创造更为真切、更为持久的金融稳定，使各国更为繁荣。如果会议在尚未认真考虑这些更宏观的问题时，就任由议程偏转到一个完全人为、只会影响几个国家货币兑换的短期试验上，那么我认为这就是一场灾难，甚至是世界各国的悲剧……

……所谓的国际银行家曾经备受推崇，现在又有人在努力为本国货币做筹划，目的是使本国货币的购买力维持不变。就现代文明产生的商品和需求而言，以上二者并没有多大差别。

我诚实地说，美国希望美元在21世纪仍能保持同样的购买力和偿债力，拥有我们在不久的将来所希望实现的币值。这一目标并不只是保证美元在一两个月里与英镑或法郎的汇率保持不变，而是会造福更多的国家。[6]

罗斯福的立场就这样改变了。他就这样宣告了自己的立场。这一宣言的直接后果是对会议产生了影响，这一后果是最广为人知的，但是从许多方面而言，这种影响是最无关紧要的。会议的主要目标本来是要达成一个稳定币值的协议，但是这一目标已不复存在了。会议仍然继续召开，但这只不过是为了挽回颜面而已。（罗斯福改变立场也标志着雷蒙德·莫利政治生涯的结束，这又是一个说明货币会无情地毁掉公众人物的例子。）稳健货币派的许多人对罗斯福的立场强力反对,即使是已故的乔·麦卡锡(Joe McCarthy)也会觉得他们言辞过激。曼彻斯特《卫报》秉持一贯言论,称罗斯福的信是"一篇无政府主义宣言"。[7]《纽约时报》较为克制,出言格外谨慎,称罗斯福的信"具有加剧困惑的性质"。[8] 拉姆齐·麦克唐纳心急如焚,方寸大乱,好在乔治五世也愤怒地表示罗斯福的所作所为令他痛心,这让麦克唐纳稍感宽慰。和这些人的反应比起来,这封信对罗斯福政府的影响更为重大。在接下来的几个月里,稳健货币的几个主要支持者都辞职离开了政府,其中包括道格拉斯、阿彻森和沃伯格。

但是,也有一些知名人士对罗斯福的立场表示赞同。巴鲁克恪守自己的人生信条,此时义无反顾地站到了将要胜出的一边。早在讨论稳定之前,巴鲁克就已经告诉罗斯福,每个国家都应当"像您一样,以有力的手腕"[9]整顿内部事务。还有另外一个人和巴鲁克一样头脑灵活,或许也是因为他不惧重蹈覆辙。此人就是温斯顿·丘吉尔。丘吉尔现在已经离开政坛了,就像退潮时停泊在港口的船一样被人忘却了。他说,将政策与"任何一种商品(如黄金)的稀缺或过剩"捆绑在一起都是错误的做法,更何况这样做只是出于对法国的爱护,这真是"非人类所能理解"。[10] 在德国,康斯坦丁·冯·纽赖特(Konstantin von Neurath)说罗斯福真是"无所畏惧"。雅尔玛·沙赫特则在某种程度上算是个更好的帮手,他向国家社会主义德国工人党的《人民观察家报》表示,罗斯福已经采纳了希特勒和墨索里尼的哲学。[11] 名气更大的观察家沃尔特·李普曼(Walter Lippman)也同意罗斯福的观点。耶鲁大学政治经济学教授欧文·费雪(Irving Fisher)为《纽约时报》特别撰文,为罗斯福总统的行动激赏不已。"哪怕批评罗斯福总统的人们对货币稳定一知半解，总统上周一的言辞就不会激起千层浪了。"[12] 他接着说，总统当然不是反对货币稳定的。但是，总统是一个理智的人，他希望稳定美元的购买力，而不是稳定汇率。换言之，罗斯福只是接受了新稳定主义的看法，认为当下立刻稳定币值会抬高物价。

还有一位更为重要的人物对罗斯福的立场表示了更为坚定的支持，在经济方面，此人也许是这个10年，甚至是这个时代最为重要的人物，他就是约翰·梅纳德·凯恩斯。凯恩斯在《每日邮报》上撰文，热烈地支持罗斯福表明立场。其后许多年间，这篇文章的标题曾多次被人引用——《罗斯福总统完全正确》。[13] 不仅是正确，而且是完全正确。

现在，大多数经济学家都同意，在20世纪货币思想和政策史上，凯恩斯的贡献排第一位，欧文·费雪居第二位。当然有的经济学家也许认为费雪应当排第一，但是无论如何，所有人都认为，贡献最大的头两把交椅非这两位莫属。这两人对罗斯福的赞同在社会上形成了强烈反响，许多人因此改变了态度。《纽约时报》认为"毋庸赘言"，费雪和凯恩斯的想法"一直都走在大众前面，他们二位都曾经为经济金融判断的广泛共识所不容"。[14]

这一次，经济金融判断的广泛共识是：高物价和随之而来的生产扩张是很容易成为现实的，费雪同意这一看法，凯恩斯也比较同意，但没有费雪坚定。现在的总统是罗斯福，他们不知道对于罗斯福而言，实现目标的难度有多大，也不知道完全正确，甚至仅仅正确究竟有多难。人人都在拭目以待。

在第三章中，我们曾提到1848年时约翰·斯图尔特·穆勒解释了物价和货币价值是由什么因素决定的。在之后的货币史上，这一解释一直屡试不爽。物价取决于货币供应量与商品和服务销售量之间的关系。货币越多，物价越高（假设商品供应量不变，由此决定的贸易总量也不变）。如果货币供应量无限大，情况就会像 1923 年的德国那样，物价也会变得无限高。

1933 年，人们已经意识到，货币不仅包括流通中的现金，还包括银行存款。商业繁荣时，银行借贷就会很活跃，银行存款随之增多。因此，就程度而言，货币供应取决于商业状况。此外，人们一直以来都知道，物价上涨会刺激商业发展。因此，货币供应量增加不仅会引起物价上涨，还会使商品供应量增加，有更多商品可供买卖。这反过来又会抑制物价上涨。最后，除了考虑货币供应量，我们还应当注意花费货币的速度。有的人收到货币之后立刻花掉，有的人收到货币之后会塞到床垫下面囤起来，这两种不同的花费速度会产生不一样的效果。

虽然有以上众多的细化因素，但是在经济学家和大多数人凭直觉看来，这个问题中最活跃的因素仍然是货币供应量。货币供应量是因，物价是果。货币供应量似乎也是一个抓手。货币供应量是可以增加的，增加之后，物价就会上涨，商业活动就会扩张。

在 20 世纪初，以上提到的细化因素也被加入穆勒的公式当中，这主要是由欧文·费雪加入的。欧文·费雪身材修长，长相英俊，眼神锐利而轻松，胡须修剪得体。也许除了托斯丹·凡勃伦（Thorstein Veblen，他的博士学位也是在耶鲁获得的），费雪是美国经济学家中最多才多艺，也是最为有趣的一位。费雪不仅在耶鲁大学教经济学，还是一位数学家、数理经济学创始人，他发明了指数分析法，热衷于优生学、营养学、证券投机和禁酒令。他认为禁酒令对于提高劳动生产力十分重要。年轻时，费雪发明了一种卡片索引文件夹，首先是自己生产了一批，然后卖给了雷明顿·兰德公司（Remington Rand），收益颇丰。后来他又涉足股市，大赚一笔，并且丝毫不觉得有何不正当。1929年股市崩盘之后，费雪损失惨重，据他儿子说，损失在800万~1 000万美元之间，即使是对于经济学家而言，这也不是一笔小数目。[15] 1944年，费雪给凯恩斯写了一封信，盛赞刚刚签署的《布雷顿森林协议》，向来宁可说真话也不愿随意夸人的凯恩斯回信写道："读罢您的信，我感到愉快至极。您是最早教导我理解这些问题的老师之一。"[16]

按照费雪的公式，物价取决于现金或者说流通货币量、现金流通速度、银行存款量、银行存款流通速度，以上全部根据贸易总量进行调整。由此，所有的细化因素都纳入了单一规则下的框架内。用数学公式表达，就是后来的费雪交易方程式。[17]这一方程式仍然是教科书的主要内容之一，并且也是货币数量论的公式。

费雪的公式蕴含着一个很少提到的、可怕的可能性，那就是货币供应量是可以被提升的。现在我们已经了解到，货币供应中最大的一部分是银行里的存款。个人和公司的借贷行为会产生存款。如果商业十分不景气，盈利前景就十分暗淡，商人情绪低落，就不会借钱。这样就不会创造存款，也不会产生货币。联邦储备银行或是客户会从商业银行购买证券，从而给银行提供现金，充当储备金。这些现金就会被闲置在银行里。没有借贷就不会创造存款，也不会影响物价，更不会进一步通过物价影响生产。而情况发展到了今日，这已经不是一个假想的可能性，而是极为真切、极为惨痛的事实。

欧文·费雪过去从没有疑惑。在提出交易方程式之后，费雪又一如既往地将方程式应用到实际操作中。他认为，调整货币供应时，应当注意维持物价稳定。费雪的另一重大贡献是提出了物价指数。在需要的情况下，物价指数可以指导并且控制黄金含量的下调，或是之后的上调。恬静且与世无争的生活对费雪完全没有吸引力，他没有一丁点儿贝尔蒙综合征，而是一直在推广他所谓的"补偿货币"计划，并且争取到了一批人的支持，希望推行这一计划。1933年，稳定汇率已经不再是高过一切的首要考虑了，这为欧文·费雪的计划扫清了拦路的障碍。

费雪的具体计划是，在物价下降时，调低美元的黄金含量。包括联邦储蓄银行在内的各家银行就会有更多的美元，也有更多的储备金可用于发放贷款。储备资金会自动增多，不需要美联储裁量。（之前，拥有黄金的人可以自行将黄金送到铸币厂，将黄金换成更多的纸币，或是铸造成更轻的美元硬币。但是现在罗斯福已经收购了私人所有的黄金，以上做法就不复存在了。）在实际操作时，情况并非与费雪预想的程序一模一样，而是有些许出入。

实际采取的办法不是宣布下调美元的黄金含量，而是提高黄金进入铸币厂时的价格。黄金价格提高以后，美元所含的黄金金属量就变少了。这一调整的直接理论依据来自康奈尔大学纽约州立农业学院的乔治·F. 沃伦（George F. Warren）教授。沃伦教授和同事弗兰克·A. 皮尔森（Frank A. Pearson）长期合作，通过大量数据分析发现，近100年以来，物价、生产、全世界黄金储量的上升三者之间有着紧密的联系。如果生产扩大速度比世界黄金储量涨速快，物价就会下降。如果黄金储量降速比扩大生产速度快，则物价上涨。由此，沃伦和皮尔森得出了一个显而易见的结论：要想提高物价、扩大生产，可以通过降低美元黄金含量，从而增加黄金供应，得到立竿见影的效果。沃伦和费雪一样，都希望这一调整措施可以根据某个经久不变的公式制定。"……在没有长年累月的经济萧条和政治动荡的需求时，提供某种方法以对金价做出进一步的必要改变，这一提议似乎有些保守主义。"[18]但是和费雪一样，沃伦也愿意接受临时提高金价的决定。只要能够提高金价，具体方法并不重要。

沃伦在上面那句话中提到了保守主义，这不是偶然。沃伦相信，调整金价可以避免许多其他的公共措施和改革举措，其中包括大部分的新政农场项目。这是他十分乐见的结果。沃伦开创了一个先河，后来又有很多货币政策改革者像他一样，希望通过自己的改革，令政府不必采取更为复杂的其他举措，其中就包括今天的米尔顿·弗里德曼教授。他们之所以在货币政策上十分激进，是因为他们的政治立场十分保守。

在经济学家们看来，罗斯福转而向沃伦求教，实在是有欠考虑。经济学这一行是十分讲究上下之分的。金字塔的顶端是经济学理论家，他们的职业地位是最高的，同样在顶端的还有那些教授和研究银行学、货币学的学者。而在这个等级次序中，排于末尾的是农业经济学家和家政经济学家。而在农业经济学这个门类中，农场管理学教授的地位历来是尤其低的。沃伦就是一个农场管理学教授。无论沃伦这一收购黄金的计划有多么成功，高高在上的学者们都不会正眼以对。

1933年秋，政府收购黄金的价格开始稳步上调。乔治·F.沃伦的货币改革计划实在是太没有把握了，美联储由于之前出手拯救经营不善的银行而受到广泛关注，这一次如果负责执行沃伦的计划，势必会招来更多关注。因此，重建金融公司继上一次担任受困银行最后贷款人的角色之后，又一次被委以重任。黄金收购价是罗斯福自己决定的。后来有人批评他这样做太不负责任。当时，每天上午吃早饭的时候，罗斯福会和财长摩根索、重建金融公司负责人杰西·琼斯（Jesse Jones）随意聊几句，然后就定下第二天的收购价。有一次，罗斯福决定第二天收购价上调21美分，理由只不过是21等于3乘以7，似乎是个挺吉利的数字。深思熟虑后做出的判断与不假思索做出的判断有何区别，二者孰优孰劣？没有人能说清楚。但是在涉及货币的问题上，即使决策者完全不掌握决策的推理依据，也还是应该要慎重地进行考虑才对。黄金的价格就是这样被一步一步地上调了，之前是每盎司20.67美元，到1934年年初，约为每盎司35美元。最初，政府只收购新送到铸币厂的黄金，后来只要是黄金都照单全收。

这个计划的效果令人失望，其中部分原因是政府在这繁忙的一年里，还实行了另一项措施。当年春，政府宣布收购全体公民的黄金，包括银行的黄金。因此，虽然金价调高了，美元的含金量也减少了，但是银行的现金储备并没有增加。黄金涨价的这部分价值算作财政部的利润。银行拥有的美元和之前是一样的数目，因此储备没有上涨，也就不会有更多的钱用于借贷，借贷和吸储的动机也不会比从前更强烈，货币供应量就不会增多。[19]因此，收购黄金的政策就无法影响国内物价。在执行这一政策期间，国内物价并未受到影响。1933年年底，批发价格下降了。但是出口价格也许是个例外。在出口领域，由于美元更便宜，美国的产品在国外就更便宜了。因此，这一政策可能确实有助于保持出口量，维持美元价格。

同时，传统人士对收购黄金这一试验多有指摘。行之有效的政策受到批评是一回事，没有成效的政策受到批评又是另一番光景。鉴于此，罗斯福放弃了。乔治·沃伦的荣耀时刻就此终结，他的同行们也毫不掩饰地感到心满意足：毕竟只是一介农业管理学教授而已。1934年1月,国会在总统的要求下通过了一项法律,按照这项法律,政府用黄金涨价的收益设立了一个基金,用于买卖证券,以稳定汇率。美国政府重拾金本位制,并且效仿其他国家的做法,金本位制只适用于国际交易。普通的美国人不能获得黄金,美国政府仍然禁止普通公民持有黄金。

上文已经提到,支持稳健货币的人们已经放弃了。他们本来认为收购黄金的政策必然会带来通胀,而他们不想和通胀扯上关系。很明显,他们的担心是多余的,物价并没有上涨。然而,费雪、沃伦的希望破灭了,凯恩斯的希望也受挫了。有些人害怕通胀,有些人希望轻微通胀,或者说是希望能够挽回从前的通缩,货币对这两类人一视同仁。事实是,他们都错了。追求通胀的国家就好比一个贤良淑德的女人,她罔顾好心人和朋友的劝告,坚持要与恋人结合,但是却发现这个恋人不情不愿,而且毫无能力。

还有另外一个更为常规的可能性。之前提到过,美联储在1932年已经成功地克服了自身对通胀的恐惧,因此得以进入市场,从商业银行手中购买政府债券,为这些商业银行提供现金。之后,美联储一直继续执行这一政策,但是成效仍然极为令人失望。按照之前的设想和教义,银行的储备超出美联储要求的下限之后,就会扩大贷款,从而创造存款,扩大货币供应。只有在某些极短的时期,或是银行格外谨慎时,以上设想才会出现例外。从西部小型银行的历史看来,银行过于谨慎时不会扩大贷款,只有在不计后果、缺乏谨慎时才会扩大贷款。

现在,银行就只是坐在钱堆上。也许是因为没有人申请贷款,或是自身不愿意贷款,或是为了力保流动性,抑或是三个原因都有，各家银行都积累了大量储备资金，超出了美联储的要求。1932年，美联储成员银行的储备资金平均超出美联储标准2.56亿美元。1933年，超出的部分达到了5.28亿美元，1934年更是超出16亿美元。1936年仍然超出10亿美元。1940年，由于境外人士将大量黄金运往美国保存，储备资金超出部分达到了63亿美元。[20]

在短短5年之内，货币政策反反复复，一再失败。1928—1929年，美联储一直无法抑制泡沫，因为一旦这样做，就必须为之后的崩盘负责。现在，想要抵制大萧条也是不可能了，因为银行不愿意借贷，也没有人要申请贷款。当时流行一个比喻，说货币政策就像一根绳子，你可以把这根绳子从洞里抽出来，结果可能是难以预料的。但是要想把这根绳子再塞回去，是办不到的。

毫不意外，在1933年之后，货币政策整体上陷入了黑暗之中，尤其是联邦储备系统更是遁入阴影之中。虽然美联储在教科书里仍然一如既往地备受赞誉，但是在华盛顿看来，美联储只是一潭死水。美联储的两位领导人马里纳·埃克尔斯和劳赫林·居里（Lauchlin Currie）都不是因为美联储的货币政策而出名，而是因为取而代之的凯恩斯财政政策而出名。然而，美联储还是有过发光发热的时刻。1934年之后，随着过剩的储备资金不断增多，有些官员产生了忧虑，担心这些储备资金一旦被用于借贷，会创造出极多的贷款和存款。因此，人们又开始担心通货膨胀。1936—1937年，随着经济逐渐恢复，美联储又多了一个新的权力，就是提高对成员银行的准备金要求。这可以直接降低看似危险的过剩储备资金。因此，各家银行维持着利率水平，并且减少了未偿贷款。在这几个月内，美联储还逐步平衡了预算。截至1937年6月30日的这个财年，赤字基本降低了一半。由于限制性的货币政策和限制性的预算政策，大萧条之后又迎来了一次剧烈的经济衰退。这又是一个有意思的错误。"回头看来，现在可以确定，1937年春，调高成员银行准备金的要求是一个错误"。[21]

犯了1937年这次错误之后，美联储很长一段时间都没有再犯错。这是因为接下来的15年间，美联储再也没有采取任何行动。美联储虽然有能力增加银行的储备资金，但是无法让人来申请贷款，因此就无法创造储蓄。如果要问是什么造成了这情况，至少在大萧条中，贸易情况是占主要地位的。货币供应不会像贸易情况影响货币供应和物价那样影响物价和贸易。答案现在看来很明显，但是当时并非那么明显：不能仅仅允许创造货币和使用货币，而是要使创造和使用货币成为义务。不仅要制造货币，更要花费货币，使货币能够直接作用于贸易情况。这就是政府现在执行的政策，只是在执行时极为谨慎。这是财政政策，不是货币政策。提到这一政策，就不得不提到凯恩斯的大名。

第十六章

凯恩斯登场

1935年，时年52岁的约翰·梅纳德·凯恩斯已经登上了极为令人瞩目的职业巅峰。他对《凡尔赛和约》的看法已经被证明是正确的，证据之一就是德国人受到凯恩斯看法的鼓励，抵制战争赔款。凯恩斯对丘吉尔和回归金本位制的断言也应验了。1930年，凯恩斯发表了自己心目中的代表作——《货币论》上下卷。[1]凯恩斯身材高大，棱角分明，为人傲慢，具有英国人的典型特质，在伦敦知识界可以称得上是一位代表人物。

实际上，凯恩斯后来还会有更大的名气，他自己对此也是心知肚明。1935年元旦，凯恩斯给乔治·萧伯纳（George Bernard Shaw）写了一封信，信中写道："说到我最近的所思所想，你得知道，我认为我现在写的这本经济学理论著作会对全世界思考经济问题的方式产生极大的革命性影响。我估计这一影响不会是立竿见影的，而是在10年之后显现出来。"[2]情况确实如此。

这本书之所以出名，凯恩斯之所以会有更大的声名，是因为他凭直觉认识到，现代经济中有一些力量正在颠覆传统人士做出的最重要的猜测。按照此猜测，在没有干扰的情况下，在全部或几乎全部自愿被雇用的就业人群的作用下，经济系统迟早会达到均衡。此外还有更多传统观点也牵连其中。如果凯恩斯的直觉无误，那么货币激进主义者的希望也要破灭了。调整美元黄金含量或是增加银行储备都不会带来更多的贷款申请人，也不会有更多存款和货币，经济也不会突然腾飞，充分就业也不会实现。贸易水平也许不会受到货币供应的影响。虽然银行也许有能力发放贷款，拿到贷款的人也能赚到钱，但是由于经济持续低迷，失业率持续走高，也许仍然不会有人想要申请贷款。20世纪30年代中期，收购黄金的政策和公开市场操作都失败了，这也说明货币政策似乎起不到效果，从本质上而言，货币政策是消极的，只是许可性政策而已。政府需要的政策应当能够提高投入使用的货币供应量，并且保证这些货币切实投入使用。这样才能提振贸易。

早在给出理论支持之前，凯恩斯就已经总结出了合适的政策。20世纪20年代末，劳合·乔治（Lloyd George）最后一次尝试东山再起，在凯恩斯的劝说下，他决定支持一个重大的项目。这一项目的内容是用贷款支持公共项目，以解决失业问题。借贷创造了货币，将货币用于公共项目，又能够保证其支出，且保证对生产产生影响。1933年年末，美国政府的收购黄金项目既打击了支持者的希望，也消减了反对者的恐惧，此时凯恩斯对罗斯福也进行了同样的劝说。"我认为，通过贷款获得资金，用这些资金进行政府支出，从而使全国购买力提升，这是十分重要的。"[3] 实行新政时，仅仅提供资金用于贷款和支出是不够的，必须确保资金被借走并用掉。只是怀抱希望等待好运降临，这是不够的。

在萧伯纳提到的那本书中，凯恩斯对这一政策进行了理论阐述，这本书就是《就业、利息和货币通论》，[4] 1936年在英国出版，几个月后又在美国出版。凯恩斯的同行们一直对其写作和思考的条理性存有疑虑，而写作和思考又往往互相牵扯。在《就业、利息和货币通论》中，凯恩斯又证实了同行们的疑虑。这本著作的阐释极为模糊，文笔潦草，不是一本成熟的出版物。每一个经济学家都宣称自己读过这本书，但是实际上只有几个人真正读完了。其他的人都自知永远不会翻开这本书，因此暗暗感到不好意思。这本书之所以有着极大的影响力，一部分也是因为它实在是太难读懂了，还需要其他的一些学者去阐释书中的奥义，用容易理解的形式把书中的主张再讲一遍。英国的琼·罗宾逊（Joan Robinson），哈佛的阿尔文·汉森（Alvin Hansen）、西摩·哈里斯（Seymour Harris）是最早进行阐释的学者，他们后来也有效地传播了这些理念。

经济会自行达到均衡状态，并且实现充分就业，这一信念的一部分依据来自以 J. B. 萨伊（J. B. Say）命名的萨伊定律，另一部分依据来自工资、物价和利率变动对失业的矫正效果。萨伊是法国经济学家，也是阐释亚当·斯密的学者。萨伊定律并不复杂。按照这一定律，每当有人通过销售物品而获得收入时，就会有其他人因此收到一笔工资、薪水、利率或是利润（这些收入也有可能是因为有他人承担损失而产生的），这笔收入可以用来购买相同的物品。这一定律对单件物品成立，对全部物品也成立。因此，经济体中永远不缺少购买力。物价、工资和利率的变动进一步证实了 J. B. 萨伊的定律，并且印证了经济体走向充分就业的基本倾向。个人和公司会把一部分收入储蓄起来，这一部分储蓄明显是要被花费掉的。将储蓄投资到房产、工厂或是机器设备上，都算是一种花费。如果人们的储蓄量大于投资额，那么储蓄盈余就会使利率下降。而利率下降会刺激投资，打击储蓄（至少理论上如此）。因此，储蓄过剩就会不复存在，萨伊定律仍然成立。而储蓄过剩时，购买力会较为疲软，导致物价下跌。物价下跌又会鼓励购买行为，同时使因一方购买物品而产生的另一方收入下降，而储蓄又取决于收入水平，因此储蓄也会下降。萨伊定律再一次成立。

在凯恩斯之前，萨伊定律已经主导经济学长达一个世纪。萨伊定律的主导地位是极为稳固的，以至于是否认可萨伊定律成了知名经济学家和学术狂人的分水岭。直到20世纪30年代末，美国名校的博士生如果认真地表示购买力缺乏是经济萧条的原因之一，就不能通过答辩。答辩委员会认为这个学生只看到事物的表面，不配与学者为伍。经济学理念是固若金汤的，即使是错的理念也是颠扑不破的，萨伊定律就是最有名的例子。

上文提到过许多维持充分就业的经济力量，这些也是萨伊定律的佐证，同样较为直截了当。假如出现失业现象，就业竞争就会使工资水平下降。而物价和工资不一样，失业并不会使物价下降。实际收入会下降，物价与成本的比例就会更加让人关注，雇主会开始雇用一些之前索要工资过高的工人。而按照萨伊定律，购买力是永不缺乏的，所以工资下降也不会影响购买力。就业会持续增加，直到接近充分就业，而充分就业又会使得工资成本上升，使雇主减少雇员。由此，经济就达到了均衡状态，同时实现或接近充分就业。据此，传统的经济学家提出了一个决定性的建议，用于终结失业。这一建议就是，在经济萧条期，工资下降时，政府要无所作为，不能插手。政府要抵制所有的游说诱惑，包括赫伯特·胡佛的建议。胡佛也曾经督促政府抵制工资下调。政府如果在这个问题上表现出同情心，那就过于愚蠢了。因为维持工资水平只会延长失业造成的痛苦，使失业者继续痛苦。

以上就是由凯恩斯终结的教条，更准确地说，凯恩斯终结的也许是一整套学说。凯恩斯从多个角度出发，提出了他的观点。也许最容易阐述的方法是以利率为出发点。凯恩斯认为，利息并不是人们因储蓄而得到的回报，而是人们因将资产转化为工厂、机器等无法流动的投资形式而获得的收入。按照凯恩斯的原话，这是人们因克服流动性偏好而获得的收入。因此，利率下降也许并不会打击储蓄，不会鼓励投资，也无法保证所有的储蓄都被花出去。利率下降也许会使投资者将储蓄换成现金，或是等同于现金的形式。因此，利率的变化就无法支持萨伊定律了，储蓄并不会全部花出去。如果萨伊定律不再是人生真理，那么在考虑经济问题时就不能再排除购买力缺乏这一问题。购买力短缺和其他因素一样，都有可能是工资下降的原因。[5]

按照凯恩斯的观点，应当把人们的储蓄愿望和投资愿望匹配起来。但是他认为，调节机制不是利率，而是经济产出总量。如果储蓄的愿望超过了投资的愿望，购买力或需求就会短缺，从而导致产出下降。产出会持续下降，直到就业和收入下降导致储蓄减少，甚至出现负储蓄，产出下降才会触底。如此一来，储蓄就会与投资持平，而随着产出下降，投资也会有所下降，但是幅度小于储蓄下降。很明显，通过这种模式实现的经济均衡不可能实现充分就业，反而会存在失业现象。因此，对于凯恩斯而言，失业是自然的经济现象。

凯恩斯的理论还不止这些，但并不是所有的言论都得到了证实。例如，关于利率的流动性偏好理论虽然支撑了凯恩斯的观点，但是并没有被人们认为是对现实的准确描述。但是，凯恩斯在过度储蓄和需求短缺这两个问题上体现了立竿见影的影响力。萨伊定律消失得无影无踪。自此以后，人们都同意，过度储蓄是一个有可能出现的现象。同时，对产出的有效需求也是有可能出现短缺的。凯恩斯认为经济体可以在有失业现象的情况下达到均衡，在20世纪30年代每天都会出现新的证据巩固这一想法，这一想法也是几乎一经提出就体现出了巨大的影响力。

对于同时代的某些人而言，凯恩斯似乎有些激进，但是在一个重要的方面，他是十分传统的。凯恩斯设想中的经济结构是经济学家从古至今一直捍卫的。这是一个充满竞争的结构，价格自由变动，市场对经济行为有着绝对的、不受抑制的控制力。当时已经有了工会，但是凯恩斯认为工会几乎没有多大影响力。公司和公司的力量才是真正的决定性因素。实际上，凯恩斯在书中写道，工会和公司的行为都证实了他的论点。他能够为这些想法提供支持，只是没有详述而已。

在凯恩斯之前的50年里，所有的工业国家公司的影响力和市场势力都有了长足的进步。当时出现了公司集权（corporate concentration）的现象，已经被写入了教科书。现代工会也同时崛起了，只是从某个角度而言，美国是一个例外。到了20世纪30年代末，在新政的支持下，同时也是为了回应工业组织协会的要求，美国的工会组织发展水平赶上了其他国家。在公司集中和工会力量的双重作用下，维系萨伊定律和充分就业均衡的调整机制变得更不可靠了。

前文提到，1920年时，农产品价格下降的速度和幅度都超过了工业产品。原因不用多加讨论，正是工业企业有能力在市场中减缓或抑制价格下降,这种能力一般都是源自垄断或寡头垄断。农民和其他的小企业家就没有这样的能力。1929—1932 年,农产品批发价格几乎下降了一半。非农产品价格则下降了近 1/4。[6] 时任美国农业部官员加德纳·C. 米恩斯(Gardiner C. Means)研究了这一不平衡的价格变动,激起了强烈反响。[7] 他将受到更强控制的工业价格称为"受控价格"(administered prices),这一术语一直沿用至今。

按照凯恩斯的理论,储蓄过剩是通过降低总需求来调整的。需求下降总会带来一些变化,要么是物价变动,要么是生产变化。如果公司的市场势力足以维持物价,那么生产肯定会收缩。生产一收缩,就业率就会下降。由于存在公司市场势力,失业就成了凯恩斯调整理论的一大特点。失业人群和担心自己将要失业的人群收入的不断下降,也会对产出和就业造成进一步的负面影响。凯恩斯曾预计,经济竞争中,物价和工资的下降会对产出和就业造成负面影响,而失业人群收入下降所造成的影响也许要大得多。[8]

在大萧条时期,公司领域和竞争领域在产出和就业上有巨大的区别,但是和往常一样,总有一些事情是由多重因素造成的。1929—1933 年,按照 1929 年的价格计算,非农产品产出从 886 亿美元下降到了 578 亿美元。农业产出则出现小幅上升,从 107 亿美元上升到了 110 亿美元。非农业就业人口从 1929 年的 3 700 万人下降到了 1933 年的 2 900 万人。农业就业人口的变动则几乎可以忽略,从 1 050 万人下降到了 1 010 万人。[9]

传统经济学家寄希望于降低工资,认为这可以起到稳定的效果,从而改善就业情况。但随着工会的崛起,这一希望也化为泡影。[10] 工会的第一要务,就是要抵制工资下降。降低工资也许可以提振就业，但是如果无法降低工资，其提振就业的功能就无从谈起。凯恩斯认为调节工资不一定能够起到矫正作用，而调节工资这件事情本身也是越来越不可能了。如果不降低工资，失业就会一直持续，而失业会在极大程度上降低总需求，其影响比凯恩斯讨论过的调整还要大。[11]

对于凯恩斯经济体系而言，公司和工会的崛起还有另一个重要意义。一旦发生通货膨胀或是经济萧条，这两股势力就会成为摧毁经济体系的主要原因。

一直以来，学术界都在争论一个有关这场凯恩斯革命的问题，那就是这场革命究竟应不应该冠以凯恩斯的名字。许多学者表示，应当更重视凯恩斯之前的众多先驱人士。[12] 实际上，正是他们之前的准备工作打下了基础，凯恩斯的观点才能够为人所接受。这些学者的观点是有道理的。

100年前，马尔萨斯就曾经提出需求会出现整体不足的情况。在凯恩斯的上一代人中，J. A. 赫布森（J. A. Hobson）也曾经说过经济危机是由过度储蓄引起的。（1899年，他的观点被视为异端邪说，因此被禁止传播，甚至不能向知情的成年人传授。"我似乎对极度节俭的美德提出了质疑，因此犯下了无法饶恕的罪孽。"）[13]

在《就业、利息和货币通论》出版的前几年，在瑞典已经有一批具有创新精神和高度责任心的经济学家提出了与凯恩斯相似的观点，并进行了一定程度的应用。他们具体的观点是，一国政府制定预算的基础应当是在充分就业时政府获得的财政收入，因此在经济萧条时，政府的支出就应当减少，预算应当随之缩减。这正是后来所谓"充分就业预算"理念的萌芽。

而且，与凯恩斯同时代的 C. H. 道格拉斯也已经说服许多文化程度稍低的人接受了社会信贷说。社会信贷说实际上是一种社会红利，相当于给整体公民支付现金，类似于之前马里兰州殖民时代的早期观点。既然是社会红利，那么当然是要花掉的。这种学说完全不像货币政策那样消极被动。因此，道格拉斯走在了凯恩斯前面，凯恩斯自己也是这样认为的。

走在凯恩斯前面的，还有 20 世纪 20 年代奇迹缔造者之一——瓦迪尔·凯金斯（Waddill Catchings）。凯金斯与约翰·福斯特·杜勒斯等人一同创建了当时最大的 3 家投资信托公司，即蓝桥、仙纳度和高盛交易公司，他们的成就与伯纳德·科恩菲德并无区别，只是比科恩菲德更受人尊敬。在经营公司时，凯金斯富有远见地指出了商业萧条的原因，而他本人也在下一场萧条中一败涂地。凯金斯与里德学院前院长威廉·T. 福斯特（William T. Foster）一起合著了两本极有说服力的著作，其中《致富之路》在大萧条期间备受追捧。这本书的观点与 J. B. 萨伊相反，认为过度储蓄，也就是购买力短缺，是可能出现的，而且甚至是普通的现象。解决方案就是由政府出面借贷、消费，也就是凯恩斯提出的补救方案。20 世纪 30 年代初，哈佛最为清醒的货币银行学教师就是约翰·H. 威廉姆斯（John H. Williams），威廉姆斯虽然是保守派，但是并没有墨守成规。他告诉自己的学生，不能简单地否定福斯特和凯金斯关于过度储蓄和解决方案的文章，这让所有人都大吃一惊。别的经济学家就没有这么宽容了，不是经济学家的人也不一定就更为赞同。罗斯福在出任总统之前曾经读过这本书，他在书上写了一句："太过美好了，不可能成真——无中生有是不可能的"。[14]

也是在这几年，作为一名层次更高的学者，哈佛教师劳克林·柯里在 1934 年出版了《美国货币供应和管制》一书，[15] 在许多重要的方面都走在了凯恩斯前面。但是出版这本书并非一个明智的学术策略，柯里作为经济学家的能力因此备受质疑。

早在罗斯福执政之前，赫斯特的文章就已经在强烈地，甚至是奋力地主张由政府贷款 50 亿美元，用于公共工程，这在当时是极大的一笔钱。随着新政的实施，政府开展了一系列公共项目和公共就业项目，包括公共工程管理局、土木工程管理局、工程进度管理局，只是项目规模没有赫斯特主张的那么庞大。人们并不认为这些措施是继货币政策之后的新举措，也不认为这是通过创造货币并保证使用货币，从而巩固需求的一个做法，而是认为这是为了缓解失业而不得不采取的补救措施。然而，这确实是一个寻求合理化的政策，这种合理化正是凯恩斯提出来的。

最后，早在 1933 年，欧文·费雪就已经提出要将借来的资金直接打入个人账户。他要求罗斯福让政府借钱，然后再借给私人雇主，不收取利息，只要雇主多给一个人支付薪水，政府就每天给这个雇员支付 2 美元，一直支付 100 天。这样也可以保证支出。当时还有人提出了一些其他方案，包括向服务人员付费，向老人支付养老金，或是给所有人都发一笔钱。这些想法进一步说明，如果没有在合适的时间花出去，货币就会变得一文不值。因此，必须强制花钱。

到 20 世纪 30 年代中期，又出现了一个凯恩斯经济体系的完备示范。这就是阿道夫·希特勒及第三帝国执行的经济政策，其中就包含大规模借贷用于公共支出。刚开始的时候，借贷资金主要是用于民用工程，例如铁路、运河和高速公路。其效果就是比其他工业国家都更为有效地遏制了失业。[16] 1935 年时，德国的失业率降到了最低水平。"在凯恩斯还在解释失业为何发生时，希特勒已经找到了终结失业的办法。"[17] 1936 年，物价和工资面临上行压力，希特勒又进一步采取了扩张性就业政策和全面控制物价的双重手段。

需要注意的是，纳粹经济政策是对紧迫局势的应急反应。当时德国失业问题已经到了令人绝望的地步，因此政府才会借钱，并且让人们就业。而随着工资和物价上涨，稳定又受到了威胁，因此政府设定了价格上限。在希特勒之前，德国也曾讨论过类似的政策，但是似乎这些讨论都没有什么影响力，况且希特勒和他的同伙都不是学者。无论如何，德国在大萧条期间避免了通胀，并且消灭了失业，最初主要是依靠民用工程，这是一个标志性的成就。只是这一事件鲜有人赞扬，也无人提起。人们总是认为希特勒不安好心，他做的所有事情，包括经济方面的措施，都不是好事。

因此，《就业、利息和货币通论》只是为已经流传甚广的理念提供了理论支撑。这些理念之前只是骗子和狂人的歪理，现在已经开始形成受人尊重的学术讨论。现在如果有人再说过度储蓄是有可能发生的现象，已经不会因此丢掉学位，或是失去升职的机会。从此以后，人们可以大方地进行讨论，研究通过借贷进行公共支出是否是应对过度储蓄的恰当措施，只是这一讨论仍然会招来尖锐的反驳。现在，采取公共措施的道路已经开辟出来了。

凯恩斯的想法是通过大学进入公共政策视野的。假如说这是一场革命，那么这场革命不是发生在大街上或是商店里，而是发生在讨论课上。最初接纳凯恩斯学说的主要是下一代年轻学者。经济学家在理念方面也有着经济意识，极为俭省。大多数经济学家会将大学期间的想法坚持一生。因此，凯恩斯革命并不是通过改变人们的想法而实现的,而是通过代际传授实现的。凯恩斯同时代的经济学大家看过他的著作之后,几乎都无一例外地认为凯恩斯是错的。除了几个人,[18] 大多数人直到退休,甚至退休以后都这么认为。

在英国,讨论凯恩斯学说的中心不难猜到,就是剑桥大学。在剑桥大学,凯恩斯的两位年轻同事 R. F. 可汗(R. F. Khan)和琼·罗宾逊对他的理念进行了出色的研究和阐释。而凯恩斯的理念传到美国则是通过哈佛大学。在《就业、利息和货币通论》出版后的几个月里,哈佛校园里关于这本书的讨论不绝于耳,学生如果感兴趣的话,每天晚上都可以参加讨论会,这些讨论会有的是正式的,更多的是非正式的。那些去过英国剑桥大学,认识凯恩斯的学生被美国麻省剑桥市的学生认为是心怀神谕的人,大家如果争论不清凯恩斯究竟是什么意思,就会找这些人来判定对错。[19]

不久后,哈佛大学的校友就得知了这股凯恩斯热,并感到十分不满。(其后几年,有人成立了一个小型组织致力于反对凯恩斯热,该组织叫作真理基金会。)较年长的教职工虽然较为宽容,但是并不支持。1936 年秋,哈佛大学迎来了建校 300 周年庆典。当时在庆典上,要为科学界、社科界、艺术界和公共领域的杰出人士颁发荣誉学位。令一些优秀毕业生不满的是,罗斯福也要发表主题演讲。政治系和经济系的年轻师生向年长的教授推荐了接受荣誉学位的合适人选。年轻人的本意是要恶作剧地选择一些看似靠谱,但实际上会让老教授们极为尴尬的人。年轻的政治学家们选了列昂·托洛茨基(Leon Trotsky),而年轻的经济学家们选的就是凯恩斯。这两位当然最终都没有被授予荣誉学位,而那些真正获得荣誉学位的人现在大都已经被人遗忘了。

但是,从 1938 年开始,一位从明尼苏达大学调至哈佛大学的资深教师将扮演一个重要的角色，使人们接受凯恩斯。这个人就是阿尔文·H.汉森。汉森在读过凯恩斯的《就业、利息和货币通论》之后，第一反应是比较冷淡的，但是他转变想法的能力十分强。很快，他关于财政政策的课程就成了理论讨论和实际讨论的中心场所。在20世纪30年代末，华盛顿官员接二连三地参加他的课程讨论。因此，汉森的课堂就成了凯恩斯理念走向华盛顿的平台。汉森还不知疲倦地写了大量通俗易懂的文章介绍凯恩斯政策。而另一位哈佛的年轻教授西摩·哈里斯虽然文风不那么易懂，却写了更多介绍凯恩斯的文章。保罗·A.萨缪尔森则写出了第一本有关凯恩斯学说的教材，是他将凯恩斯的理念传授给了美国人。[20]

然而，在20世纪30年代后期，华盛顿也是一块肥沃的土壤。罗斯福政府的货币政策失败了，国家复兴管理局也撤销了，政府对于如何终结失业、提振复苏没有明确的计划。攻击垄断也许是一个办法。垄断者是邪恶的，如果打击一下他们，肯定会有好处。用更有逻辑的话来说，由于垄断者的市场势力极大，在需求下降时，价格仍然维持在高位。如此一来，在遭殃的就是产出和就业。如果恢复市场竞争，也许就能够降低受控价格的影响力，使这个失业的诱因变得不再重要。20世纪30年代后期，华盛顿官员们重新拾起了反托拉斯的兴趣，这正是基于以上看法而产生的。

但是困难在于，市场势力和价格控制并不只是几家公司所特有的问题，而是整个美国经济都有的问题。要进行补救的话，就要彻底重建经济。从20世纪30年代初期公共项目的经验来看，花钱是需要时间的。但是如果要将反托拉斯法切实施加到美国每一家能够控制价格的公司身上，则需要更长时间，相比较而言，花钱这个办法反而是一用就能见效的。同时，提出新政的人没有几个愿意提出新政的配套措施，即解散工会。因此，能用的理论就只有凯恩斯理论了。

自从《就业、利息和货币通论》出版之后，美联储的华盛顿理事会就成了传播凯恩斯学说的中心。历史的进程似乎总是极具逻辑性。货币政策施行之后，唯一的结果就是使过剩储蓄变得更多了。为此事负责的人因此转向不那么消极、更为确定的财政措施，即确保把钱花出去。实际上，美联储扮演这个角色纯属偶然。走在凯恩斯之前的劳克林·柯里对于自己的理念是十分开诚布公的，他现在是美联储理事会的研究主任。而理事会主席现在是马瑞纳·伊寇斯，我们在前面已经读到过他对银行挤兑的记叙。作为一个银行家，伊寇斯亲身经历了凶险的挤兑事件，并且也见证了犹他州的农民和商人在大萧条中的惨痛经历。因此，他的观点是政府应当对经济施加干预，在这点上他和凯恩斯是一条战线。因此，在《就业、利息和货币通论》出版之后，美联储就开始帮助凯恩斯理论打入华盛顿。

柯里的做法更为实际。1939年，他从美联储调任白宫，虽然没有相应的头衔，但是他实际上是罗斯福的第一个经济顾问。在白宫，他成为雇用、任用政府经济学家的中间人。只要政府内部出现重要的职位空缺，他就努力让那些深信凯恩斯学说的人获得这些职位。到了20世纪30年代后期，柯里已经建立起了一个私下的网络，这个网络里全是相信凯恩斯学说的人，而且遍布所有重要的财政机构。这些人还会就理念和政策进行密切沟通。柯里和这些人都不认为这是一个阴谋。他们只是觉得这样做似乎是必要的、合情合理的。[21]

在 20 世纪 30 年代后期，凯恩斯的理念就是这样产生影响的。凯恩斯的理念最初影响的不是伦敦，而是华盛顿。然而，就整体而言，这些理念影响的是思维和期望，而不是实际政策。与凯恩斯理念处于对立面的，是一群立场坚定、头脑实际的人。一旦无法理解某个想法，头脑实际的人就会躲到天生具有优越感的常识里。常识指的就是那些由来已久的信念。

这些由来已久的信念是与凯恩斯和凯恩斯主义者相抵触的，也是极为强大的。200 年以来，最为传统的美国人一直极为偏爱纸币。在过去的 70 年间，他们为银币激动不已。在美国，货币试验是一个古老且在政治上易于被接受的传统，并且维系着一大批政治选票。众议员或参议员如果能够在国会力推"绿背纸币"，以稳定物价、提升社会公正，就会成为俄克拉何马州或是艾奥瓦州选民心中的英雄。美国从来没有哪一个传统，或是哪一群选民会支持赤字财政，即故意维持极为不平衡的预算。如果哪个国会议员在华盛顿支持赤字财政，艾奥瓦的乡亲父老一定会觉得他简直是疯了。

明智的政府总是会尽力平衡预算。如果没有实现预算平衡，就证明这个政府缺乏政治能力。道理就应该这么简单。况且，政客总是在为入不敷出找理由，有的时候还能找出特别有创意的理由。但是无论这些理由听上去多么有创意，归根结底都只不过是一些金玉其外、败絮其中的理由罢了，都是为了掩饰过度支出、收税不足、管理不善。人们认为凯恩斯的赤字合理化，以及赤字财政肯定也不过如此。1933 年 2 月，胡佛总统曾经建议罗斯福："如果能够明确表示……政府即使以后还是需要进一步征税，仍然毫无疑问地会平衡预算，并且政府不会让滥发债券毁了自己的信用……那么国家就会更加稳定。"[22]

罗斯福并没有反对。在第一次大会后的电台演说中，他说美国"必须终结赤字"，并且补充说，"和一个家庭一样，一年下来，任何一个政府的支出都有可能会稍微高于其收入。但是你我都知道，如果一直保持这个习惯，家里就会越来越穷"。[23]

5年后，这两位总统支持过的信念仍然有着强大的力量，并且仍然是一道难以翻越的屏障，将远道而来的英国教师凯恩斯的想法挡在门外。罗斯福的言论也明显是后人所称的"以偏概全"的言论，这对于凯恩斯的理念而言又是一道屏障，并且直到今天仍然有着相当的影响力。

以偏概全是一个很有意思的思维模式，以家庭财务的经验来推论政府财政就是以偏概全。一个家庭不可能无限地入不敷出，政府也同样不可能这样做。靠举债生活的家长留给后代的是债务，而不是能力。举债的政府也是一样。二者在道德上都是有缺陷的。

再仔细想一想，用家庭类比国家是站不住脚的。美国政府（或是其他国家的政府）机构庞大、职能广泛、机制复杂、难以理解，这样的事物究竟能不能用工薪阶层家庭的规则和极限来解释，这本身就是一个需要证明的问题。人们往往说，事情应该是这样，但是这也缺乏证据。此外，我们还应该注意到，一个国家的财富和偿付能力取决于其经济的产出。如果按照凯恩斯的说法，借贷和消费能够扩大生产，那么借贷和消费就是能够扩大生产的。但是对于家庭而言，借贷和消费几乎是从来都不会增加财富的。凯恩斯主义者总是抱怨反对他们的人根本不懂他们想要做什么。同样，凯恩斯主义者也不了解反对者面对的是怎样的传统，又是被一股什么样的力量控制着。[24]

这些年里，凯恩斯政策面临的限制主要是美国税收的规模太小。这也是一个切实的形势。在二战前，美国政府的规模很小。1930 年，美国政府总支出为 14 亿美元；1940 年，总支出仍然不到 100 亿美元。1930 年，联邦政府购买的商品和服务只占国民生产总值的 2%，到了 1940 年也只占 6%。[25] 与此对比，20 世纪 50 年代后期和 60 年代时，这一比例达到了 10%~12%。[26]

因为联邦政府支出少，所以相应的税收也不多。凯恩斯政策到了后期，主要是取决于两类税收变动。其一是公司税和个人所得税都会时不时自行调整。产出和就业下降时，利润和收入也会下降，需要缴税的那部分收入也随之下降。而收入下降的同时，税收会出现更大幅度的下降。只有产出、就业、利润和收入都上升时，财政收入才能维持。在 20 世纪 30 年代，税收较少，这个影响几乎可以忽略不计。

而且，到了后期，人们开始接受一个想法，即削减税收可以推高赤字，因此就需要增加借贷的资金，扩大借贷和支出。20 世纪 30 年代时，因为预算不平衡，削减税收以提高赤字似乎显得过于激进了，即使是最坚定的凯恩斯主义者也会这么认为。柯里和其他一些人都认为没能增加税收是政策的一个缺陷。[27] 但是，总体而言，凯恩斯政策被认为是等同于增加公共支出。

增加公共支出在政治上也有负面影响。当时，如果政府并非出于国防目的加大支出，社会就不会认可这样的支出目的，反而认为这有挥霍浪费之嫌，只不过是为了普通公民或穷人进行开支。人们对凯恩斯的政策也持同样的看法。后来，致力于扩大产出的凯恩斯政策逐渐开始重视使用税收，人们的态度就改变了。政府减税，富人也是受益者之一。如果富人能够增加开支，所产生的经济刺激是十分可靠的，也是极为理性的。把钱花在不勤奋的穷人身上，就不会产生同样的刺激作用。凯恩斯政策原本是通过加大支出刺激经济，后来改为通过减税刺激经济。正因如此，凯恩斯的经济刺激方式才获得了人们的尊重。

因此，在 20 世纪 30 年代时，凯恩斯政策并没有产生极大的实际效果。1932—1934 年，联邦政府的财政收入不及其支出的一半，和此后任何一个和平年代相比，都是极为不平衡的。截至 1932 年 6 月 30 日的这一财年，美国政府财政收入是 19 亿美元，支出为 47 亿美元。但是放到整个经济中来看，这些支出是微不足道的。1934 年之后，财政收入相较支出有了一定程度的增长。截至 1938 年 6 月的这一财年，美国政府赤字仅为 12 亿美元，支出为 68 亿美元。由于 1937—1938 年发生了经济衰退，美国政府赤字又上升了，并且有一部分是有意的。正是在此时，至少是在政策制定者们自己心中，赤字第一次通过凯恩斯政策获得了名正言顺的地位。举例来说，在 1939 年财年，赤字仅为 39 亿美元，这和 1940 年的赤字是一个水平。这一数字与 1934 年 36 亿美元的赤字相比，仅有小幅上升。[28] 很明显，凯恩斯政策并没有大获全胜。"财政政策……在'20 世纪 30 年代'并没有成功地推动复苏，这并不是因为财政政策没有起效，而是因为根本就没有尝试。"[29]

实际上，大萧条并没有结束，而是被二战扫除的。这也勉强可以算是凯恩斯政策的胜利。但是大萧条带来的问题并不是就业和产出，而是通货膨胀。而通货膨胀这个问题，凯恩斯体系并没有给出答案，25 年之后发生的事情也说明了这一点。

第十七章

战争和下一个教训

20世纪前半叶的这场灾难毫无疑问是一次深刻的教训。直到1914年,几乎所有的货币学专家都认为,基于金本位制的货币结构解决了货币的历史难题。但是一战让人们认识到,这个货币结构是不堪一击的。随着8月的枪声响起,金本位制消失了,此后再也没有以任何令人满意的方式重建起来。20世纪20年代的经济繁荣则说明,货币政策无法起到抑制作用。因为执行货币政策的是一帮不愿意为经济崩溃负责的人,他们认为如果货币政策起效,经济必然崩溃。而大萧条则说明货币政策明显无法将一个国家拖出经济衰退的泥潭,无法打破稳固且充分的既有失业均衡。只有财政政策才能做到这一点。只有执行财政政策,才能保证不仅有货币可供借贷,还会有人来申请贷款,有人来花费。这就是约翰·梅纳德·凯恩斯为人们上的一课。

现在,又一场战争爆发了。这一次的教训是:无论财政政策能多么有效地扩大产出、就业,克服经济萧条或衰退,反过来执行都是无效的。在具有高度组织性的现代工业经济中,财政政策如果要阻止通货膨胀,就不得不牺牲更多的就业岗位,造成更多的闲置产能,其代价是和平年代所不能容忍的,甚至在战争年代也是不可想象的。

以上就是过往的教训。但是每一次，人们都没有充分汲取教训。经济学教授还是希望货币政策能够奏效，他们仍然相信，人们坐在体面的桌子旁边就可以运筹帷幄，管理现代经济。这些想法在25年之后，再一次促成了一些实际政策，使灾难重演。直到25年之后，人们才吸取了二战的教训，认识到当经济在满负荷或近满负荷运行时，采取抑制需求的一般性措施是无法防止通胀的。前文说到过，战争时期是特殊时期，能够采取的措施与和平年代可以采取的措施大相径庭。怀旧情绪总是受人尊重，使得人们重蹈覆辙，而不是拥抱新知。

二战是逐渐蔓延到英国和美国的。战争爆发于1939年的夏末，直到同年5月德国入侵法国之前，英国人都还以为可以避免全面对抗，虽然事后看来这简直是不可能的。而直到法国沦陷之前，美国人仍大都希望能够隔岸观火。其后过了几个月，美国人才逐渐放弃这一希望，转而害怕美国不参战，担心希特勒胜利。因此，美国和英国都经历了一段筹划期。在这段时期里，英美政府都只是不得不做一些筹备动作，好让公众放心。而这些筹划都与经济无关。

英国和美国的经济筹划都具有鲜明的凯恩斯财政设计特点。和平时期遏制失业的政策无法应对战争时期的通货膨胀。政府不再通过增加公共支出以提振就业，而是加大税收，遏制公民的需求和消费。通过这样的限制，就可以省下人力、厂房和原材料用于军工。这就是问题的核心，其他的都是细枝末节。

英国是按照凯恩斯的设计来筹划战时经济的，这并不是意料之外的事情，因为凯恩斯本人就是这一计划最有影响力的设计师。在谋划的几个月里，他首先在伦敦《泰晤士报》上详细地阐述了自己的观点，后来又出版了一本广为流传的小册子，名为《如何为战争筹款》。[1] 要保证食物、房租、基础衣物这几样基本生活需求的充足供应，并维持其价格稳定。如果成本上涨，政府就要给予补贴，稳定价格。这样一来，工人就没有理由要求涨工资了。保持工资稳定是很重要的。此外，总需求和购买力要与现时价格下的货物供应大致平衡。要实现均衡，一方面要靠税收调节，另一方面靠的是凯恩斯的新发明，即强制储蓄。强制储蓄指的是，政府会从所有的时薪、工资和其他收入中征收一笔税款，在战后再加一点利息还给每个公民。鉴于20世纪30年代的黑暗经历，将购买力延迟到战后释放，将会是最受欢迎的刺激措施。

抑制、撤销购买力只是最基本的措施。凯恩斯说过："逃离（通胀）的唯一的办法就是通过税收或延迟的方式，从市场中撤出足够比例的消费者购买力，这样就不会有一股不可阻挡的力量逼迫价格上涨了。"[2] 而直接控制物价的措施和配给措施扮演的只是次要角色——"我们的总计划中，也要包括一些配给措施和物价控制措施。对于我们主要的计划而言，这些措施也许是有效的附加措施。"[3]

和前几年一样，华盛顿比白厅①更快地回应了凯恩斯的建议，并且更为尊重。因此，美国也设想了一个和英国极为相似的经济设计。但是，华盛顿还有另一个备选方案。伯纳德·巴鲁克回顾了一战的情况，坚持认为在这次战争中，只需要对工资和物价进行全面控制就可以了。"我认为首先要给整个物价结构设定一个上限，包

---

① 白厅（the Whitehall）是英国的一条街，连接首相府所在地唐宁街与议会大厦，附近有许多英国政府机关，常用于指代英国行政部门。——译者注

括工资、房租、农产品价格……"⁴巴鲁克在国会享有极高的声望，主要原因并不是他的智慧或是积极出面，而是因为他给那些最有可能连任的南部各州参议员提供了大量补贴。因为这些人连任的可能性很大，所以他的投资损失风险很低。⁵因此，这个问题并不是通过直接讨论得出结论的。有人提出，通过调整税收，可以保证需求与产出大致保持一致，而这个产出指的是在现时价格下，现有的厂房和劳动力充分运转生产所能得到的产出。也就是说，主要依靠调整税收防止通胀。但是在战时需求的刺激下，生产会高于大萧条时的水平，这时有的产品和原材料供应就会出现瓶颈。由于军事需求会形成特殊的压力，金属、机械工具、化学用品这类物品会特别短缺。因此，在有必要时，可以使用物价上限或是控制物价，限制物资使用或消费。之所以采用"上限"这个词，是因为巴鲁克用过这个词，提建议的人希望能够讨好巴鲁克，获得他的支持，并且也能够给人造成一种可以灵活变通（这也有一点欺骗性）的印象，令人感觉价格只要不超出上限，就还是可以往下浮动的，只是在当时的情况下，价格肯定是不会低于上限的。1941年，有一篇文章在华盛顿流传，颇有影响力，文章写道，"一战最令人记忆犹新的教训就是通货膨胀"，而且"人们也许对现在这场战争有诸多感受，但是任何一个民意调查都会显示，对抗通胀的决心极为不足"。文章作者还提出了和凯恩斯一样的看法，认为要阻止通胀，最终还是要依靠那些"遏制支出上涨，或是降低支出"的措施。⁶

这些初步设计都没有提到货币政策。在之前几十年的失败经历过后，人们都认为假如实施货币政策，最好的效果也不过是维持现状而已。并且在当时的情况下，货币政策在战争中并未起到重要作用。再贴现率当时仅为极低的1%，如果政府申请短期贷款，还有更低的优惠利率。而战时条例和限制措施也限制了对银行贷款的需求，其中包括直接控制消费信贷，这也就使得银行不会积极争取优惠利率。之前提到过，从 1940 年以来，美联储就一直没什么作为。在 1940 年和 1941 年初期，美联储最为标志性的战时贡献也就是为新成立的国防顾问委员会华盛顿总部提供办公场所。国防顾问委员会当时正在筹划，也可以说是在阻止最初的经济动员。

1940 年 5 月末，在法国沦陷前夕，罗斯福总统成立了前面提到的国防顾问委员会，事实上一战时就成立过这个国防顾问委员会。国防顾问委员会的任务是计划并组织军事生产，很多人怀疑这一举动只不过是为了安抚国民。利昂·汉德森（Leon Henderson）是国防顾问委员会 7 名委员之一，是一名绝顶聪明、精力旺盛的官员，受命负责"稳定原材料领域的价格"。[7] 汉德森给原材料下了一个广义的解释，包括农产品以外的一切物品。在过去的 20 年里，公共政策在口头上和行动上都一直致力于提高这些产品的价格，而非稳定物价。即使在战争面前，公共政策仍然如此。起初，汉德森和他的几个部下一直都只是在监督物价而已。直到 1941 年 4 月，总统下令成立物价管理和民用供应办公室，主任仍然是汉德森。总统授权这个办公室为物价设定上限，但是配套的法令却没有跟上，因此违反上限的人员也只是受到口头谴责。[正是在这些年间，美国英语里出现了一个词，专门用于形容这种口头责罚，即限价劝告（jawboning）。]

珍珠港袭击之后，美国展开了极为广泛的立法听证和讨论。1942 年年初，美国成立了专门的执行法庭，定下了违规惩罚，物价控制实现了全面的立法保障。但是美国并没有尝试建立相关机构控制工资。在整个战争期间，控制工资的讨论一直是非正式的，但是对工资的控制并没有因为这种非正式的讨论形式而更为宽松。农产品的价格直到1943年年中才得到有效的控制。

1942年颁布《应急物价控制法》之后，就可以开始充分应用已被认可的凯恩斯设计了。政府将会严格地控制面临特殊压力的物价，还可以采取财政措施限制需求，使物价整体保持稳定。新的价格控制法令生效之后，人们发现政策整体的设计还是有一定缺陷的。根据过去的观察，许多经济理念从理论上来看都是十分完善的，但是在实际应用中却有些缺憾。即使是像笔者这样的历史作者也免不了这样的经历。然而，二战的这一设计不仅不足以应用于实际，而且在理论上也有缺陷。

之所以实际操作会失败，还是因为由来已久的战争财政问题。在战争期间，即使是尽最大努力增加财政收入，由于战争迫切需求而产生的支出往往还是会超过收入。二战期间，美国进行了大幅的征税，按照任何一个之前的标准，增税的幅度都是十分大的。截至1944年，联邦政府的收入达到了1939年的6倍，增幅不可谓不大。但是支出上涨更快。1942年，也就是战争的第一年，支出就达到了收入的两倍。在之后的战争时期，政府支出一直是收入的2~3倍。[8]在此之前的冲突中，税收一直都是跟不上冲突的。如果美国政府能够不那么一厢情愿地思考，或是更好地了解一下历史，也许本可以预见到这一点。

选择性限定物价也遭遇了极大的实际困难。现代工业经济门类繁多，不同经济领域的物价要由不同的人监控。跑步比赛中，选手有快有慢；谈一场恋爱，双方的感情升温也有快有慢。这些监控人对物价上涨做出反应的速度也是各不一样的。此外，给补贴的产品设定价格上限，本来就是有难有易的。有的产品只有几个品级、质量和型号，离岸价格也只有几个，而且没有特别折扣。但是另一些产品的种类则是琳琅满目，价格也是格外多样化。这些差异影响了物价限定人员的反应时间。由于每个人反应时间不同，某些行业就可以趁着上限还未出台时涨价，而其他一些行业一涨价就会被禁止。这种差异化对待无法逃过众人的眼睛。煤炭或废料行业涨价不受控制，但是钢铁这样的行业却受到控制，而生产钢铁又需要煤炭作为原材料，这样一来，差异化对待就更为明显了。这方面的困难也是本应当事先预见到的。

这就是凯恩斯设计遇到的一些实际问题。但是经济规律的深层次问题更为严重，而且在接下来的 30 年里还会不断地拖累政策。这是由市场势力所造成的，也就是说，在充分就业还远未实现时，大公司就已经有能力单方面抬高产品价格，从中大获其利。（包括工作救济项目在内的）失业率在 1938 年是 20%，在军用支出的带动下，1940 年大幅下跌到 14.6%，1941 年下跌到 9.9%。[9] 失业率下降显著地展示了凯恩斯失业应对法的效力，并且体现了社会对于军用支出和民用支出的不同反应。几个月之前，即使是提出一小笔民用支出，保守主义者也会大声疾呼慎重，而持怀疑意见的人则会被吓出心脏病。现在，民用支出受到了广泛欢迎。

但是，在实现充分就业之前，物价就会开始上涨。1941 年年底，失业率仍然较高，物价却开始上涨了，并且在 1942 年年初的几个月加快了上涨速度。农产品价格也上涨了，由于之前农产品价格特别低，这也是不可避免的。但是，工业品价格也开始上涨了，同时产出也在不断扩大，企业收入也不断增多。很明显，过不了多久，价格就会开始全面大幅上涨了。很快，工资也会跟着上涨，刺激带动物价进一步上涨。后来，许多经济学家开始讨论菲利普斯曲线（Phillips Curve），[10]这一函数基于过去的经验，表明了将失业降低到某个水平所必须接受的价格上涨幅度。1941年的经历表明，通货膨胀和失业之间的关系是极为不乐观的，后来人们也认识到了这一点。在失业率极高的情况下，如果要进一步降低失业率，就不得不承受极大的价格上涨，价格上涨的幅度甚至超过菲利普斯的预计。

可喜的是，现实中的问题和理论上的问题都是可以解决的。解决的办法就是回到巴鲁克的方案，同时限定所有主要的物价。要做到这一点，只需要把之前长篇大论研究的方案悄悄地彻底扭转方向就可以了。而在情势所需时，美国政府以堪称楷模的速度极快地掉转了方向，并且几乎没有引起任何公开反对，甚至连评论也没有。

1942年4月28日，《全面限价法令》为所有物价设了上限（但是农产品直到1943年才设置了价格上限），上限为上月达到的最高价。《全面限价法令》后来又经过几次修订，一直是基本控制手段，直到1946年夏天才废止。该法令还控制房租价格。

这些限价手段并不神秘，是由诚挚的"市场之友"精心设计的，并且极为有效。1942—1945年，工业大宗商品批发价格一直保持稳定，（设1967年水平为100）整体上从50.7涨到了53，远低于1974年一年间从135.3涨到166.1的幅度。从1943年起，食品价格也开始受到价格上限的限制，批发指数整体稳定。（政府补贴也抵消了一些农产品食物价格的上涨。）1943—1945年，消费者价格指数从51.8涨到了53.9。而1974年一年间，消费者价格指数就从139.7涨到了155.4。[11]当时军事行动规模极大，因此产生了巨额预算赤字，毫无疑问，如果没有控制价格，物价就会飞速上涨，甚至出现直线上涨。到了战争快结束时，物价和工资几乎每年都会涨一倍，甚至是涨两倍。还有传言说当时黑市交易极为活跃，商品质量也大幅下降。这些都没有体现在指数当中。实际上，黑市交易的规模一直较小，直到战争结束都一直如此。商品质量也不是能随意下降的。生产商即使下定决心要粗制滥造，也没有办法轻松地降低石油、煤炭、电力和各种食品的质量。

1946年政府终止价格控制之后，物价出现了大幅上涨。消费者价格指数从1945年的53.9涨到了1946年的58.5，1947年又涨到了66.9。之后物价又上涨了5个百分点，然后逐步稳定下来，并且开始下降。[12] 有人认为，这次物价上涨进一步否定了控制物价的效果，因为这表明控制物价只不过是把通货膨胀从战时推迟到了战后而已。但是，如果换一个更为理性的角度，我们应当看到，这一次物价上涨说明如果战时没有控制物价，则物价在战时就会出现更大幅度的上涨。而如果政府能够在1946年采取更为渐进的方式逐步终止战时限价措施，有些商品的价格也许就不会突然出现暴涨。

遭遇限价的商人并不欢迎价格控制措施。而限价人员大多年纪轻轻，为了实现限价效果，在限价时毫不通融，这又让商人们更加排斥限价措施。此外，限价人员对大公司绝不手软，并且深信自己这样做不仅符合经济原理，而且是爱国行为。而公众对于这些限价措施则是拍手称快。切斯特·鲍尔斯（Chester Bowles）在1943年加入物价管理和民用供应办公室担任物价管理员，既善于管理，又积极进行社会呼吁，是第一批采用民意调查检验公众政策反应的公务员。1945年11月，鲍尔斯提供了以下对大众态度的分析：

根据我们刚刚在全国范围内进行的调查，在过去的3年中，公众对我们的支持并未减少。经常购物的女性十分赞同物价管理和民用供应办公室进行物价控制和配给的工作方式。91%的受访者表示，物价管理和民用供应办公室进行物价控制的工作效果"好"，或是"十分好"，只有9%的受访者认为工作效果"差"。受访者对于配给工作也表示了几乎同样高度的支持。[13]

美国人民对于一战的记忆就是通货膨胀。二战对经济造成了更大的打击，但是美国人民对二战的记忆并不是通货膨胀。在战争结束时，美国人民记住的还是二战之前的经济萧条。

美国在二战期间的物价稳定措施存在理论上的偏差，这主要是针对大公司的市场势力和工会扮演的相关角色。上文提到过，在还没有实现充分就业之前，公司就可以提高物价。这样公司就会获得高额利润，而人们的生活成本也更高了，从而使工会产生更强烈的诉求。如果大公司这样使用它们的市场势力，总需求和总供给就无法在价格稳定和接近充分就业产出的前提下达到良好的平衡。然而，经济学的错误所带来的赏罚有时候并不是公平均摊的。因为有了市场势力，二战期间，美国必须采取全面的价格管控，但市场势力也出人意料地使价格管控的实施格外成功。

这是因为，在有市场势力的行业中，要限定价格是较为简单的。这种行业都是被几家大公司垄断，并且这些行业占据了经济总量的大部分。这使得控制价格变得极为简单。

而有许多卖家和买家的市场就不存在市场势力。在这样的市场中，如果在现时的价格下，出现供应短缺，并没有一个机制能够让各位买家平分货物。有的买家要多少就能买到多少，有的则根本买不到。在这种情况下，买家就十分愿意多给卖家一些钱，以免自己什么都买不到。而卖家也很愿意接受多给的这部分货款。由于卖家和买家人数众多,这种非法操作很难被人发现。同时,小型公司的账目较小,甚至根本没有账本,雇用的员工也较少,而且一般都很可靠。公司即使进行非法操作,也不会留下痕迹,而且爱国热血的正直员工一般也不会给政府打电话举报。在这种小型买家和卖家组成的竞争型市场中,是很难执行物价管控的。

而对大公司执行物价管控就要容易得多。首先,大公司会有产能过剩的问题。竞争型小企业一般都是满负荷生产。而大公司就往往会有一些产能过剩。在1941年和1942年,情况尤为如此。我们已经多次提到过,在之前的大萧条中,农产品需求减少,主要是影响了农产品的价格,但是在公司行业,需求减少的状况对产出的影响更大。因此,即使大公司的产品价格被限定了,公司还是会继续扩大产出,所以在很长一段时间里,还是能够为所有客户提供产品的。因此在短时间内,客户不会面临产品短缺的问题,所以也不会有多付钱的动机。随着产出扩大,利润就会扩大,这样公司也没有了涨价的正当理由(当然借口总是能找到的)。

即使大公司没有产能过剩,控制大公司的产品价格还是比竞争型小公司简单。大公司了解自己的客户,可以将稀缺的产品均等地供应给每一个客户,也会遵守类似的指令。在这种行业中,需要监管以防违规的企业数目本来就少。而且每一家公司都有详细的账目,要查违规操作也很简单。大公司里也常有员工或工会和公司斗智斗勇,自愿提供情报。此外,大公司对于负面报道是完全没有抵抗力的。对于违反经济法律的小公司,人们还会有一丝同情,但是大公司如果被曝出违反经济法律,则很少能够获得人们的同情。

和传统竞争市场中的小公司比起来,对有市场势力的大公司进行价格控制要更为简单。这一点并不是直到事后才为人所发现。在进行价格控制时，人们就已经充分认识到了这个问题，但是和战争期间的大多数教训一样，这一问题少有人研究，很快就被抛到脑后了。在战争结束后不久，有人做了归纳。

无论是在二战还是朝鲜战争中，对众多制造业公司生产的产品和客户购买的产品进行物价控制，都没有引起太多社会骚动和争论。也几乎没有人抱怨产品分配不公，或是黑市交易太猖獗。人们一般都认为，这部分经济的特征就是市场不够完善。控制物价的难度主要集中在食品和服装行业，这部分经济极为例外，最为接近完全竞争。物价管理办公室至少花费了2/3的精力用于管理这些产品的物价，而物价控制失败也主要集中在这些领域。在有效的配给制度生效之前，在有许多买家和卖家的市场中，通过控制物价以稳定肉价的努力总是一再受挫。[14]

现在，我们可以从整体上研究一下二战的经济系统。一直以来，很少有人从这个角度进行研究。

由于战争期间物价一直维持在利润丰厚的高位，因此生产商就会十分积极地生产，物价的调控作用并未消失。但是，和货币一样，物价的作用大大降低了。这主要是因为物价是被限定的，因此就不会持续上升，也不会因不断涨价使消费者减少使用和消费稀缺产品或服务。因此，生产者就不会因为物价上升而决定要投资或扩大生产。军用物品的价格当然是很高的，能够带来丰厚的回报，但是令生产者将厂房、劳动力和原材料投入军用生产的决定性因素也不是物价上涨。[15]

民用消费之所以下降，也不是因为物价上涨，而是因为政府实行配给制，任由货物断货。因此，消费者只能空手而归，要么就起个大早排长队去买。以上这些手段并不都是值得推荐的。必需的军用生产之所以能够得到保证，也不是因为涨价，而是因为政府同时采取了一些消极的控制手段和一些肯定性的控制手段。当时，政府禁止生产汽车，禁止建造民用建筑，禁止了大部分的非军用投资，因此，原材料和人力就不会投入到这些项目中去。政府同时禁止出于非军用、非必需性的目的使用钢、铜、其他金属、橡胶和类似材料，还为民用工业的工资设定了上限。此外，政府采取了许多肯定性控制措施，使得最稀缺的材料，如钢、铜、铝、橡胶等都被投入到了军用或是不可或缺的民用项目中。

经济扩张也为执行控制措施助了一臂之力。以不变价格计算，总经济产出，也就是国民生产总值从1939年的2 090亿美元增加到了1944年的3 610亿美元。这段时间里，只有1939年没有受到战争或战争前景的影响。涨幅和政府战争采购大致相当。这也就意味着，民用总消费在战争期间并没有减少，相反，因为民用商业投资有所减少，民用总消费还有所上升。以不变价格计算，居民购买的商品和服务在1940年是1 560亿美元，1944年是1 710亿美元，1945年又上涨了120亿美元。[16]

因此，美国打二战主要靠的就是扩大生产，调动大萧条期间闲置的厂房和失业劳动力，招募更多工人扩充劳动力，并且加班加点生产。[17]在这段时间里，美国一直在推崇牺牲奉献。自从基督教圣徒在罗马统治下以身殉教之后，似乎从来没有哪个国家如此推崇牺牲。但是这次号召牺牲不是要人们洒热血，而是少消费。战争结束之后，美国人就有了更多产品可以消费，消费总量和家庭平均消费量都比之前大大提升。这一次牺牲可谓是最受推崇的，也是最为值得的。

然而，当时美国人民手里的钱变多了，却花不出去。消费供应增加了，但是因扩大产出而获得的工资、利润涨幅更大。储蓄也是一个重要因素。美国人民从来没有像当时一样大量储蓄。这一方面是因为政府发行了战争债券，并且这一次没有鼓励人们去银行取钱购买债券。实际上，政府还声明这些债券不可充当贷款抵押品。另一方面是因为钱很难花出去。人们想要的有些物品只能通过配给得到，而另外一些为其他消费做铺垫的物品则十分稀缺，或是也要配给才能得到，汽油就是一个例子。（我们经常发现，只要待在家里不开车出门就可以省钱。）而还有一些物品只有排队才能买到。还有一些习惯性的支出项目，比如新汽车和新房子，都是禁止买卖的。人们储蓄还有一个原因，就是认为物价在战后会下降，经济又会陷入萧条，工作又会很难找。最好还是存一点钱以备不时之需。

1940 年，个人储蓄占可支配收入的 5.1%。1943 年和 1944 年，这一比例上升到 25%。[18] 稍微想一想就能发现，在战争期间，这是一个调动生产力的最佳设计。人们工作不是为了获得占用人力、物力、设备的商品和服务，而是为了获得不需要多少成本就能生产出来的货币。1943—1944 年，1/4 的人力都是这样调动起来的。对人力、物力和厂房的民用需求被延迟到了战后。可惜的是，这样巧妙的安排是在无意中实现的，如果是精心安排的就更好了。[19]

英国、加拿大、澳大利亚和德国的战时管理总体设计都和美国相似。在美国，配给稀缺或是极为必需的商品是很重要的，比如轮胎、糖、鞋子、供暖油、石油、罐头和肉类等。但是在德国和英国，这类配给不仅重要，更是战时经济管理的核心。在美国，负责供应食物的人员往往过于乐观，为了获得公众的支持和叫好，他们总是把能够供应的配给预计得过高。因此，供应经常跟不上配给。人们经常是手里有钱，有配给券，已经满足了购买的前提，但是却买不到东西。配给系统的主要目标就是提供少量的物品并保证能够供应，但是这一目标也未能实现。英国的配给系统更为全面，管理更为精确。配给在德国经济设计中的地位更为重要。

随着战争推进，英国和德国的配给券都成了决定性的货币。要买东西，前提是有钱和配给券。英镑和马克几乎人人都有，关键在于有没有配给券。这才是决定能否买到东西的关键。配给券和传统的交易媒介不一样，除了有特殊身份的人，每个人拿到的配给券都是等量的。有钱人固然有房有地，收入高，或是积攒了很多传统货币，但是能拿到的配给券并不会比穷人多，因此能买的东西也不会比穷人多。而且富人一般也不能从他人那里买到配给券。因此，配给券就有了一丝平均主义色彩，人们认为平均主义在战时可以鼓舞士气，但是在和平年代就不一定想要平均主义了。

战争期间，英国人积攒的传统货币有所上升。然而，英国的税收也非常高，收入也受到了严格的限制。因此，人们并没有轻视货币。而美国人则认为应该存一点钱，战后再花出去。德国的情况和其他欧洲交战国一样，人们大量积攒传统货币，在25年间，马克又一次一文不值。要想买到物品，只能使用配给券，或是其他类似的购买配额。在这种情况下，限定价格已经不那么重要了，就像用来付钱的货币一样，价格只不过是一个无意义的数字。要购买商品，首要前提就是有配给券。配给券的这种货币特征才是交易或一系列交易——如果零售商又把这个配给券花出去——的前提。因此，每个人都能拿到最低的配额，没人愿意努力工作攒钱。在这种货币体系之下，在二战后的几年里，德国的生产活动都是以这样的习惯和势头发展的。

1945—1948年的通胀得到了抑制，但是其对生产的打击比1923年的通胀更为严重。但是从另一个方面来看，在1923年的通胀中，受挫的主要是靠资产生活的人，这些人手头的资产都是以马克计价的，收回的房租等收入也是马克。因此，1923年的通胀对相对财富产生了更大的影响。整体而言，正是因为这个原因，德国人对1923年通胀的印象比1945年要更深，到现在也还是如此。失去资产的这一群人是很脆弱的，因此他们的印象十分深刻，而失业者则更为镇定。

1945年之后，由于马克基本失去了作为交易媒介的价值，德国出现了许多替代品。具体而言，德国人又回归了一种过去的经典货币，也就是烟草。烟草现在也更为高级了。以前是以烟叶的形式易手，不仅不方便，还要提防可疑的质量证书。而现在，烟草已经完好地包装好，做成了极为标准化的香烟。当时，香烟就等同于铸币。一支香烟相当于一张零钱，而20支一包或是200支一条的香烟则可以方便地用于大宗交易。这种货币的进制比较特殊，但是也并不是十分难以计算。历史上也没有几种货币像香烟这样难以伪造，也没有几种货币像香烟一样，可以完美地规范自身价值。如果香烟的交易价值有下降的趋势，比如供应过多，或是用于交换香烟的产品价格过高，持有这种货币的人不会将货币转手，而是会抽掉几支，或是给有烟瘾的朋友送上几支。这就可以减少供应，保持价值。也有人滥用香烟，收集了一些烟头，重新做成劣质香烟。1946年，卢休斯·克莱（Lucius Clay）将军和其他几个美军高级将领在德国的办公室有一个洗手间，门上挂了一个标牌，写着"请勿将烟蒂扔入小便池"。有个士兵看到了这个标牌，发现其没有说清楚这是为了循环利用，就在下面加了一句话："湿了的烟蒂不好抽。"然而，这种劣质香烟是很容易被识别出来的，只有打折才能用出去。早期的美洲殖民者凭直觉认为烟草有潜力成为一种极佳的交易媒介，德国二战后的故事证明他们的直觉是正确的。

1948年，为了和其他几个国家二战后的做法保持一致，德国进行了货币改革。当时的安排是十分复杂的，目的是要使货币和其他资产缩水的比例保持一致，因此，就要把大额的货币量削减下来。我们之前提到过，这主要是通过将旧马克兑换成新的马克而完成的，10个旧马克兑换1个新马克。与1923年1个旧马克和列登马克1:10 000亿的兑换率比起来，这个兑换率已经是很低的了。商人和生产商都听说要发行新货币，因此都把货币囤积起来，翘首以盼。货币刚一发行，商店里就突然满是货物。因为发行了新货币，生产新货物又可以赢利了。现在就可以放弃价格控制了，配给制也可以终止了。烟草货币又成了历史和传说。货币管理中有一个固定不变的循环，人们对近期最凶险的经历反应总是最为强烈，这个循环在德国很快就上演了。在二战和1923年遭受过通货膨胀后，德国人民记忆犹新，在接下来的20年里，德国人成了世界上最积极预防通货膨胀的一个群体。因此，德国马克后来成为新的稳健货币全球典范。

第十八章

好年景的筹备期

在历史学家看来，1948—1967年一定是工业经济历史上和经济学历史上最为良性的一段时期。这20年间，没有恐慌，没有危机，没有萧条，甚至连轻微的经济衰退也没有。这段时间里，美国经济只在1954年和1958年这两年未能实现扩大产出。正是在这段时间里，出现了"国民生产总值"（gross national product, GNP）这个新词。许多人都同意，在这段时间里，国民生产总值称得上是"健康增长"了。确实，经济增长是十分健康的。这些年里，失业率至少比20世纪30年代的水平要低，只有1958年和1961年两年平均高于6%。按照后来的标准来看，这些年也没有出现较高的通货膨胀。20世纪50年代，工业品价格出现了不良趋势。随着工资越来越高，物价也越来越高，而物价上涨又推动工资进一步走高，这是一个熟悉的螺旋上升趋势。当时虽然出现了这样的不良趋势，但是和之后的灾难比较起来，这只是小事一桩。后来由于农产品价格下降，这一趋势被抵消掉了一部分（当然农民并未受益）。1948年，批发价格指数是82.8，1967年涨到了100，[1] 20年间大约涨了17点。这一涨幅低于1974年夏天批发价格指数的年平均增长率。20世纪60年代初至中期时，物价总体保持稳定。在这段时间里，美国的商业领袖偶尔在公共场合碰面，只要把美国的商业表现和社会主义国家一比较，就难掩喜色，不住地自夸。经济学家虽然认为自己也有一份功劳，但也并不反对企业家自夸。甚至有些共产主义者也偷偷地这么想。对于常年批评资本主义系统的人而言，这段时间可不好过。

美国的情况固然是格外好，但是其他的工业国家也只比美国差一点点。各国都在飞速地进行战后重建。有的国家偶尔会出现进口过多、出口过少的情况，因此就没有足够的支付手段。英国这段时间遇到的问题往往比较棘手，这一方面是因为英国是最为热衷于讨论经济的国家，常常把困难渲染得过于充分；另一方面是因为英国经济严重依赖进出口，因此需要有比美国和法国更为精确的管控手段。在这一时期，英国每隔一段时间就会遇到贸易失衡加剧的问题，并且不得不在1949年和1967年两次将英镑贬值。要不然就是报纸和议会进行一番看似激烈，但是内容和上一次危机如出一辙的辩论，然后决定小幅收缩商业投资，通过加大税收或严格控制消费者借贷以限制消费上升，或是放缓公共支出上升的步伐，这就往往要求王室放弃一项体现尊荣的开支。这样就可以调节进口和出口的平衡，英国就又可以转危为安。

在1914年之前，公司和个人在交易或跨国旅游时，都很清楚手上的美元、英镑、法郎、马克或日元之间的汇率。当时还没有发明浮动汇率这一概念，即货币汇率飘忽不定地进行变化。在这段时间初期，各国对进出本国的资本都有所限制，简单地说，就是限制每一次兑换货币的数额。各国对贸易也有类似的限制。但是后来，各国逐渐取消了兑换控制，降低了货物流动的关税和配额，由此逐步加强了资本流动和贸易自由化。法国、德国、意大利、比利时、荷兰和卢森堡这几个欧洲国家开始筹备设想中的完全经济联盟。最有说服力的经济学家们早就转变了观念，认为有洞察力的人应该要能看到国际贸易的巨大收益，而不是只盯着保护主义狭隘而自私的果实。这段时期虽然出现了许多经济奇迹，但是都无法表明人类终于对国际贸易有了成熟的认识。包括农民在内的一部分人仍然虔诚地守护着保护主义的黑暗。而对于其余的人而言，光明的时代已经展开了。

这段时期的成就主要归功于一个理念和两个机制。这个理念自然是凯恩斯的财政政策。政府通过控制支出与收入的比例，使得产出水平和就业水平成为一个取决于其他因素的变量，而不再是一个独立的变量。产出和就业成了积极政策的结果，而不再是飘忽不定的商业周期带来的不确定后果。凯恩斯体系中只有这一点有所变化，生产资料私有制、私营公司、传统市场都与之前的理论体系没有区别。凯恩斯体系是一个极为保守的理念，但是似乎确有成效。所有的工业国家都接受了凯恩斯体系。

而两个机制则是布雷顿森林体系和《1946年就业法》，二者对美国尤为重要。布雷顿森林体系为国际金融建立了秩序。而《1946年就业法》是由总统经济顾问委员会和经济报告联合委员会（联合经济委员会的前身）提出的，使凯恩斯理念具备了在联邦政府和国会的可操作性。

凯恩斯是布雷顿森林体系的发起人。因此，他的名字不仅与这些造就20年成功的理念联系在一起，还和这两个机制息息相关。如果要用一个人的名字为这20年命名，当然是"凯恩斯时代"。[2]此时，凯恩斯在英国已经不是一个备受质疑的人物，他已经被封为蒂尔顿男爵，得到了英国当权者的充分认可。但是凯恩斯并没有亲眼见证与他的名字联系在一起的成就。1946 年 4 月 21 日，有 9 年心脏病史的凯恩斯突发心脏病逝世。有些人认为，他是因为着急赶火车而加剧了病情。虽然英国战后厉行节俭，但还是应该给凯恩斯提供专人专车接送的。

除了这一理念和这两个机制，还有一个因素影响更大。这就是信心。这里指的并不是对体系的信心，而是对可用的管理手段有信心，对谨慎选择并使用合适管理手段的能力有信心。我们也许可以注意到，在这段时间里，财政政策里也加入了一些货币政策。在 20 世纪 30 年代之前，货币政策的坏名声已经深入人心了，现在也没有完全挽回声誉。但是在 1951 年，政府又开始使用货币政策了，这一方面也是因为货币政策已经有 10 年没有用过了。当年 3 月，财政部和美联储达成了一个协议，美联储不用再承担维持政府债券价格的义务。这就是说，美联储可以自由地提高利率了。而之前，由于不允许政府债券跌价，美联储不能提高债券利率，也不能提高其他互换性资产的利率。美联储得以卸下这一义务，主要是因为银行施压。对于农民、钢铁公司，甚至是医生、教授而言，债券价格越高，他们的回报就越高，而且公司和个人出于自身利益，也希望债券价格更高。银行家也希望价格高，但是对他们而言，这个价格指的是利率。由于之前的 10 年一直没有使用货币政策，利率已经跌到了十分低的水平。而如果能够重新启用货币政策，利率确实会更高。然而，让美联储卸下义务，并不是为了维护银行的收益，而是为了维护国家利益。

也有许多经济学家支持重新启用货币政策。教科书里还有关于央行复杂操作的讲解，但是央行操作在理论上虽无懈可击，在实际中却几乎处于昏迷状态。央行利率很低，而且有义务购买任何维持低利率的债券，这使得央行一直扮演着一个消极的角色。在20世纪50年代初期，许多经济学家称这种消极角色为"通货膨胀的引擎"。实际上前几年通货膨胀更为严重，但是却没有人这样说，这也算是个不解之谜。无论如何，货币政策逐渐地加入了财政政策中，成为"工具包"的一部分。"工具包"是对当时政策的统称，用于指导经济发展。当时经济学家们都信心十足，认为自己终于掌握了审慎使用这些工具的秘诀。

实际上，在这段好年景里，这些工具虽然只失效了一次，但是却从未面临过终极测试。这一终极测试就是控制通货膨胀。在这些年里，经济政策一直都用于解决失业、萧条或衰退的问题，而没有用于解决通货膨胀的问题。这段时间里，只有一两年出现了通货膨胀而已。在这20年里，经济政策极为走运，只需要提振经济，而不是遏制经济。而到了需要遏制经济的时候，经济政策的成功就烟消云散了。下面，我们先来回顾一下历史。

1944年7月，布雷顿森林会议在位于美国新罕布什尔布雷顿森林的华盛顿山酒店召开。经过大量的筹备，此次会议决定成立国际货币基金组织及其伙伴组织国际复兴开发银行。从此，这个小型度假山区的名字不再仅仅是一座山的名字，而是象征着新型国际金融政策，代表着对世界上贫穷而有雄心的民族的援助。在那年夏天，共有来自44个国家的730人参与了此次会议。在类似会议的历史上，恐怕没有哪个国际会议像布雷顿森林会议一样，当时的公众几乎完全不能理解这次会议的目的和内容。但这一点并没有阻碍会议的成功。人们一般都认为自己理解不了的东西是十分重要的。

这就显得参会代表身份更高,他们的心情因此更为愉悦,而政客则更为担心自己若拒绝接受会议决议,会造成严重后果。

会议召开时正好是酒店在战争时期第一次接受预订。当时与会代表不得不将会议时间延长,给酒店造成了极大的不便。尽管如此,会议最终还是达成了一个极为详尽的协议,决定成立两个组织。之所以能够达成协议,也是因为许多与会代表并不清楚自己在讨论什么,如果某个代表假装自己知道一些其他代表不知道的事情,那么其他代表也不能请这个代表进行解释,自然也没有办法反驳。

但是这一协议主要还是要归功于两位出色的天才,他们扮演了主要的角色,在会前都各自提出了极为详尽的提案。其中一位自然是凯恩斯,另一位则是美国财政部部长助理哈利·D.怀特。其中,怀特背后有着美国资源的支持(这对于成功而言是必不可少的),因此他的权势可能更大。怀特为人暴躁无礼,而且和凯恩斯一样傲慢。布雷顿森林会议后不久,他被指控为共产主义保护者和代理人。[3] 1948年8月13日,他极为不屑地回应了众议院非美活动委员会的指控,就差说如果自己真的是共产主义者,就不会是议员们的公仆了,而是他们的主人。所有了解怀特的人都不会否认这一点。一两天后,怀特也因心脏病突发逝世,而且之前也有病史。在布雷顿森林会议上,凯恩斯和怀特达成协议也许不代表所有人达成一致,但是其效应是巨大的。

虽然布雷顿森林会议笼罩着一层神秘的气息,但是国际货币基金组织(后来一直简称为IMF)的宗旨和基本设计则是极为简单的。1944年,世界黄金供应的分布比之前更为不平衡。金本位制本身也是臭名昭著。布雷顿森林会议希望能够重新挽回金本位制的优势，使货币能够以稳定和可预测的汇率与黄金互相兑换，这样各个货币之间兑换的汇率也会变得稳定且可预测。而有一些国家进口太多，出口太少，因此黄金储量一直在流失。布雷顿森林体系一方面希望稳定汇率，另一方面也要使这些国家的痛苦最小化。其方法是采用较为温和、较为渐进的措施，比如更严格的财政政策，更严格的货币政策，提高利率，或者对收入进行更严格的控制。这样一个国家的消费和投资需求就减少了，因此物价就会降低，要向该国进口就会变得较为困难，而该国要出口则会变得较为轻松，把钱存在该国也会获得更高的利息。通过以上手段，可以扭转黄金外流的趋势。

毫无意外，用于缓和的要素就是货币。通过建立一个基金——国际货币基金组织，所有国家都可以从中申请，直到理顺国内形势为止。国际货币基金组织成立之初，所有国家都要出资，出具的资金一部分是可以互换的黄金或美元，一部分是本国货币。每个国家出资的数额取决于对该国占国际贸易的份额和支付能力的弹性计算结果。当时，出资最多的是美国和英国。

每个国家都必须采取措施，稳定本国货币与其他货币的汇率，只允许汇率有1%的浮动。如果某个国家进口太多，出口太少，导致货币开始贬值，这个国家的央行就要买入本国货币，以维持本国货币与其他国家货币的相对价值。如果该国央行储备的国际通行货币不够多，没有办法完成这样的收购，就可以向国际货币基金组织申请，借一些黄金或美元，或是其他可被各国接受的货币，用于买入本国货币。与此同时，该国要存入一笔等额的本国货币作为担保。整体而言，这一基金可以快速地提供硬通货贷款。而一个国家能够从国际货币基金组织借到多少钱，取决于其配额，即该国最初的出资额。这笔贷款附带一系列的收费，并且是有期限的，因此可以鼓励贷款国尽力摆脱令其需要贷款的处境。此时这个国家也就争取到了采取补救措施的时间，可以提高税收，降低政府支出，提高利率。如果这个国家比较小，容易采纳建议，那么国际货币基金组织就会建议该国采取以上措施。假以时日，人们将公认国际货币基金组织的建议十分严苛，甚至带有政治上的虐待倾向。黄金流失所带来的痛苦是立竿见影的，而国际货币基金组织带来的痛苦只不过是来得迟一点而已。如果某个国家的收支长期失衡，那么国际货币基金组织允许该国一次性将本国货币与黄金或其他货币的汇率调低10%。而对于巴西这样惯于进行货币贬值的国家，国际货币基金组织会给予更多的宽容度。实际上这就意味着无所作为。

以上就是布雷顿森林体系。经过1946年在萨凡纳的进一步讨论之后，国际货币基金组织于1947年3月1日在华盛顿正式开始运行。各个社会主义国家最初曾考虑加入，但是此时还是没有加入。

国际货币基金组织成立之初的几年里，学术界对其十分好奇，但是这与当时存在的问题无关。这是因为，国际货币基金组织可以解决小问题，但是对大问题无能为力。20年之后的事情也证明了这一点。战争刚刚结束时，被变为废墟的欧洲成员国进口需求巨大，几乎没有能力出口。因此进出口之间的差距极其大。要想恢复进出口平衡，需要一些时间。凯恩斯呼吁设立一个规模足够大的基金，弥合这一差距。但是美国代表回应道，就他们的政治常识而言，美国国会是不会批准这么大一笔款项的。这一观点在一段时间里在美国占了主导地位。但是无论如何，这笔钱还是要想办法出，于是这一问题被提到了国会，国会也做出了回应。根据《1945年英美金融协议》，美国向英国提供了一笔37.5亿美元的特殊贷款。之后，马歇尔计划又提供了更多款项。

和马歇尔计划的125亿美元拨款比起来，国际货币基金组织的资金要少一些，美国只出了27.5亿美元，其他各国出了68亿美元。在这段时间里，国际货币基金组织几乎没有运行过。

然而，到了20世纪50年代中期，欧洲经济体已经完成了重建，并有了一些发展。欧洲各国的进出口比例变得较为合理了，虽然进出口之间还是有一些失衡，但是国际货币基金组织现在已经可以弥合或者帮助弥合这些较小的差距了。因此，国际货币基金组织逐渐走出了阴影。金本位制的合理替代品似乎就这样被找到了——主要工业国家之间可以完全互换货币，如果偶尔出现困难，就通过向国际货币基金组织借钱来解决，时不时还会做出一些大的调整。当时，人们已经对这一基本的货币体系习以为常了，就像两次战争之前对金本位制的态度一样。因此就像在1914年前那样，现在黄金虽然不再扮演重要角色，但是国际货币体系似乎已经大体重建起来了。

另一个被称赞为好年景缘由的机制完全是美国政府的国内设计，这就是《1946年就业法》。这一法律建立了一个制度，即联邦政府负责提供专业的经济建议与指导。这一制度也是从战时讨论中萌芽的，其源头之一就是经济发展委员会。这一委员会由自由派商人和凯恩斯派经济学家组成，在战争时期成立。之所以成立这一委员会，是因为害怕战后发生严重的经济萧条，这不仅会损害资本主义的声誉，还会降低商人收入。此外，美国商会和全美制造商协会这两大商业组织抵制所有的经济政策，即使明知积极的立场对成员有益，也仍然采取消极的态度。这也是成立该委员会的原因之一。1946年，委员会发布了第一本重要的出版物《就业和市场》，[4] 书中虽然没有提到凯恩斯的名字，但是对凯恩斯的文章表示了肯定。经济发展委员会是由极富创造力的比尔德斯利·鲁姆（Beardsley Ruml）设计的，其宗旨是要求联邦预算按照所有值得信赖的规则保持平衡，但是只在充分就业或接近充分就业时保持平衡。这一宗旨没有直接提到赤字预算，但是不免让人想到赤字预算，因此赤字预算就成了解决失业问题的恰当政策。这是一个微妙的文字游戏。对于当时的商业组织而言，采取这样的立场是需要很大勇气的。[5] 然而，经济发展委员会很快就不再抵触了。

为了战时任务而聚集在华盛顿的经济学家和自由派改革者对就业法给予了更为明确的支持。这些都是一些例行公事且毫无挑战性的任务，只有在私下讨论如何让战时总就业、产出和成就维持到战后时，大家才感到一丝解脱。国家计划协会就是其中一个讨论场合，一些经济学家、公务员、工会代表和农业组织代表松散地聚集在一起进行讨论，偶尔还有几个自由派商人提供资助。华盛顿的凯恩斯派是这些聚会的常客，其中包括杰哈德·科姆和阿尔文·汉森（汉森当时在美联储理事会任临时理事）；理查德·吉尔伯特（Richard Gilbert）和弥尔顿·吉尔伯特（Milton Gilbert）——两兄弟是凯恩斯理念的坚定拥护者，并且十分善于宣传，沃尔特·萨朗特（Walter Salant，凯恩斯曾写信给他，盛赞其为自己在华盛顿的支持者），战时经济规划的主导者罗伯特·纳桑（Robert Nathan），以及活跃且才干过人的商务部统计师迈克尔·米汉（Michael

Meehan）。

纳桑、米汉、弥尔顿·吉尔伯特和杰哈德·科姆都形成了进一步的影响力,这种影响力现在对于凯恩斯理念的发展起到了决定性的作用。这一影响力源于对国民收入、国民生产和生产类别的数据统计。这些数据很久之前就有人在统计,但是西蒙·库兹涅茨（Simon Kuznets）做出了更为完美和及时的统计。库兹涅茨是一位著名的经济学家和统计学家,任职于宾夕法尼亚大学和国民经济研究局,后来去了哈佛大学。(1971年,库兹涅茨因该项工作的成就获得了诺贝尔经济学奖。)罗伯特·纳桑和弥尔顿·吉尔伯特曾是库兹涅茨的学生和同事。在纳桑的指导下,库兹涅茨的统计法在战时得到了充分应用,并获得盛赞。这些统计法展现了总产出可能提高多少,民用投资和消费会有多大投入,还有多少能够投入到军用项目。因为掌握了这些数据,美国和英国的战时经济比缺乏数据的德国更为理性。战争结束后,这些数据可以展示产出和就业可能达到何种水平,因此而获得的收入会带来多少储蓄,要进行多少投资才能与储蓄持平,从而保证充分就业。这些统计"相当于凯恩斯经济体系的实证,也相当于产出和就业短期变动的实证。20世纪30年代中期,凯恩斯的通论和库兹涅茨关于国民生产总值和支出部分的初期报告一同出现。正因如此,凯恩斯带来的经济思想革命才实现了量化表述"。[6]

很快,在讨论时,有人提出要为凯恩斯和库兹涅茨的想法提供坚定的立法保障。刚开始的时候,这一保障确实是十分坚定的。就业法的早期草案称为《充分就业法》,规定就业是每一个美国公民不可剥夺的权利。政府每年应当确定并保证进行公共或私人的投资

（用于抵消充分就业情况下的预计储蓄），以保证充分的就业率。如果某一年私人投资不能满足所需投资总量，联邦政府就要进行必要的借贷和支出，以保证总投资达到保证充分就业所需的量。刚开始的时候，法案明确规定了最有可能的总投资量，大约为400亿美元。1945年，蒙大拿参议员詹姆斯·E.穆雷（James E. Murray）[7]提出了S380法案草案（删去了400亿美元这个数字）。许多自由派议员联合发起了这一法案。

1945年，要抵制充分就业已经很困难了，但是仍然有一大批立法者迎接这一挑战。在参议院，罗伯特·A.塔夫特（Robert A. Taft）带头抵制法案，但是声势较小。反对者大多数都要求对法案的措辞进行修正，而在法案的发起人看来，修正措辞只是要掩饰法案对赤字预算的应用，但是在法案的反对者看来，修改措辞之后，就可以打击对赤字预算的应用。法案在参议院获得了通过，仍然保留了对充分就业、预计所需投资和进行相应支出的承诺，但是并非一字未改。

而众议院则更为保守，此后也经常如此。在众议院讨论法案之前，反对派已经注意到了这一威胁，并且做好了应对准备。全美制造商协会和通用公司高管唐纳森·布朗（Donaldson Brown）准备了一份对法案的学术分析。这份分析的结论是，该法会增强政府管制，摧毁私人企业，并且不正当地扩大联邦政府的权力，使联邦政府支出和经济刺激政策合法化，引入社会主义，该法还是不可行的且不切实际的，承诺得过多，并且容易招来嘲讽。这份材料和类似的材料在全美范围内分发，参议员穆雷在蒙大拿的选区是重点分发区域，农村的邮箱里也收到了这些材料，当地人看了肯定觉得很困惑。[8]

由于这些人的反对，委员会大刀阔斧地对 S380 法案进行了专业的修改。这些修改安抚了一些议员，但是他们还是反对该法案，认为该法案过于自由。法案就是这样在国会得到通过的。会议委员会同意删去过于激烈的、有关充分就业的言辞。这份法案也许是历史上最为合格、修改最多、言辞最为收敛的法案。这一法案将成为美国政府的政策。

采取一切可操作的手段……在工业、农业、劳动力、国家和地方政府的协助与合作下，协调并使用所有计划、职能和资源，用于创造、维护，通过精细计算培育并发展自由竞争型的企业、总体福利和必要条件，使每一个有能力、有意愿、正在择业的人都能找到有用处的工作，同时促进就业、生产和购买力最大化。

以上这些言之凿凿的目标中，没有提到要采用凯恩斯关于公共或私人储蓄和投资预算的理念，政府也没有任何义务要进行相应的开支。相反，国会两院会组成一个特别联合委员会，每一次开会都会审议一个报告。委员会将审视当前经济事务的情况，并且仅限于建议采取一些必需的行动，像上文所宣称的那样，以培育并发展自由的竞争型企业，以及为"有能力、有意愿且正在择业的人"培育和发展有用处的最大化就业。包括亨利·华莱士、斯图尔特·蔡斯（Stuart Chase）和威廉·贝弗里奇（William Beveridge）在内的保守主义者之前都反对凯恩斯，有人还曾在国会辩论时称凯恩斯为需要驱除的恶魔之一。他们似乎是大获全胜了。

但是这一次胜利后来也付出了高昂的代价。当时，众议院的保守主义者在法案中加了一条规定，成立了一个经济事务特别顾问机构，称为经济顾问委员会。之所以这样做，一方面是希望削减总统的财政权力，另一方面是为了以形式化机构替代实质性内容。自由主义者当时也接受了这条规定。最初，这条规定显得极为无关紧要，以至于杜鲁门总统在好几个月之后才抽空任命了 3 名成员。杜鲁门总统选择埃德温·G. 诺斯（Edwin G. Nourse）担任委员会主席。诺斯是一名大学者，从未关注过凯恩斯的理念，因此也谈不上相信。但是副主席莱昂·H. 凯瑟林（Leon H. Keyserling）之前曾参与过就业法的起草和表决，对该法的目标有着热诚的信念，并且他还极为积极地参与了多次在华盛顿的凯恩斯讨论。1949 年 11 月，凯瑟林担任代职主席，1950 年成为主席。对于保守主义者在法条中的有所保留，凯瑟林毫不畏惧。他手下的委员会坚定地致力于实现最初的就业目标。他和沃尔特·海勒（Walter Heller）都证明了一点，即无论是向总统倡议，还是向大众倡议，倡议本身都不是权力的工具。海勒 10 年后成为肯尼迪总统时期的委员会主席。凯瑟林是这一新机构和新政策的先驱，这一说法现在已经很少有人反对了，但是当时有很长一段时间都有争议。凯瑟林本人是一名律师，因此他的道德品质也备受怀疑。二战末期，职业的经济学家已经在美国形成了一股力量。经济顾问委员会首次体现了经济学家的权力，但是其主席竟然是一个名不正言不顺的非专业人士，这让凯瑟林面临了一些争议。而他本人也总是提到自己原来是一名律师，这让情况变得更糟。凯瑟林卸任后，所有的委员会成员都是具有充分资格的经济学界人士。

在通过就业法、成立总统经济顾问委员会之后的 20 年内，每年 1 月[9]都会有一本《总统经济报告》出版。这份报告是一本具有专业素养的声明，阐述近期的经济行为和未来的经济表现。这些报告并非完美无缺。从来没有哪一任总统回顾工作时会总结说自己表现很差，这些报告在考核政策成果时也从来不会得出政策方向错误的结论。但是无论如何，总统的身边聚集起了一些人，这些人最关心的就是产出和就业，以及产出和就业对支出、税收、美联储政策、国际贸易政策，甚至是农业政策的影响。这些人的存在是十分重要的。S380法案的起草人曾经希望国家预算能够明确地体现预计中的政府收入、投资、支出，并明确指出需要进行多少额外的政府支出，这样才能雇用所有有能力、有意愿且正在择业的人。从后来的情况来看，这些人也许不会有更多要求了。

第十九章

全盛时期的新经济学

在二战之后的美国,在保守主义者眼中,凯恩斯是比马克思还要大的威胁。不提起凯恩斯的话,保守主义者们还可以保持沉默,甚至是默许,但是只要一有人提起凯恩斯,他们就会激烈地反对,其激烈程度甚至超过对马克思的反对。[1] 虽然凯恩斯的理念已经为人所接受了,但是凯恩斯的名字仍然极为敏感。

1947年,哈佛大学的西摩·哈里斯编写了一套影响深远的凯恩斯理念文集。(文集开卷的第一篇文章就是《泰晤士报》1946年4月22日的讣告:"伟大的经济学家凯恩斯爵士昨天因心脏病发作逝世于萨塞克斯郡佛尔镇蒂尔顿。他的去世使英国失去了一个伟大的国人。他是一个才华横溢的人……")哈里斯是所有传播凯恩斯理念的人中最为勤奋的,也是最有成效的。他将这套书命名为《新经济学》。[2] 在接下来的几年里,"新经济学"这一说法逐渐为人们所接受。[3] 肯尼迪上台执政后,美国政府更是公开宣称要坚定地采取新经济学。在肯尼迪执政期间和约翰逊执政初期,美国经济总产出稳步扩大。工作机会也因此不断增多,增速超过了劳动力增长速度。因此,失业率也在稳步下降。美国政府只是采取了一些小规模的直接干预,就稳定了物价。这就是新经济学。一切似乎都没有差错。

为此负责的人也没有因过分的怀疑而感到迷惑。1968年初期，战后繁荣期已经延续了快20年。总统身边的经济学家开始回顾最近这段时间的创纪录表现。在这"硕果丰收的几年"快结束时，这些经济学家回顾道，在这段时期里，"积极主动地应用财政政策和货币政策促进经济繁荣，这绝不是偶然为之……"，他们还补充道，"联邦政府的经济政策也不再是……等到出现了衰退或严重通胀之后才采取措施"。[4] 之后经济学家们稍微谦虚了一下，然后又很快恢复了以上基调："在过去的几年里，财政政策和货币政策的执行和协调并非完美无缺。但是我们的政策一直在不间断地协调审议。虽然我们采取行动的时机并非总是完美的，行动的程度也并非总是精确的，但是我们的行动一直都在朝着正确的方向进行。"[5]

可叹啊，这样的自我表扬无论多么无可厚非，也快到头了。而当时的人若能以史为鉴，也许就不会如此自满。1928年12月，卡尔文·柯立芝总统（Calvin Coolidge）在国会做了任期内的最后一次国情咨文。他说："美国国会召开会议听取国情咨文时，从来没有遇到过比当前前景更为令人愉快的了。国内整体安定，人民满意……这是史上最为繁荣的时期。"[6] 而接下来的一年，洪水猛兽就来了。

这几年间，新经济学表面看起来良好，但是实际上却有着4个严重的缺陷。有些缺陷当时还没有完全显现出来，但在事后看来，一切缺陷都显得无比清晰。

第一个缺陷是依赖预测和预见，总是希望在出现需要前就采取行动。预见并不是精准无误的，所有经济学上的预见都不是精准无误的。而更为严重的是，身居高位的经济学家出于个人原因或政治考量，往往会做出错误的预测。这一方面是因为他们总是不禁要做出别人想要的预测，而人们总是希望看到他们预测出好的前景，而不是坏的前景，另一方面是因为许多人都认为经济学上的预测是一种会自我实现的预测。有人认为，如果预测就业和产出低迷，商人就会态度消极，并削减开支。而如果预测得出物价将上涨，那么各公司就会评估自己的定价，并且提高定价。而工会也会比照政府预测的物价和生活成本，确定工资要求。如果政府预测得出物价将要上涨，那么这一预测立刻就会成为工会要求涨工资的论据。因此，所有的官方经济预测都是值得怀疑的，所有人在看这些预测时，都要谨记，其中很大一部分都只是强烈的主观意愿。20世纪60年代中期和70年代中期之间这10年，经济政策主要是被预测所指导，而这些预测又是主观愿望所决定的。

此外，官方的经济预测不能与更高的公共期望互相矛盾。1967年、1968年正是经济繁荣的尾声，由于越战的支出，美国经济面临的压力越来越大。所有的官方口径都说这场战争很快就要结束。就像走隧道一样，越往前走，出口的光线应该会越明亮，但是现在看来隧道似乎无穷无尽。政府的经济学家即使确信战争会持续下去，造成更大的开支，也不能以此为依据做出公共预测。他们无法公开预测战争支出会持续增加，也不能公开预测通胀压力会变本加厉。官方对于战争结束时间的预测无论是多么错误、多么不切实际，也仍然占据着主导地位。

而另外3个缺陷则是较为具体而特定的。三者都会限制甚至剥夺政府有效解决通胀的能力。

首先，市场势力现在已经是一个常见问题，而应对市场势力的机制却存在着缺陷。二战后，工会的力量和自信程度都在稳步上升。有的保守派经济学家试图通过数据证明，如果说大公司的市场势力并没有上升，那是因为大公司的市场势力一直就很强大。所有维护传统竞争市场的人都认为大公司的市场势力确实上升了，只有几个极为有洞察力的维护者不这么认为。因此，随着大公司接近满负荷运营，势力集中的行业已经可以整体提高价格了。面对上涨的价格，工会也可能会争取到更高的工薪，而公司将由此产生的更高的工资成本转嫁给员工，因此就会形成一个似曾相识的螺旋式上升。在战争时期，政府要想通过整体财政措施来遏制这一螺旋式上升，就必须承受过量生产的代价。而在和平时期，要想遏制这一螺旋式上升，失业率就会超出人们能够忍受的水平。肯尼迪政府似乎找到了解决方案，但是这一方案的机制和支撑理念都极为不牢靠。要想充分认识这一弱点，我们有必要追溯到繁荣年代初期。

1950年夏，朝鲜战争爆发。美国经济也随之面临着保持高产出和稳定物价的严峻考验。战争爆发后的几个月里，物价迅速攀升，这一方面是因为对上文提到过的市场势力的反应，一方面是由于人们还记得之前的战争会导致物资短缺，因此大量抢购物资。1950年6月，批发价格指数为80，第二年1月为89（1967年的水平为100）。[7] 杜鲁门政府最初有所抵制，但是国会之后还是通过了一项规定工资和物价控制措施的法律。稳定物价办公室成立了，主任是迈克尔·迪萨尔（Michael DiSalle）和在二战中负责物价控制的加德纳·奥克利（Gardner Ackley）。管理执行的全套组织就这样组建起来了。

从来没有哪个经济行动如此立竿见影，如此卓有成效。物价上行的趋势立刻就完全停顿了。也许随着人们意识到朝鲜战争的影响不及二战严重，物价上涨也许本来就会逐步平缓。但是在政府采取行动的时候，工资和价格已经快要形成螺旋式上升了。如果此时没有控制措施，螺旋式上升就会持续下去，也许还会更为严重。

这一事件又一次证明，有必要采取直接行动控制螺旋式上升。但是，这只是一次影响力不大的事件。针对朝鲜战争而采取的控制措施取得了短暂的成功，之后就终止了。控制措施毕竟是战时措施，在朝鲜发生的冲突并非大规模战争，而且朝鲜和美国相距遥远，并没有激发极大的爱国热情，也没有使政府采取任何和平时期不能采取的措施。当然，人们也并不会将这次事件与和平时期的事件一概而论。

针对朝鲜战争而采取的控制措施在 1953 年废止了。之后，工业价格和工资水平又开始缓慢上行。对于艾森豪威尔政府而言，这似乎是一个很麻烦的问题，政府因此在 20 世纪 50 年代中期和后期提高了利率，限制了货币扩张，并且尝试限制预算。1954 年，美国预算赤字略低于 60 亿美元，而在接下来的两年内，就出现了预算盈余，而且盈余达到了 1954 年赤字的两倍规模。1958 年，预算又出现了 102 亿美元的赤字；1959 年，赤字降低到了 12 亿美元；1960 年又出现了 35 亿美元的盈余。[8]

在这两次政府采取限制措施的时期，农产品价格都出现了剧烈下降。农产品的价格不受大公司市场势力的影响，也不受工会涨工资要求的影响，其波动符合正常的价格波动规律。而工业价格则一直上升，直到 1960 年才停止。1960 年，工业价格指数为 95.3（1967 年的水平为 100），比 1953 年停止朝鲜战争价格控制时的水平整整高了 10 个点。1960 年和 1961 年，货币和财政的限制确实让工业价格几乎不再上涨了。但是我们现在也可以预料到，当时更为惨痛的教训是为此付出的代价,即极高的失业率,1961年的失业率高达6.7%。[9]

通过牺牲就业控制物价造成了一个并非偶然的政治后果,即1960年约翰·F.肯尼迪的当选。在选举中,肯尼迪以极其微弱的优势领先。如果没有这些因为理直气壮地牺牲就业而引起的痛苦,肯尼迪的获胜简直是不可想象的。而共和党人之所以失败,尼克松之所以失败,原因也在于这些控制工业物价上升的措施。

新一届政府并没有忽视这一教训。20世纪50年代时,艾森豪威尔总统及其部下曾无数次呼吁工会和大公司为了国家的利益和稳定的物价,稍微降低一些对工资和价格的诉求。正如此前一样,人们已经认识到了公司和工会的力量对通货膨胀起着决定性的作用,在接下来的20年里,这种认识又进一步加深了。由于政府做出了这样的呼吁,直接干预的必要性就没有那么强了。既然不是必须直接干预,政府就不断地解释道,进行更为有效的干预是与自由市场系统相违背的。

在某种程度上而言,新的民主党政府接受了干预的必要性,并立刻开始搜寻可以遏制工资物价螺旋式上升的机制。在新一届政府执政的第一年,经济顾问委员会在报告中清楚地写道:"在某些重要的经济领域中,存在公司规模庞大或是员工组织有序的情况,有的领域中这两种情况都存在。在这些领域中,私人各方在协商工资和定价方面应当极为慎重。"[10]

对这一呼吁的回应仍然取决于公司和工会是否自觉响应,而官方的压力和非直接的制裁也能起到一些督促效果。政府为规范工资和价格制定了官方限制或指标,要求工会将涨工资的诉求控制在生产力年增长量之下，而当时的生产力增速大约为年均 3%。生产力增加提高了每个劳动力每小时的产出，因此可以满足涨工资的要求。如此一来，平均成本并没有上涨。既然成本保持稳定，政府就要求公司保持物价稳定。

  1962 年春，该项政策受到了巨大的考验，并且因此广为人知。同年年初，美国劳工部长、前美国钢铁公司工人总律师阿瑟·戈德堡（Arthur Goldberg）与钢铁行业协商达成了一项工资协议，总体上是符合政府指导思想的。美国钢铁公司一贯维持着自命不凡且极为自负的公共关系传统，在达成协议之后即不紧不慢地宣布将钢铁价格每吨提高 6 美元。在公开宣布涨价时，钢铁公司的负责人顺便拜访了总统，并告知了这一涨价事宜。其他公司早就准备好要跟着美国钢铁公司走，之后也宣布涨价。肯尼迪总统得知这一消息之后，痛斥商人人格和经商传统。此外，出于政府采购钢铁的考虑，联邦贸易委员会威胁将根据反托拉斯法采取行动。公众、媒体和国会也极为愤怒，这一切使得各大钢铁公司不得不重新考虑这一问题。有一两家公司较为敏感，最终决定不跟风涨价。包括美国钢铁公司在内的其他公司则被迫取消涨价。自愿控制工资和物价的原则就这样得以保全了。在接下来的 4 年里，就业和产出稳步扩大，工业品价格也基本保持稳定。经济政策的主要设计师沃尔特·海勒对这一时期进行了有所保留的评价，他总结道："……从商人、工人私下表达的观点（和公开的疾呼），以及仔细对比研究工资和成本趋势来看，这些控制指标确实是有效地缓和了 20 世纪 60 年代经济扩张时期的工资和物价上涨。"[11]

  好景不长。从 1966 年开始，越战支出巨幅上升。美国本就不情愿提高税收，更不愿意为一场不得民心的战争而提高税收。直到 1968 年，美国才终于就战争支出附加税投票。与此同时，随着需求不断扩张，物价和生活成本也面临着上涨压力。物价和生活成本上涨之后，员工就会要求更高的工资。毕竟，这也是稳定物价的一个条件。同时，越战面临着广泛的反对，美国政府需要争取对战争的支持，因此美国政府的道德高地也有所沦陷。1966 年，新泽西建筑工会争取到了一项工资协议，工资水平远远超出了工资控制指标的上限，之后航空机械师的工资协议水平也超出了指标。很快，对于物价和工资水平的限制就变得形同虚设了。尼克松政府于 1969 年 1 月开始执政，其任下的经济学家们都清楚地表示，他们反对任何类似的市场干预，这一反对立场关乎至高原则。

对于这些经济学家而言，这一原则无论多么违背事实，也是一条重要的原则。对于保守的经济思想来说，最基本的一点就是要保证市场处于有益的首要地位。如果政府一定要进行干预以防止通胀，并提升市场表现，那么就意味着市场既非有益，也非至高无上。而对于自由派经济学家而言，他们也从来没有将控制指标和限价措施完全纳入自由派传统智慧结晶中。这也是有着充分理由的。凯恩斯体系并没有对市场，以及教科书和教师传授的微观经济理念做任何改动。供给和需求还是会自行达到均衡，只不过政府在产出比之前更高的情况下，对需求做了一些必要的管控。凯恩斯体系没有改变供求达到均衡的机制，也没有改变价格机制和资源分配机制。政府虽然制定了控制指标，但是物价和工资仍然由公司和工会决定，而物价和工资并不是市场均衡的反映，而是公司和工会势力的反映。人们所接受的经济学无法影响这种势力。因此，许多自由派经济学家都极力无视这种势力。现在还有许多经济学家保持这种态度。

工会能够影响工资，公司能够影响价格，这二者又会互相影响。身在其位时，经济顾问委员会中的自由派委员总免不了要面对以上这些恼人的切实影响。但是一旦回到大学教书，或是在附近的郊区教导年轻人，他们就可以抛开这些乱七八糟、富有争议、并不科学的烦人问题。在他们的著作和课堂中，物价又可以与公司脱钩了，工会又被拉回市场里了。只要对货币政策和财政政策做一些深思熟虑的专业调整，就又可以保证就业，防止通胀了。

这也是一个缺陷。从经济繁荣的这些年可以看出，公司和工会的经济势力足以打垮为维持高就业和稳定物价而做出的努力。因此，在实际操作中，政府干预是必不可少的。但是经济学的原则从来不考虑实际操作，而原则又具有极高的影响力。按照一般给人以希望的传说，像经济政策这样关乎公民切身利益的事宜应当由公民来决定。也许从长远来说，公民确实是可以决定经济政策的，因为公民享有一项十分令人感到幸福的权力，即可以将失败的公务员赶下台。但是在公职人员明显失职之前，或是可以将其赶下台之前，经济政策就像做心脏手术一样，都是专家说了算。经济学家相信的事实，或是他们愿意相信的事实，就是他们将要确定的经济原则。这些都不是小事一桩，而是起决定性作用的因素。

还有一个缺陷就是凯恩斯体系致命的非弹性。在这些年里，随着凯恩斯体系不断发展，支出无法再进行削减了，而税收仍然是随着可征税收入的升降自动调整的。除非出现战争这样的极端情况，否则政府也无法通过立法要求提高税收。既然支出只能升不能降，税收又只能降不能升，财政政策就很明显地变成了一条单行道。在通缩和萧条时，这样的财政政策是极为有效的，但是在通胀的时候,就并非如此了。

一直以来,凯恩斯体系都比其支持者想象的更不灵活。前文提到过,在20世纪30年代时,人们认为财政政策就是调整公共支出。在私人支出或投资不足时,可以提高公共支出以弥补缺口,而如果私人支出或投资充足时,则可以降低公共支出。这样就不用调整税收了。扩大产出和就业之后,许多人就不用再领救济金了,也不用依靠政府的公共就业项目了,农民也不会对联邦预算提出过高的要求。因此,随着产出和就业的扩大,有可能能够降低支出。1936—1937年,联邦支出从85亿美元下降到72亿美元,降幅超过15%。这一降幅不仅是极为剧烈的,而且在当时看来也是极为不明智的。[12] 但是当时人们仍然认为政府无法轻松地降低公共开支。

战后,政府的开支变得更为缺乏弹性。在大萧条期间,公共支出主要是出于经济和社会目的,用于扩大产出和就业,以及提高失业者的收入。在那些观念保守求稳的人看来,这些支出的目的是十分令人不安的,值得提高警惕。总是有许多选民支持削减开支。

二战后,公共支出大幅上升。1954年,公共支出达到了15年前的8倍。但是此时大部分支出是出于战争目的,而支出的额度明显是极其高的。这些支出得到了强大的军事官僚体系和供应行业的支持,其目的不再是提高收入、产出和就业。虽然这些支出偶尔也能实现这些目的,但是无论这些目的是多么有益,也不是主要目的。这些公共支出的目的是遏制共产主义,保卫国家安全,保卫自由,武装"自由世界",都是保守主义者赞同的。因此,要进行这些支出,就不用根据经济需求进行调整了。我们经常说,国家安全可不能乱来。

这也就意味着,如果要进行调整,就只能调整税收了。和萧条时期相比，在战后调整税收的灵活性本身就更强。公共支出的大幅提高与公司和个人所得税的收入涨幅大体相当。我们之前看到过这种税收的良性趋势。随着产出、收入和就业有所提升，个人收入和公司利润都有所上升。如此一来，之前收入在缴税标准之下的人就要开始缴税了，而本就缴税的人因为收入提高，适用的税率也变高了。企业的利润增幅和企业税的增幅也不成比例。因此，税收增长的幅度比产出和收入的幅度更大。在产出、收入和就业下滑时，这些效应就会起反向作用。税收额度越高，稳定效应就越强。对富人实行税务减免很明显会扰乱这一良性过程。然而，在这20年的经济繁荣时期，许多类似的优惠政策，尤其是劳动所得税率最高不超过50%的政策都还没有实施。现在的许多逃税避税漏洞当时也并没有被充分开发出来。因此，在这些年间，所得税仍然有着较强的自动稳定效果。

实际上，这一效果有些过强了。到20世纪60年代初期，新经济学已经形成了一个传承观点，即认为在充分就业的情况下，联邦政府的税收与支出相比有些过高了。这就会对产出、收入和就业形成"财政拖累"。为了减轻这一拖累，就需要进行横向减税。而此时，社会的观点已经足够成熟，可以容许政府进行这样的举措。政府可以进行减税，财政赤字就会随之上升，而这正是政府有意要实现的目的，即以赤字拉动经济增长。1964年，政府宣布将减少140亿美元的税收。这是"新型经济政策最为公开而戏剧化的表现"。[13]

然而，政府采取这一行动，就暗示着在需求过剩导致价格攀升时，政府也有必要进行增税。从后来的历史可以看出，增税比减税要困难得多。如果要提高税收，政治上会面临更大的阻力。如果政府在物价上涨的时候提高税收，除了最开明的公民，其他公民都会觉得这是毫无道理的。物价本来就在上涨，政府还要雪上加霜，提高税收。这简直是最反常的经济措施。

除此以外，增税政策的政治逻辑是用提高税收来对抗通胀，这更加剧了其面对的阻力。需要提高的税收是所得税和公司税，如果政府采取平等增税的措施，那么富人受到的影响是最大的。从前李嘉图笔下的富人有个鲜明的立场，即反对通胀。但是如果控制通胀的措施对富人收入有特殊影响，那么富人的这一立场立刻就不那么鲜明了。而且，对于那些受到牵连的富人而言，也许保持通胀反而更为有利可图。无论如何，将增税作为反通胀的工具，只会极大地打击富人反通胀的热情。

若政府只能在有战争这一不可抗力时才能提高税收，且无论出于何种理由都不能降低公共开支，那么凯恩斯政策就完全没有办法限制需求。凯恩斯政策可以提高购买力，但是无法降低购买力。在20年经济繁荣期中，政府并没有找到可靠的方式应对工资和物价的螺旋式上升，而通胀的原因之一，就是市场势力的直接作用。财政政策也渐渐无法解决通胀问题。目标就在眼前，但是令人沮丧的是，实现目标的工具却不再奏效。

货币政策是一个例外。在其他政策工具纷纷衰落之时，对于货币政策不断增强信心也许是最大的不幸。

这段时间政策的最后一个缺陷就是对货币政策的信赖。回顾历史，货币政策的效果既出人意料，又具有破坏性。在这段经济繁荣期，政府在实际运用货币政策时是十分谨慎的，但是效果仍然不佳。按照公认的看法，20世纪50年代中期经济停止扩张，是因为美联储既进行了较为限制性的公开市场操作，又提高了银行借贷的利率。

而这些做法并没有止住工业品价格的上升趋势。到了 50 年代末，这些做法配合限制性的财政政策，使物价不再上涨了，但是也为此付出了产出下降、失业上升的代价。这也是肯尼迪当选的原因之一。

尽管如此，对于货币政策的信心仍然在幕后不断上升。首先，这是因为人们渐渐遗忘了货币政策从前的失败。其次，人们总是难免希望专家能够用魔法巫术拯救万民。最后，这反映了央行负责人整体仍然保持着较高的权威地位，其中美联储的地位尤其高，本书的读者们想必也不会再因此而惊讶了。在经济学的小世界里，人们虽然已经充分意识到了货币政策的失败，但是仍然认为这只是一个有意思的政策偏差，而不是根本性的错误。教科书和教师们仍然在详细地讲授美联储可以如何通过调整再贴现率，买卖国债、债券和美元，以提高或降低货币供应量，从而促进或限制经济发展。货币供应量的变化成了特别流行的讨论话题，只不过当时人们对于货币总量应包含哪些部分有些困惑（稍后会提到）。而货币政策最大的好处就是这一工具是完全自由的，不受任何烦琐的公共程序干扰。货币政策"享有财政政策所没有的灵活度。国会必须通过标志性的冗长程序才能得出决议，财政政策制定之后要经过漫长的等待才能得以实施，而美联储理事会的决定则不会受到以上这些影响"。[14]

但是，货币政策得以复兴，主要还是因为米尔顿·弗里德曼教授在这段时间里做了有效的宣传。米尔顿·弗里德曼教授格外勤奋地学习了货币政策和货币史，同时又是一个虔诚坚定的保守主义者。他认为货币政策是保守主义的关键。货币政策不需要政府直接介入市场，略过了对支出和税收的直接管理，更不用去管凯恩斯体系隐含的预算调整。货币政策可以将政府的职能最小化，使世界回归到过去简单的体系。弗里德曼教授并没有原谅美联储犯下的错误，也没有试图尽量降低美联储的重要性。相反，他强调了美联储的错误和重要性，因此也就不用为过去的错误和不幸负责。在弗里德曼教授看来，当时的任务比之前更为单纯。他又回归到了欧文·费雪的理论，并且认为只需要关注费雪方程式中的货币量就够了。"货币储量行为的变化一直与经济活动、货币收入和物价的变动密切相关……货币变化的源头往往是独立的，并不只是对经济活动变动的一个反映而已。"[15, 16] 货币供应量现在是以货币总量来计算的，和往常一样包括流通货币（也就是银行之外的货币）和能够开支票的银行存款。后来因为储蓄账户也可以被随时取出使用，而且储蓄账户和支票账户越来越趋同，储蓄账户也加入了货币总量中，只是这一点一直存在争议。如果能够控制以上总量，以至于能够容许总量稳定地小幅上升，最终影响经济活动，那么就能够实现经济管理。这一任务仅此而已。要实现这一单纯的任务，并不需要美联储繁复的决策系统。弗里德曼教授还曾经多次在半正式的场合表示应当解散美联储，以一套严格的规则取而代之，并坚决遵守即可。对于在复杂世界中寻求轻松的人而言，这个建议再合适不过了。弗里德曼教授的论点并不是随意提出的，而是有大量证据支撑的。在必要的情况下，可以列出这些证据证明观点。（货币流通速度有了巨大变化，尤其需要解释清楚。还有上文提到的关于货币定义的争论，也是一个尚待解决的严肃问题。）在之后的岁月中，弗里德曼教授这一极为简单的解决方案并没有投入使用。但是，这一方案将使人们更为希望用货币管理的魔法解决一切问题。可叹啊！

凯恩斯经济学的这些缺陷，或者说火苗，在20世纪60年代后期和70年代初期将会燃起熊熊大火。而正是尼克松的经济学家们以他们的聪明才智为火焰提供了风能。

第二十章

去向何方

谨慎的历史学家在著书立说时,总是写至较早的年代就收笔,然后和同时代其他人一起,坐下来观看当下发生的一幕幕。这样做是出于一个严肃的原因:写史忌急,应当走远了再回望。如此克制还有一个更大的好处。人们往往对当下的事件有所了解,因此会质疑历史学家的解释,甚至质疑其书写的事实。如此一来,历史学家的职业优势就丧失殆尽了。最好还是稳妥一些,只评述过往。

可惜啊,本书无法采取这种小心的做法。本书作者既希望讲述过去的得与失,也希望能够以过往是非为今日提供启发。因此,本书的最后不得不写一写当下的困惑和当今的世界。自从吕底亚王国时期以来,已经过去了 2 500 年。在此期间,世界上常常出现货币失控的倾向,货币管理也往往会使生产和就业等其他方面表现不佳。当今世界就存在这样的倾向,但是仍然有转圜的余地。近期发生的事件并无太大争议。通过不久前或是许久以前的事件,人们已经预料到了一些近期发生的事件,并且也预料到了应该如何作为,但是关于如何行动,则有着较大的争议。

随着越战结束,美国经济管理的好年景结束了。战时支出,以及支出带来的需求给物价施加了压力。限价指标屈服了，物价开始上涨。

人们认为战争支出及随之而来的预算赤字应当负主要责任。实际上，支出和赤字很快就降低了。1967年，联邦政府国民收入账户赤字为124亿美元。随着附加税的征收，所得税也增多了。因此，赤字在下一年就降到了并不算高的65亿美元。1969年，预算盈余81亿美元。[1] 随着附加税的取消和其他减税措施的施行，预算又出现了赤字。

以上事件的发生顺序是很重要的。近些年，尼克松政府的经济学家将日益严重的通胀归咎为上一任留下的财政烂摊子。通过反复宣传，这种解释已经为许多人所接受。将自身的软肋怪罪到前任政府有着明显的好处。按照这个逻辑，任何一个政府在执政数年之前，都可以不用为经济表现负责。这真是个不错的不在场证明。但是实际上，尼克松政府上台时，政府的财政状况是十分稳健的。尼克松政府的经济学家们在研究经济学的因果关系时，似乎用的是研究考古学的方法，这可不是正确的做法。

事实上，新政府上台时，物价的波动也并非格外严重。设1967年基准为100，批发价格指数在1968年上升到了102.5，1969年上升到了106.5。[2] 经济情况是否糟糕是一个比较概念。但是，以上的价格上涨似乎不用比较就已经显得足够严重了，因此新一届政府在1969年1月上台时，就坚定地宣布了终止物价上涨的决心。为此，新总统大胆地宣布自己有意将之前经济管理中的所有真切缺陷和潜在缺陷统统进一步扩展，令其变得更具有危险性。1969年1月27日，尼克松召开了就任后的第一场新闻发布会，言辞之不确定有如后来水门事件录音带中的语气："我们正在试着做的事情，可以这么说，就是不要过多地管理经济。我们会对我们的财政和货币事务做一些微调，以控制通货膨胀。在这方面我还想说一点。有人建议说可以通过规劝工人、管理层和行业遵循某些指导原则，这样就可以有效地控制通胀。我并不认同这一建议。"[3]

这一番话道出了所有可能造成的破坏。虽然当时十分有必要管理经济，但是尼克松却说要尽量少管经济。而"微调"（fine-tune）这一说法是尼克松的经济学家提出来的，后来流传成了一个荒谬的陈词滥调，还不如说微调一下密西西比的洪水呢。虽然尼克松说要微调财政政策和货币政策，但主要还是依靠货币政策。因为即使是刚刚就任的总统顾问，也不难想到，联邦政府的支出和税收都是要通过国会表决的，不可能随意进行敏感的调整。尼克松这番话还体现出他认为财政政策和货币政策要成功，依靠的不是过人的智慧，而是过人的技术。现在人人都知道，事实从来都不是这样。如果真是这样的话，经济问题早就得到解决了，因为所有的行业里都有许多优秀技师。

总统定下这个毫无希望的行动方案，就相当于拒绝使用其重要的权力。之前还有人希望政府出手限制，但政府表示不会干预物价和工资，反而默许公司和工会尽可能地使用它们的市场势力，获取立竿见影的好处。在评价尼克松的时候，我们很难保持公正。所有的批评都可以在他身上成立。然而，批评尼克松时，应当对他最有名的下属保留批评意见。若直截了当地评价，肯尼迪时期的限价指标确实有助于维持物价稳定。在尼克松讲话几天后，尼克松任下的劳工部长乔治·舒尔茨（George Shultz）对这些限价措施发表了看法：

(1)……它们在实施的时候并非十分有效。(2)它们将注意力从货币政策、财政政策和劳工政策的根本武器上转移开来,也许因此加剧了长期通胀因素。(3)在停止实施这些限价措施之后,出现了劳工骚动和更高额的工资协议。假如没有实施过这些措施,也许劳工骚动的程度和涨工资的幅度不会如此之高。这些措施也许是原因之一。(4)它们与竞争精神背道而驰,会颠覆市场力量。(5)这些措施再加上限价劝告,可能是对国家反托拉斯法的一种蔑视。[4]

可见,我们没有必要再为限制物价和工资说好话了。舒尔茨先生很快就成为尼克松政府经济政策的中坚力量。

在接下来的两年里,这一政策极为精确地反映了总统的思想。1969年的财政政策十分紧缩。随着附加税的撤销,其他一些减税政策出台,以及政府加大支出,财政政策又宽松了许多。联邦国民收入账户赤字在1970年达到了119亿美元,1971年更是高达222亿美元。[5] 遏制通胀主要是依靠货币政策。1969年,货币政策有所收紧,利率也大幅提高,直到1970年年末才有所放松。微调就是这样而已。

20世纪70年代中期,股市的长期繁荣和积极情绪走到了尽头。股市的情况不能过分怪罪到尼克松政府头上。任何一次股市崩盘的种子都埋在之前的繁荣里。1929年,许多之前认为自己解开了市场秘密的人都发现,自己只不过是解开了牛市的秘密。现在这一幕又重演了。从前是大型控股公司和投资信托项目,而这一次是速利基金、对冲基金、成长型基金、海外基金、地产基金和计算机时代幻影般的创造物。货币政策收紧后,表现不佳的公司难以借到贷款,因此货币政策也许也加速了股市崩盘。保守主义者更是自作自受，或是让持同样观点的人受罪。但是无论如何，股市迟早是会崩盘的。

然而，货币政策对物价上涨和失业的效果目前已经可以预料到了，其效果就是允许物价上涨和失业进一步恶化。1969 年，失业率达到 3.5%，1970 年上升到 4.9%，1971 年又上升到了 5.9%。批发价格指数在 1969 年是 106.5（1967 年水平为 100），在 1970 年达到了 110.4，1971 年又上升到了 113.9。[6] 正如以前一样，并非有通胀就没有失业。事实上，这两者是可以并存的。货币政策抑制了商业活动，因此加剧了失业，尤其是在房产、建筑业等依靠借贷的行业。而公司和工会的市场势力仍然会像之前一样让物价不断上升。现代资本主义经济有可能遭受通货紧缩，也有可能遭遇经济衰退，并且有可能同时承受这两种厄运，还伴随着极高的失业率。然而，尼克松带到华盛顿去的经济学家并非信仰浅薄之辈。如果不是为了短期的政治需要，他们是绝对不会对现实让步的。

这些经济学家做出了让步。对于公共福祉而言，政治勇气是被人们广为称颂的力量，而政治怯懦所形成的积极影响却没有得到应有的赞美。1971 年夏天，在距总统选举仅有一年多的时间时，所有的民意调查都毫不意外地显示公众对于通胀和失业的双重打击感到极为不满。调查结果显示，民主党提名的几位主要候选人都获得了比尼克松更高的票数。经济学家此时可以督促民众为了原则承受痛苦，也可以请民众耐心等待，因为过程虽然痛苦，但是结果预计会是积极的。不幸的是，耐心是没有办法通过立法或行政命令来实现的。而若有人呼吁大家自觉耐心等待，民众又会对这些呼吁者产生反感。

当时，政府大力呼吁民众为更高的经济原则着想，保持耐心。1971年7月28日，经济顾问委员会的学术领袖保罗·W.麦克拉肯（Paul W. McCracken）坚定地肯定了当下依赖货币政策是既符合道义又有效果的，并且表示直接干预物价和工资是一个不明智的，甚至十分怪异的想法。当时本书作者曾提出，除非失业达到十分严重的程度，否则公司和工会的力量会使货币政策失效。麦克拉肯承认这一观察"仅就作者本人对经济系统独特的观点而言，是较有逻辑性的"。但是他极力抗拒这种独特的观点，认为主张控制物价的经济学是"痴人说梦"，并且严正警告说"对工资和物价进行总体控制是对个人自由的严重威胁"。[7] 他倒是没有强调公司和工会已经在进行这样的控制，并且这种控制也会威胁自由。

起初，麦克拉肯博士捍卫原则的立场得到了总统的支持。在8月初的一次新闻发布会上，尼克松总统又提到了本文作者的观察，说他"毫不动摇地反对许多民主党参议员支持的加尔布雷思方案"，这一方案就是对工资和物价进行小规模的直接干预。尼克松总统说，这些政策只有"极左人士"才会青睐，但是他也大方地说："我这么说没有谴责的意思，这只是一个观察而已。"[8] 几天之后，也就是8月15日，极左的论调突然终止了，在迫切的政治需求面前，原则被放弃了。所有的工资、物价，包括农产品价格和其他几个预料中的价格都被冻结了。

与此同时，政府也放开了预算，并且要求进行减税，而后在年底制定了减税措施。货币政策也放松了。但是古老的信念并没有被抛到脑后。反对市场势力的行动只是暂时性的。这些控制措施"设计的初衷是要创造条件，使更广泛的预算政策能够更加安全，更为有效"。如此就万事大吉了。限价措施将消除通胀的威胁，这些措

金钱

施是"紧急情况下的权宜之计,应特定的历史情况而生,未来会逐渐淡出视野,除了消除通胀预期,对经济系统不会造成其他持久性的改变"。[9]

这样的宣言真是令人忍不住要考究一番。字里行间既体现了一厢情愿,又表现出彻头彻尾的不计后果,真是令人难忘。这些限价措施要解决的问题由公司和工会的市场势力而生,并不是新问题,而是老问题。从来没人说过公司和工会很快就会消失,但是这番话却说它们带来的问题会消失。这样不负责任的言论造成了严重的后果。有的人没有了收入,有的人失去了工作,国际经济和国内经济都被扰乱了,社会矛盾和失望情绪随之产生,资本主义的名声受损,经济学家也蒙羞了。也许损失最小的就是那些发表类似言论、提供类似希望的学者。

这些控制措施并没有处于严格的管理之下,确切地说,这些控制措施基本没有受到管理。二战和朝鲜战争时,政府都设立了专门机构来管理控制措施,但是这一次并没有设立正式的管理机构。那些负责管理的人事后都直言不讳地表示,自己仍然是极为反对这一原则的。[10] 各家公司无从得知控制措施的要求,只能从受到过影响的同行那里获取一些信息。而在二战和朝鲜战争时期,这种做法被视为自我交易,是要严格防范的。政府也没有设立执行机构,而是直接从国家税务局借调了一些专门收税的官员来监督实施。

尽管如此,这些措施还是实现了其目标,效果虽非完美,但也算及格。失业率的上升被遏制住了,在1972年和1973年还出现了两次小幅下降。在1971年下半年冻结价格期间,批发价格指数一直保持稳定。在冻结结束之后,政府又开始进行第二阶段控制措施，这一次仅限于工会合同和大公司的物价，也就是有市场力量的领域。这体现的绝不是糟糕的控制思路。1972 年全年，在第二阶段控制措施之下，工业价格上涨了 3.6%。消费产品价格（未受控制的食品除外）全年上涨了 2.2%。[11] 1973 年 1 月，尼克松政府的经济学家在写这一段经历时提到，自 1971 年 8 月以来，"通货膨胀率上涨速度剧烈放缓"[12]，言辞中并非全无满意之情和理性思考。他们注意到，这些措施并非仅仅治标，而是治本。这些限制措施"并不只是压制价格上涨，撤销限制措施之后，价格也不会失控"。[13]

但这并不意味着旧的信仰已死。这些经济学家同时也表示对美国应对通胀的能力充满信心，表示这些问题"都在审慎财政政策和货币政策的可控范围内"。[14] 因此现在可以抛开这些限制措施了。1973 年 1 月 8 日，作为尼克松政府的主要经济政策制定者，美国财政部部长乔治·舒尔茨与记者会面，表示他仍然继续反对这一政策。他提到，在经济不振时，这些控制政策收效良好，但是他也坚信，由于目前充分就业即将实现，这些限制措施的成效会有所下降。此时尼克松也已经获得了连任，政府于是开始着手取消这些限制。

整个 1973 年，取消限制的进程断断续续，时有反复。整体而言，财政政策和货币政策实际上是十分审慎的。财政收入相较支出有所上升，联邦国民收入账户在 1972 年有 159 亿美元的赤字，在 1973 年实现了 6 亿美元的盈余。[15] 货币政策持续紧缩，利率较高，到了 1973 年年底，再贴现率达到了史无前例的 7.5%。大型商业银行的优惠贷款利率也超过了 9%。[16] "审慎的财政和货币政策"也因此受到了极为公正的评判。1973 年，生活成本上涨了近 9%，几乎是 1972 年涨幅的 3 倍。1973 年的批发价格也上涨了 18%。舒尔茨财长及其同事们的先见之明也不过如此。他们曾承诺审慎的财政和货币政策将大获成功，现在得好好动动脑筋想想言辞，如何才能够令人信服。

1973年，第四次中东战争爆发，石油禁运导致汽油价格大幅上升。政府的经济学家将汽油涨价归咎于通货膨胀。1973年大约有3/4的涨价是在战争之前发生的，早在油价上涨之前。

1974年，政府仍然继续执行审慎政策。联邦国民收入账户的赤字初步估计为76亿美元。[17]货币政策仍然紧缩，直到秋季才因为受影响的行业强烈抱怨和经济学家批评而有所放松。1974年，审慎政策再结硕果，批发价格上涨了18.9%，生活成本上涨了11%。[18]到了年底，农产品价格开始企稳。原材料和服务业价格也开始企稳。这些都是市场力量较小的领域。而可想而知，有市场力量的领域则是更为坚定地抵制限制。1974年12月，美国钢铁公司宣布钢铁产品多个种类涨价近5%，之后应总统要求涨价范围稍微缩小了一点，而水电行业和通信公司也希望大幅涨价。在制造行业，尽管库存不断积压，消费者兴趣也在不断减少，大多数制造业产品仍然在涨价。

采取这样的方式稳定物价，其成本绝对不低。当时政府主要依靠货币限制措施来稳定物价，这已经使得房地产行业出现了前所未有的萧条景象。这也又一次体现出货币政策的歧视性，即货币政策会格外剧烈地打击那些需要依靠借贷资金运营的行业。当年经济产出整体也略有下降，当时经济的健康增长率已经许久无人提起了。1974年年底，失业人数达到了大萧条以来的最高水平，占劳动力的7.1%，这一失业率与许多年前的最高水平相差无几。在底特律，领取失业救济金需要排队两个半小时。队伍中还有许多高收入白领工人和小领导。然而，对于原则的坚守仍然丝毫没有动摇。1974年12月，经济顾问委员会主席艾伦·格林斯潘（Alan Greenspan，麦克拉肯博士和赫伯特·斯坦的继任者）在一次华盛顿经济学家会议上用一段极为文雅的话总结了他的个人立场：

因此，一旦通胀的妖魔从瓶子里溜了出来，就会导致一个十分棘手的政策难题：要找到特定的纠正措施和合适的时机，加速促成由收入下降而产生的风险溢价，同时不要过早地终止因通胀而生的风险溢价下滑。这条政策路线走起来固然不轻松，但是我们必须坚持。[19]

看来通胀是一个一经驱魔就会消散的妖怪。资本主义仍然平稳正常地在运行。上帝也是一个保守的绅士，只要人类把资本主义创造出来，上帝就会维持其稳定。现在只需要有足够的意志力去忍受这难免的痛苦就够了。这就是经济学家们1974年的思想状态。这种思想又一次与政治需求产生了碰撞。当年年底，通胀妖怪仍然在瓶子外面。总统顾问们聚集在白雪覆盖的科罗拉多州，承认痛苦确实是过于剧烈了。也许还是要让失业率低一些，通胀高一些。

这并不是一段愉快的故事，但这段故事体现了经济学中信念的力量与经验的力量究竟谁更强势。

美国失败之后，全世界都失败了。20世纪60年代末，在所有的工业国家，物价都在被需求和工资诉求推动着不断上涨。如果仔细研究，就会发现这两股力量实际上是一个整体的两个部分。在19世纪和20世纪前期，工业国家的收入水平已经根深蒂固地被层次化了，消费也是如此。人们认为白领工人的生活水平就是应该比蓝领工人高，而专业人才的生活水平自然是更高。管理人员的收入应该更高一些，而有产者的生活水平自然是最高的。在最底层的就是那些少数族裔贫困人口，比如美国的黑人、英国的北爱尔兰人、生活在法国的阿尔及利亚人和生活在瑞士的意大利人，他们当中最多也只有一部分人能够参与整体消费。

但是在世界各国，这些关于收入和消费的常规性预设限制面临着越来越大的压力。在世界各地，这些无特权的人群正在发出更为强烈的诉求，要求参与之前被认为是特权阶层自然专属权利的那一部分消费。在现代社会，饱学之士最为关注的讨论焦点就是大众应当有更多闲暇时间，应当建设几乎无阶级的社会。而人们也极为沮丧地讨论到，如此一来职业操守会堕落，那些以蓝领工人为代表的群体会更为强烈地要求收入上涨，他们从前收入虽少，但是一直都被认为是心满意足的。

消费者越来越随意地要求提高供应能力以满足消费诉求，而政府也不愿限制这些诉求，这也在情理之中。以上是工业国家通胀的起因之一。还有一个原因是美国政府在原则上和实际上都没有能力控制通胀。美国和世界上其他贸易国家的关系极为不对称。在和其他国家的经济关系中，美国是极为自给自足的，因此，只要有意愿和智慧，美国政府就可以采取许多措施稳定自身物价。但是如果美国物价持续上涨，别的国家也不可能不受影响。别国的通货膨胀一般都会比美国更严重，而不是更轻微。

19世纪时，英国实行金本位制，英国及其货币在国际经济政策中是基准点，其他国家则根据英国的情况调整自己的举措。在

20世纪50年代和60年代初美国经济繁荣时期，美国和美元也扮演着类似的角色。美国的物价是稳定的，美元是极为安全的资产，人人都希望能够持有美元。如果美元大量流出某个国家，这个国家一定是出了什么问题。该国政府一旦捕捉到这个信号，就会采取措施，收紧财政政策，调高利率，以使一切恢复正常。如果是像荷兰这样容易管理的国家，政府还会限制工资上涨。如果是紧急状况，政府还会让货币贬值。在这段时期，工业国家协调国内政策并非依靠各国央行行长和财政部部长开会协商，而是直接按照美国政策和美元做出调整。这种内部调控是国际货币稳定的首要前提。只有国内物价保持相对稳定，或是与其他国家的物价波动保持一致，才能稳定汇率，使汇率保持在可预测的范围内。

  20世纪60年代末，由于美国经济波动和其他国家相继出现通胀，上文提到的协调一致不复存在了。同时，各个工业国家成本和生产力变动出现了根本的差异，这也是一个更深层的因素，令情况更为复杂。德国和日本的情况与美国截然不同，这更加剧了各国之间的差异性。二战后，战胜国限制了德国和日本的军备支出，这两个国家对于战争活动的热情也被战败打消了，因此在这段时间里，德、日将储蓄用于建造新型的高效工厂，用于低成本生产民用产品。美国的情况刚好相反，在二战之后，美国战前的工厂毫发无损，因此和德、日的新工厂相比就显得较为落后。而美国将大量的储蓄投入武器系统，之后又卷入了越战的泥潭。因此，美国不仅面临着需求上涨和涨工资的压力，还要支付相对低效生产线的较高成本。而这段时间里，马克和日元仍然保持着与美元的固定汇率，因此在德、日购入产品并出售到美国就可以获得较大的利润。有人说在20世纪60年代末，美元估值过高，情况确实如此。

由于以上的情况，外国公司从 20 世纪 50 年代末开始，大量出售产品到美国，积累了大量美元。这部分美元并未用于在美国进行小额采购，而是留在这些公司手中，或是存到了欧洲各家银行里，变成了一种新的神秘货币收藏——"欧洲美元"。通过在欧洲进行借贷，这部分货币就形成了欧洲美元市场。这照例是一件很简单的事情。不出所料，大部分这样积累起来的美元都被兑换成了黄金。因此，在 20 世纪 60 年代这 10 年间，美国的巨额黄金储备又像 1914 年前那样开始逐渐流出。这也算是对权力的一种惩罚。从 1914 年开始，直到二战后，有手段的人若是想为自己的财富找一个战时避难所，总是会想到美国。而现在，超级大国美国陷入越战难以自拔，不再是一个安全的财富避难所。20 世纪 60 年代末期，大量黄金如洪水般从美国流出。

20 世纪 60 年代，各国财政部部长和央行行长时不时召开会议，讨论如何应对国际货币事务的失序状态。按照记者的描述，他们每次开会的时候都表情严肃。而提问的记者大多缺乏货币方面的知识，因此提问时还需要调动相关知识。这些与会者往往思索片刻，然后无一例外地拒绝回答。沙赫特和蒙塔古·诺曼奠定的传统仍然存在。不出所料，这些会议并未取得任何成果。原因在于这些与会者都没有能力解决根本问题。国际货币失衡是由不同程度的通胀和成本的变动差异而引起的，但是与会者都无法解决这些问题。

20 世纪 60 年代末，美国实际上已经不再为所有人提供黄金了，仅仅在结算时给其他央行提供黄金。其他央行也开始限制向姐妹央行出售黄金。个人如果想要持有黄金，就只能从其他的私人持有者手上竞价购买。当时有两个金价，一个是央行之间结算时使用的传统价格或官方价格，另一个是个人交易者通过公开市场交易形成的价格。这又创造出了一种新的模式，即双层市场。这也是最终放弃金本位制的第一步。

1971年8月，美国脱离了金本位制。当月，美国政府宣布了一系列政策变动，其中之一就是根据政策安排，停止向其他央行提供黄金。这是一个英雄式的举动，但是并没有多少人意识到这一点。这一方面也是因为美国政府避免使用赞颂英雄的言辞，并未提到美国最终放弃了金本位制，而是说黄金窗口关闭了。只是关一个窗口而已，这并不会令人感到激动。人们并未意识到布雷顿森林体系当时已经屈服了。当时各国物价和货币的大幅差异化波动已经是司空见惯的现象了，而布雷顿森林体系的初衷并非要解决这一问题，这一体系也没有能力解决这一问题。

前文提到，当时有许多人囤积了大量的美元。当时如果把这些美元换成马克、日元或其他货币，然后在德国、日本或其他国家购买物资，是一笔不错的买卖，而且持有这些货币也比持有美元更安全。因此，美元现在成了一个较弱的货币。但是其他国家并未因此而庆贺。美元走强时，这些国家可以在美国轻松地出售产品，而不用担心美国产品的竞争，这也是好事一桩。让本国货币相对美元贬值，可以获得竞争优势。这在短期内也是很容易实现的，只需要让本国央行自由出售本国货币，换取美元即可。这样美元就会维持过高的估值。

当时，各国开始着手协商对美元贬值和再稳定的安排。协商会议于1971年深秋在华盛顿的史密森学会召开。最终，各国就新汇率统一了意见。这些新汇率反映了美元与其他货币不同的贬值程度，与日元的汇率下降了17%，与马克的汇率下降了12%，与加拿大货币汇率没有变化。与会各国政府通过央行代表做出承诺，将通过买卖本国货币，使汇率维持在商定的水平内，上下波动不超过2.25%。按照国际货币基金组织的要求，国会做出了象征性的举措，降低了美元的黄金含量。理查德·尼克松对会议成果做出了较为谦虚的评价，称这是人类历史上最伟大的货币改革。财长约翰·B.康纳利是新汇率协议的功臣，也因此暂时享受了较高的地位。这是因为不知道发生了什么的人们往往会推崇那些号称自己懂得货币知识的人。《史密森协定》和康纳利的荣誉转瞬即逝，很快就成为时代的牺牲品。

1973年年初，美国第二阶段的控制措施刚刚结束，美元被大量地兑换成其他国家的货币。这是因为美国出现了进一步的通胀预期，人们认为美元会进一步贬值。这两个预期都并非毫无根据。（当时也出现了针对其他货币的类似投机活动。）此时要维持《史密森协定》的利率是不可能的。当时，货币波动已经是批准的政策，还有了一个新的中性名称，即"浮动"。政府的经济学家们为了粉饰自己的屈服，发表了一篇登峰造极的官样文章：

在国际经济关系的领域内，1973年也许可以称得上是持续调整以往失衡的一年，也是持续调整当年新情况的一年。在1973年年初，各大国家的政府放弃了将汇率固定在商定水平的尝试。央行仍然持续进行某种程度的干预，外汇市场也在决定市场出清汇率这方面扮演了主要角色。这一过程有时伴随着市场汇率反常的大幅波动。尽管如此，市场仍然较好地履行了其中介职能……[20]

文中提到的"以往失衡"意在将矛头转向前任政府，但是作者本身就代表着前任政府，因此这一策略可谓有些失策。文中还提到了"市场汇率反常的大幅波动"，这是对国际商业严重失序的隐晦说法。混乱的事实人人都心知肚明。

几乎所有的商业交易都有可能面向未来，延后付款，和国内贸易相比，国际贸易更是如此。当时，商人们都是在延后付款的前提下商量价格。若双方都不知道未来这笔货款价值几何，就很难进行讨价还价。如果买家不知道延后付款时自己需要付出多少货币，或是卖家不知道自己延后收款时会收到多少货币，双方都无法进行交易。如果汇率不稳定的话，情况也是如此。[21] 为了应对这一紧急情况，央行实际上不得不进行干预，以提供一丝确定性。浮动货币就此等同于差强人意地人为稳定货币，浮动也因此被人称为"肮脏浮动"。1974 年，国际货币基金组织发起讨论，目的是要制定规则，约束央行的肮脏浮动。

肮脏浮动并没有立刻对国际贸易造成严重后果。由于粮食作物和其他食品出现了巨额的大宗贸易，国际贸易在 1973 年仍然实现了持续扩张。除了个别人，并没有多少人会认为这种混乱的临时性举措是进步的表现。[22] 凯恩斯和怀特在制定布雷顿森林体系时有着更好的愿景。这也确实只是个希望而已。

1973 年，石油价格出现大幅挤压，1974 年更是愈演愈烈。这本历史书中有许多事件都被当时的人误解了，这次也不例外。一方面，这是由于石油生产国发现自己拥有迄今为止都没有使用过的议价能力；另一方面，这也是通胀的产物。我们之前看到过，由于高需求而产生的高物价总是会让贸易优势落到食物或原材料生产方的手中。这些生产商就会倾向于满负荷生产,尽可能向市场出售产品。在出现高需求的情况下,生产商越擅长调控供应量,价格就会涨得越高。石油生产国的情况有些许不同,消费国的强劲需求使得生产国得以提高价格,同时又不用担心卖不出去的石油会过剩,因此并不用担心石油过剩会威胁维持价格的协议。在没有通胀需求的时期里,要维持石油输出国组织的油价就更为困难一些。这样的大宗商品协定并没有许多成功的记录。如果没有通胀,这个协议也很可能会失败。

石油涨价在世界各国看来都是常见的引发通胀的因素。而在美国,石油涨价则成了一个绝佳的借口,为官方控制通胀的无能开脱。实际上,石油涨价是一个通缩因素。在阿拉伯国家尤为如此,在伊朗和其他国家也是如此。石油涨价带来的收入过高,无法通过消费或投资立刻用掉。因此,这笔收入逐渐积累,成了大笔未用余额。这就相当于从当前的购买力中抽出了一部分,其效果与对石油或石油产品直接收取巨额消费税是类似的。[23] 随着1974年慢慢过去,这一效应变得越来越明显,这同时也是财政紧缩的可预见效应。随着需求逐渐下降,竞争性市场的物价,包括食品、大宗商品和服务的物价也逐渐下降。由市场力量控制的物价则继续上升,失业率也持续上升。石油生产国使工业国家产生了相当于提高税收的效果。其效果与抵制通胀的一般性财政措施或货币措施一样,在尚未遏制通胀之前就会提高失业率。

线性的历史观并不适用于货币史。一个时期的知识和经验并不能为下一个时期提供信息,改善管理。很多人对货币事务给出了许多指导意见,这些意见的历史评价更低。货币出现于2 500年之前,货币研究始于 200 年之前，但是货币系统仍然像过去任何和平时期一样不尽如人意。近期，保守主义者极为反对通胀，但是却没有拿出同样的热情去寻找防止通胀的措施。自由主义者则认为失业是最糟糕的事情。实际上，二者有其一就足以使经济失败。通胀会使许多人感到不适和失望，而失业则会使人数较少的人群感到深切的痛苦。我们无从得知究竟是通胀带来的痛苦总量大，还是失业带来的痛苦总量大。20 世纪 30 年代的首要教训就是通缩和萧条会摧毁国际秩序，令每个国家自顾不暇，对自己以邻为壑的做法熟视无睹。而 20 世纪 60 年代末和 70 年代初的教训则是通胀也会摧毁国际秩序。有的人明示或暗示自己对于通胀或萧条的偏好，这无疑是傻瓜的选择。在制定政策时，应当一如既往地反对通胀和萧条。

现在事实已经很明显了，我们只能在通胀或萧条这两个极端之间做出选择。如果我们不这样做，而是采取常规的传统补救措施，就会同时出现通胀和萧条。自由主义者和保守主义者都不愿意看到这种通胀和萧条并存的局面。但是在货币出现 2 500 年之后，我们终于还是遇到了这样一个局面。恐怕没有哪本历史书的结尾比本书的结尾更为令人不快了。

后　记

局势能好转吗？答案是肯定的。

要证明这一点，首先来看看管理货币的人员。从这本货币史中可以明显看出，被管理货币这一任务吸引的都是些庸才，他们的职业素质远非尽善尽美，只是由于经济学大体看似神秘，而货币学又尤为神秘，他们才得以自保。我们也看到，那些负责管理货币的人从来不会因为管理失败而付出代价，这也进一步掩饰了他们的无能。很多时候，这些失误只不过是一个有趣的谈资，体现出这个人的另一面而已。

而且，处理货币事务就像搞外交一样，往往不用冥思苦想，只要个性随波逐流，衣着得体合身，能够脱口而出一些时下流行的金融术语就足以获得成功。如果采取一些有效的举措，并且提出相应的观点，反而会引起人们的担忧和批评。人们记住的是以上这些特质，而不是一个人最终实现的结果。因此，就像管理经济一样，在管理货币时，策略性地犯一些错误往往会比成功带来更多好处。

我们所处的时代总是不愿将严重的后果归咎于个人的无能。所谓个人的无能，放到言论更为随意的年代，就是愚蠢。我们总是愿意相信有许多深层的社会力量控制着所有的人类行为。我们总是可以为自己的宽容找出理由，但最好还是意识到无能就是习惯性的鲁钝，这确实是一个问题。无能并不是无法避免的，历史上曾经有过成功的经济政策。我们必须认识到，这些政策之所以成功，并非出于偶然，而是因为有一群见多识广、精力充沛的人在努力。

以前，不懂专业的普通人或总统总是难以分辨有能力的人和无能力的人，以后这个任务也是一样困难，但是成功和失败不难分辨。从此以后，我们应当建立一条简单的规则，即在所有的经济和货币事务上，凡是需要解释自己为何失败的人，就必定是失败了。我们要善待那些表现糟糕的人，但是绝不可以宽宏大量地让他们继续任职。

以上这番话并不是说成功将会是一件很简单的事情。历史教给我们许多教训，其中有两条格外醒目。其一，货币问题已经与经济问题充分挂钩，甚至与国家治理充分联动。其二，100多年前人们认为有些经济问题是无法避免的，50多年前人们认为这些经济问题是可以容忍的，而现在人们已经无法接受这些经济问题了。过去称之为不幸，现在就是失败。

在20世纪以前，货币尤为重要。当时，公司还没有能力操纵价格，工会压根儿就不存在，国家的税收和支出也都是取决于战争的紧急需求和和平时代的一般需求，而不是为经济表现服务。货币的形式和价值是起决定性作用的，布莱恩的支持者（和反对者）的直觉确实没错。

但是到了现代，我们已经看到，国家预算成了决定经济表现的关键因素。国家预算决定了需求是否会扩大，价格是否会上涨，失业率是否会升高。而政府的借贷，以及随之创造的存款则会决定货币供应量的大小。除了预算，工会和大企业更是可以直接影响价格，并且抵消货币政策和预算政策的限制性效应，这绝非偶然。我们已经看到了许多例子：在经济需求萎缩、失业攀升的时候，工会和大企业的势力和优势是足够推高成本和物价的。因此，在现代经济中有一股极为令人不快的趋势，即萧条往往伴随着通胀。

公司和工会的势力又引出了一个更进一步的问题，即现代国家和现代主权政府应该如何进行权力分配。国家若是行使这样的权力，实际上就相当于已经决定了要如何分配收入。因此，货币政策就是整个经济政策的一小部分，而经济政策则成了政治的一方面，也就是谁行使权力、谁掌握收入的问题。

问题还不止于此。我们已经看到，现在有许多货币流到了发行国之外，并积累成极大规模，例如欧洲美元和石油美元。而那些拥有这些巨额货币的跨国银行和跨国公司可以将这些货币与其他货币进行巨额兑换，现有货币稳定机制的弥补能力和稳定能力已经无法应对这样巨额的兑换。因此，与从前相比，现代货币管理的问题与国际社会有着更大的联系。

此外还有一个问题。从近期的石油和食品事件来看，现代经济中的供求关系只有在物价和收入大幅波动之后才能实现均衡状态。而这样的大幅波动会使国内物价水平和国际汇率变得极为不稳定。因此，要稳定物价和国际汇率，就必须采取措施防止重要的产品价格出现波动。这一任务也是一个跨国境的任务，并非一国政府所能完成。

最后还要重申一下上文的观点，过去为人所接受的经济水平现在已经无法为人们所接受了。自拿破仑战争和美国南北战争之后，英美两国都开始采取措施，恢复货币稳定，重新开始铸币支付。农产品价格一落千丈，失业率也有所上升。人们对此怨声载道，但是并没有什么效果。当时，人们并未觉得出现经济困境是一件十分反常的事情。物价工资走低，失业并不完全是上帝的旨意，但是也不是政府造成的。而现在，毋庸赘言，人们认为经济困境就是政府造成的。

没有什么事情是永远成立的，但是已经成立的事实在一段时间内还是有可能继续成立的。因此，那些塑造了过往政策（或是被过往政策所抵制）的力量，如果有史实可依，那么至少在近期仍然会继续成立。从最广泛的意义上说，这些力量是具有历史紧迫性的。也就是说，这些问题并不像通常所想象的那样，取决于意识形态的偏好。我们这个时代最严重的错误，就是将经济政策视为在敌对意识形态之间做出的选择。而且，只有在很罕见的情况下且往往在次要问题上，才能够有闲心做出这样的选择。大多数情况下，体制和历史情况会对自由主义者、保守主义者、社会主义者和中世纪思维的人做出同样的限制。适用于一个人的，就能适用于所有人。在一个人身上失败了一次的，以后换谁都会失败。

如果不久的将来是近期和过去的延续，那么有6种迫切的情况将会塑造或控制货币政策，以及其所属的经济政策。这6种情况如下。

（1）货币政策是极为无用的，一味依赖只会徒添沮丧，并且十分危险。这也许是最近的几十年留下的最清楚的教训。货币管理不再是一个政策，而是一个职业。虽然从事这个职业会有回报，但是在20世纪，这份职业取得的成就都是灾难性的后果。货币管理不仅加剧了二战后的繁荣和萧条，还助长了20世纪20年代的牛市。大萧条时期，货币管理被用于扩张经济，但并未成功。而在二战期间和之后的经济繁荣期，货币管理的作用被缩小了，但人人都认为经济表现变得更好了。20世纪60年代后期和70年代初期，货币管理再度复兴，成为经济管理的主要工具，却造成了大通胀和严重衰退并存的局面。对于以房地产为代表、依赖借贷资金的行业，货币管控不出所料地带来了尤为严重的惩罚性效应。支持货币管理的人无论多么舌灿莲花，也无法证明货币政策取得了成功。只有资本主义的"敌人"才会希望这一乖张而无法预测的小杠杆在未来还能继续充当经济管理的主要手段。

央行仍然是十分重要的，可以完成一些有用的职能，包括结清支票、更换污损的纸币、充当最终贷款人。这些职能央行都完成得很好。央行还和美国的其他公共机构一起负责监督下属的商业银行。这一职责是央行有能力做好的，并且应当做得更好。在最近几年，包括美联储在内的监管机构或多或少放松了警惕。与此同时，许多银行又卷入了古老的乐观浪潮，进行不负责任的扩张，其结果可能会导致新一轮的银行倒闭潮。美联储应当对这些问题保持关切。

除了这些职责，央行负责人的名望越高，所需要承担的责任就越少。也许他们应当与趋势相抗衡，在贷款需求持续强劲的时候，稍微抵制一下，提高利率，在情势转向的时候恰当地转变自身的态度。但是，大体而言，他们还是应该像美国战时和经济繁荣期那样，对那些导致公司和个人寻求贷款的因素加以控制，而不只是控制贷款的批准与发放。

为了公平起见，我们也必须提到，美联储里的开明人士虽然可能没有意识到货币政策的危险性，但确实意识到了货币政策成效不彰。美联储纽约储备银行的行长曾经提到过，货币总量无法有效计算，但货币总量正是那些相信货币政策的人的首要关切。他还提到，货币总量的短期波动无法为人所控制，而且这样的波动是不会对经济产生重大影响的。[1]试想，所有的行动都必须在短期内做出，而短期行动积累起来就会形成长期的变化。如此一来，货币政策几乎是没有什么希望了。最近，美联储的一位行长也有类似的看法，"好的货币政策取决于我们承认（对货币管理）有多不了解"。[2]

依靠一个影响广泛但是效果未知的工具或创新，并不是一个稳妥的做法。原子能、超声速交通工具和最近的氟利昂事件都是记忆犹新的反面例子。

况且，依靠货币政策所带来的后果并不是未知的。这都是有据可查的，其后果确实是负面的。

（2）必须使用国家预算来平衡经济管理，目前国家预算在应对需求过剩时缺乏弹性，关键在于克服这一致命的问题。这一紧迫情况并非新鲜事，也很容易理解。如果不能使用货币政策管理总需求，就只能用财政政策来管理。我们已经看到，财政政策能够比货币政策更为确定地扩大需求。正因如此，在大萧条期间，经济学家才会放弃货币政策，转而投向财政政策。财政政策效果的可预见性也更高，在限制需求时也更为公平。若要降低税收或是提高公共支出以扩大总需求，也不会有任何政治上或其他方面的困难。只要提出减税，美国国会总是格外配合，不会拖延。而且，一众自由主义经济学家也会顺势提出减税能够缓和所有的问题，甚至有时还能缓和通胀。然而，政府若是提出提高税收，大家就不会如此热情了。要降低支出也是同样困难，除非保守主义者口头支持降低支出。本书作者坚信，美国的民用公众需求很有可能并没有完全得到满足，其满足程度至少是不及富人的私人消费需求。降低支出和这种可能性也是相抵触的。在建筑和武器采购方面，还有一个结构性的困难，即做出降低支出的决定后，还需要很长一段时间才能切实限制支出，因此要过很长时间才能对需求有所影响。

解决办法就是将联邦政府的预算从财政政策中分离出来。那些担心行政权力过大的人虽然不情不愿，但是最终也还是会得出这个解决办法。[3]这样政府就可以决定支出，确定税收水平。人们自然会希望这一过程充分满足平衡的需求，即平衡公共支出与私人支出，并且平衡公共消费和私人消费。确定支出时，前提假设是经济接近充分就业水平。如此确定支出之后，就可以收取相应的财政收入，以满足这些支出项目。这样确定的税收就可以重新分配收入，满足不同收入人群的社会和经济需求。这样一来，就可以在有所限制的条件下，将降低或抬高税收的权力授予总统了，这完全是出于财政政策的考虑，也就是更广泛的经济政策的考虑。在设计方案时，要保证这些改变不会太剧烈，以免不同收入人群的税收受到太大影响。

（3）在有市场力量的领域，不可避免地要直接控制工资和价格。而在没有市场力量的领域，则不应当进行直接控制，例如农业、小企业等无工会行业。在这些行业里，只需要对总需求进行管制就足够了。控制政策是没有人愿意接受的，但是一旦实施就不会轻易撤销。我们已经看过许多例子，在达到或接近充分就业时，大公司和大工会的市场力量会创造出特有的通胀趋势。我们也看到这样的例子一再重演。虽然这种通胀趋势是有可能得到遏制的，但前提是萧条变得更为严重，失业情况也更为严峻。有同情心的人无法容忍这一前提，单纯希望在政坛胜出的人也无法容忍这一前提。如果媒体报道此事，就不能再使用货币和财政政策遏制通胀了。如此一来，失业和萧条就会变得极为严重，以至于任何一个党派的政客都不愿意接受如此惨烈的局面。失业和萧条原本是为了遏制通胀而生，但是早在结束通胀许久之前，这些后果就已经出现了。因此，至少在一段时期内，通胀和严重萧条是并存的。

要避免以上糟糕的效应，只有让政府直接干预有市场力量的行业。在这些行业里，即使充分就业尚未实现，即使需求不断下降，私人的行动仍然足以抬高物价和工资。政府进行直接干预后，私营企业和工会就失去这一极为宝贵的力量。政府这样做就相当于指出过去和当下许多经济指导思想的错误，[4]但这也是出于形势所迫。因此，即使许多人都不情不愿，人们还是免不了要一而再、再而三地考虑是否要采取控制措施。[5]

（4）在现代经济中，货币管理和经济管理是收入分配这一大问题不可分割的一部分。这一点也越来越明显了。对于保守主义者而言，最吸引人的想法莫过于经济政策只是一个纯粹的技术问题。这样就不会牵涉社会阶级或社会政策的问题了。只要技巧纯熟，像尼克松手下的技术人员那样进行熟练的微调，就可以扭转经济颓势，并且不会影响权力、收入和他们的个人享受。自由主义者也难免希望货币和财政政策在社会方面是中性的，这也包括控制物价和收入的政策。

但情况并非如此。我们已经看到，现代经济社会的一个主要特点，就是其附属的社会各阶层反对外界对他们的收入和消费进行预先限制。由于这种抵制，各个社会阶层对生产提出了更高的要求，而若是这一要求无法得到满足，就会产生通货膨胀。如果是为了防止对经济的过分诉求而限制蓝领工人的工资和消费，那么其他收入水平的人同样会有类似的诉求,这也需要纳入考虑范围。这就意味着要审视利润诉求、房产收入诉求、高管薪资诉求和职业收入诉求。富人的消费,或者说超级富豪的消费虽然只占总消费量的一小部分,但是也不能随意加以限制。对所有人一视同仁和收入总量同样重要。因此,对于成功的经济政策而言,有意识地进行平等的收入分配是其不可或缺的一个组成部分。我们已经看到了许多例子,知道成功的政策必须对工会的诉求有所限制。但是如果一项政策只针对工薪阶层限制工资诉求,而不去管其他阶层的工资诉求,那么这一政策无论多么易于操作,也是没有未来的。

(5)规划重要产品和服务的供应,并且节约使用,这越来越成为货币和经济管理的一个组成部分。前文提到,燃料、食物、住房等重要产品的供给和使用必须在价格波动之后才能达到均衡状态,但是现在这种物价波动有时会十分剧烈,以至于危及工资和物价的稳定。显而易见的补救措施是事先预测到这种供应短缺,然后通过公共行为扩大供应或减少使用。在和平年代,现代各国政府已经强行进行过这种行为,在美国是由一届号称保守的政府进行的,而这些经验就可以指导预期。(即使我们称规划者为"沙皇",也不会改变这一行为的本质。)由于供给和使用的问题都是跨国问题,因此各国政府在进行类似计划时就必须合作。未来可以建立一个超国家组织。尤其是在能源和食品问题上,情势正在迫使那些在意识形态上不情不愿的人加快脚步。

(6)国际汇率不稳定的问题会再次出现,和过去一样,不可预见性并非解决办法。只有在各国经济稳定且各工业国家成功地在合理的高失业率下实现物价稳定的前提下,国际汇率稳定才有可能实现。在此之前,所有关于国际货币改革的讨论都是没有根据的,如果不需要以讨论这一问题谋生，那么我们大可以无视这些讨论。虽然布雷顿森林体系在最近几年有所扩资，未来的国际货币体系所必需的借贷能力仍然会远远超过布雷顿森林体系的能力。[6] 若未来有巨额的流动货币聚集在银行、跨国企业和（较为小额的）自由投机者手中，最终改革货币体系时，就必须加入一些国际货币流动的规范。

未来还有一种可能性，而且这一种可能性正是我们所盼望的，即未来的政策将基于当下的现实情况制定，而非基于预测制定。其原因我们也多次提到了。首先，经济预测是极为不完善的，即使是预测者本人也承认这一点，只是在做出新的预测的时候他们并不会承认。其次，官方预测总是难免出错。政策制定者几乎总是在扭曲事实，以使预测符合他们的期待或要求，这一点只有在极罕见的情况下才会出现例外。而在越战时，政府又要保证战争支出不与官方的承诺产生冲突。政府的解决方式不是改进预测，而是立刻毫无愧疚地修改已经发布的预测，在情况改变之后又立刻毫无愧疚地改回来。1974年夏末，新上任的福特总统宣布，通胀是美国经济面临的主要威胁。而仅仅半年不到，随着失业率节节攀升、生产下降、物价企稳，他又宣布萧条是主要威胁。他这样转移重点并不是承认错误。我们应当赞赏总统针对现在的形势做出了快速反应。新总统的错误并不在于他改变了想法，而在于他认为只有经济衰退才能解决通胀，只有失业和产出下降才能遏制公司和工会的市场力量。如果一个经济政策只能在通胀和萧条中择其一，那这个政策绝对无法令人满意。这一错误已经被反复讨论过了。

未来还有最后一种可能性,这也是深深植根在货币史里的。我们有必要再重复一次:没有什么是永恒的。通胀如此,衰退亦然。二者都会激发情绪,使人们采取行动,试图终结通胀或衰退,并且最终也会实现目标。但是我们也看到,所需采取的行动也是十分艰难与复杂的。现在通胀和萧条并存的可能性越来越大,所需采取的行动更是越来越艰难和复杂。这也正是这篇后记的主旨。如果说货币史有何确定的结论,那这一结论一定是:那些认为自己是货币体系最坚定捍卫者的人,以及那些宣布自己是自由企业,甚至是资本主义最为坚贞的朋友的人,将会最害怕维护这一体系的措施。他们将是最为抵制这些措施的人,而这些措施的目的恰恰是改善体系的表现,提高体系的声望,加强体系的存活能力。那些祈祷资本主义终结的人一定不会欢迎对新政、二战或是新边疆政策的呼吁或其中蕴含的积极精神。这种精神虽然有时会被自身的激情、乐观和对对手的安抚义务所拖累,却仍然鼓励着人们采取措施,使整个体系行之有效。在这种精神的激励下,资本主义体系在美国卓有成效,使大多数美国人都感到满意。那些盼望资本主义垮台的人应该祈祷政府官员是一群相信所有积极行动都会损害所谓自由企业根本原则的人。

致　谢

　　本书可谓是无心插柳柳成荫。起初，我计划就经济管理和货币稳定的问题及该问题的起源写一篇长文。这一计划恰逢其时。作为一个经济学家，我总归要了解这方面的知识，所以我这一生读了不少这方面的资料，有的是随意看看，有的是认真阅读过。这些都可以为我的写作提供参考。从早年到现在，货币史一直深深地吸引着我。这一写作任务实在是太有趣了，于是长文被写成了一本书，而且还是厚厚的一本书。可以想见，这次写作明显是十分愉快的。

　　写作的乐趣主要来自我的伙伴们。戴维·托马斯就是其中一位。他曾是一位极为忠诚、机智且风度翩翩的助理，可惜他现在转行做了律师，不再是我的助手了。他能力过人，不仅能够帮我找到需要的资料，还能够指出我的疏漏之处。无论为什么样的嫌疑犯辩护，他想必都能找出一些不为人知的法律条文或判例，成功为嫌疑犯洗脱罪责。亚瑟·施莱辛格会阅读我的每一本书，提出意见并加以修正，这本书也不例外，如有纰漏，都是我的责任。我的朋友兼助手埃米莉·戴维斯负责打印、再次打印并修正我的手稿，并且一直跟进本书的进度，直到最终印刷出版。南妮·博斯为戴维斯和我提供了许多帮助。安德里亚·威廉姆斯像过去许多年那样，以其一丝不苟的审阅和无可置疑的权威为我每一部作品的注释、编辑、风格和基本格调把关。在此，我谨向各位道一声感谢。

注 释

第二章 铸币与金银

1. 关于各类金属的使用,目前仍然存在争议。以上说法源自凯恩斯给出的标准看法。参见:John Maynard Keynes, *Essays in Persuasion* (New York:Harcourt, Brace & Co., 1932), pp. 181-182。关于金属和货币早期发展的整体概述,可参阅:Fernand Braudel, *Capitalism and Material Life 1400-1800* (New York: Harper & Row, 1967), pp. 325-372。

2. Herodotus, Book I, *Clio*. Rev. William Beloe, trans. (Philadelphia: McCarty and Davis,1844),p. 31.

3. Alexander Del Mar, *History of Monetary Systems* (London: Effingham Wilson, 1895; New York: Augustus M. Kelley, 1969), pp. 1-2.

4. Norman Angell, *The Story of Money* (New York: Frederick A. Stokes Co., 1929), pp. 116-117.

5. Angell, pp. 117-118.

6. [现代对于这一时期的了解大多源自 J. 汉密尔顿(J. Hamilton)伯爵勤奋而卓越的研究。他最早在杜克大学,后来去了芝加哥大学。凯恩斯与其他许多学者都曾向他表示热烈的敬意,称他的著作"具有高度的历史重要性"。汉密尔顿教授早年花费大量时间研究西班牙医院、修道院和其他机构的账本和记录,构建了价格指数,并以同样的方式研究了西班牙的档案(西班牙官僚都十分热衷于书面记录,还兴建了宏伟的西印度群岛综合档案馆,这也在汉密尔顿的研究范围内),计算出从美洲运到西班牙的金银珠宝来源、种类和数量。] 尤其可以参

阅他写的 *American Treasure and the Price Revolution in Spain, 1501-1650,* Harvard Economic Studies, Vol. XLIII (Cambridge: Harvard University Press, 1934), 以及 "American Treasure and the Rise of Capitalism (1500-1700)", *Economica,* Vol. IX, No. 27 (November 1929), 我从这二者中摘取了价格指数。此处引用的英国指数是取整结果, 引自德国历史学家乔格·韦伯（Georg Wiebe）。他的计算结果于 1895 年首次出版, 后来阿伯特·培森·阿瑟（Abbott Payson Usher）对他的结果进行了细节上的修正, 但是没有就数量级进行修正, 参见: "Prices of Wheat and Commodity Price Indexes for England, 1259-1930," *The Review of Economic Statistics,* Vol. XIII, No. 1 (February 1931), p. 103 et seq.

7. 凯恩斯对利润通胀和收入通胀进行了区分。参见: John Maynard Keynes, *A Treatise on Money* (New York: Harcourt, Brace & Co., 1930), Vol. II, p. 148 et seq.

8. "截至 1588 年, 伊丽莎白一世已经统领着一支欧洲历史上最为强大的海军……在任何天气情况下, 这支舰队都可以在选定的距离内, 追上任何一支敌军, 并且行动更为有力……其武器装备远胜敌军。"参见: Garrett Mattingley, *The Armada* (Boston: Houghton Mifflin Co., 1959), pp. 195-196。

9. 参见: *Hamilton, American Treasure and the Price Revolution in Spain, 1501-1650,* p. 40。索罗尔德·罗杰斯（Thorold Rogers）在 19 世纪写了一本关于英国物价的经典著作, 其中谈到了新发现的白银产生的巨大影响, 以及新发现的黄金产生的较小影响。参见: *A History of Agriculture and Prices in England,* Vol. V, 1583-1702 (Oxford: Clarendon Press, 1887), p. 779。

10. 引自 Hamilton, "American Treasure and the Rise of Capitalism (1500-1700)," p. 340。

11. Richard Van Der Borght, "A History of Banking in the Netherlands," *A History of Banking* (New York, The Journal of Commerce and Commercial Bulletin, 1896), Vol. IV, p. 192.

12. Adam Smith, *Wealth of Nations* (London: T. Nelson and Sons, 1884), Book IV, Ch. III, p. 196.

13. 在此之前, 威尼斯有过至少一家类似的银行, 过不了多久就关门了。确切地说, 这是一家公共银行（public bank）, 而不是中央银行（central bank）。阿姆斯特丹银行并不具备后来央行的许多特点或职能。

第三章 银行

1. 参见：Abbott Payson Usher, "The Origins of Banking: The Primitive Bank of Deposit, 1200-1600," *The Economic History Review,* Vol. IV, No. 4 (April 1934), p. 399 et seq。阿瑟教授认为，罗马银行业和后来的意大利银行业可能存在某种联系，但他的结论是，"目前没有任何证据表明二者之间有直接的业务延续性"。

2. 查尔斯·F. 邓巴（Charles F. Dunbar）早期曾做过一个极为有趣的先驱性研究，参见：Charles F. Dunbar's "The Bank of Venice," *The Quarterly Journal of Economics,* Vol. VI, No. 3 (April 1892)。在13世纪、14世纪和15世纪，威尼斯涌现了100多家储蓄银行。其中有一大批银行倒闭了，并且产生了不同程度的影响。元老院颁布了许多规范条例，其中包括规定银行每日营业时长，规定银行有义务当着储户的面点清储户的现金等。然而，这些规定实施的效果却不尽如人意。16世纪时，元老院议员托马索·康塔里尼（Tommaso Contarini）在一次演讲中阐述了所面对的困难。按照邓巴的转述，他注意到银行家"……不用付现金就能招待朋友，只要写一张简单的单据就好。若是想要上好的家具和珠宝，银行家只要在账本上写两笔就好，并且不用实际付钱就可以买到地产，赠予财产"。还可参见：Frederic C. Lane, "Venetian Bankers, 1496-1533: A Study in the Early Stages of Deposit Banking," *The Journal of Political Economy,* Vol. XLV, No. 2 (April 1937), p. 187 et seq。

3. John Stuart Mill, *Principles of Political Economy* (London: John W. Parker and Son, 1852), Vol. II, Book III. Ch. VIII, pp. 12-13.

4. Duc de Saint-Simon, *Memoirs,* Lucy Norton, ed. and trans. (London: Hamish Hamilton, 1972), Vol. III, p. 299.

5. Elgin Groseclose, *Money and Man* (New York: Frederick Ungar Publishing Co., 1961), p.129.

6. Norman Angell, *The Story of Money* (New York: Frederick A. Stokes Co., 1929), p. 247.

7. Charles Mackay, *Memoirs of Extraordinary Popular Delusions and the Madness of Crowds* (London: Richard Bentley, 1841; Boston: L.C. Page and Co., 1932), p. 29. 这本书生动地记叙了劳的所作所为，也记录了许多疯狂的民间逸事。这本书里的内容也许经不起现代历史研究的推敲，这实在是太遗憾了，因为这本书确实十分引人入胜。

8. Saint-Simon, p. 299.

9. Mackay, p. 37.
10. Saint-Simon, p. 269.

第四章　中央银行

1. Harry E. Miller, *Banking Theories in the United States Before 1860,* Harvard Economic Studies, Vol. XXX (Cambridge: Harvard University Press, 1927), p. 20.
2. "The Business Situation," Federal Reserve Bank of New York *Monthly Review* Vol. 55, No.12 (December 1973), p. 291.
3. 参见：John Giuseppi, *The Bank of England* (London: Evans Brothers, 1966), p. 26。早期作家都认为，将威廉排挤出自己的伟大构想，是对他的不公正对待。
4. 详见：R. D. Richards, "The Bank of England and the South Sea Company," *Economic History* (A Supplement of The Economic Journal), Vol. II, No. 7 (January 1932), p.348 et seq。
5. Charles Mackay, *Memoirs of Extraordinary Popular Delusions and the Madness of Crowds* (London: Richard Bentley, 1841; Boston: L. C. Page and Co., 1932), p. 55.
6. Giuseppi, p. 76.
7. T. S. Ashton, *Economic Fluctuations in England, 1700-1800* (Oxford: Oxford University Press, 1959), p. 181.
8. 几年后，拥护者之间展开了一场关于所谓银行政策的银行业原则和货币原则的讨论，在这次讨论中也出现了类似的争议。
9. Sidney Weintraub and Hamid Habibagahi, "Money Supplies and Price-Output Indeterminateness: The Friedman Puzzle," *Journal of Economic Issues,* Vol. VI, Nos. 2 and 3 (June-September 1972), p. 1.
10. David Ricardo, *The Works and Correspondence of David Ricardo,* Vol. IV, *Pamphlets 1815-1823,* Piero Sraffa, ed. (Cambridge: Cambridge University Press, 1951). p. 58.
11. Ricardo, *Pamphlets,* p. 62.
12. Ricardo, *Pamphlets,* p. 59.
13. Giuseppi, p. 79.
14. John Maynard Keynes, *The General Theory of Employment Interest and Money* (New York: Harcourt, Brace & Co., 1936), p. 32.

15. A. Andreades, *History of the Bank of England* (London: P. S. King and Son, 1909), p. 250, citing Juglar, *Les crises économiques,* p. 334.
16. Walter Bagehot, *Lombard Street* (New York: Scribner, Armstrong and Co., 1876), p. 25.
17. Andreades, p. 336.
18. John Maynard Keynes, *A Treatise on Money* (New York: Harcourt, Brace & Co., 1930), Vol. II, p. 290. Keynes is also the source of Freud's observation.
19. Ricardo, Vol. III, *Pamphlets and Papers, 1809-1811,* p. 136.
20. Ricardo, *Pamphlets and Papers,* pp. 136-137.

第五章　纸币

1. G. S. Callender, *Selections from the Economic History of the United States, 1765-1860* (Boston: Ginn and Co., 1909), p. 123.
2. Reproduced in Norman Angell, *The Story of Money* (New York: Frederick A. Stokes Co., 1929), following p. 86.
3. Ernest Ludlow Bogart, *Economic History of the American People* (New York: Longmans, Green and Co., 1930), p. 172.
4. 在这个时期，地方行政长官也为货币史做出了令人瞩目的贡献。当时，从法国运来支付驻军等费用的金属铸币迟迟未到，行政长官们就在扑克牌上写下支付的承诺，然后发给士兵和其他债权人。扑克货币一直沿用了60余年。凡尔赛宫最初反对这一做法，后来也听之任之。1711年，共有100里弗尔的黑桃和梅花，50里弗尔的红桃和方块。到了英法七年战争时期，扑克货币不幸出现了通货膨胀。随着新法兰西的陷落，这一货币试验也就结束了。参见：Herbert Heaton, "The Playing Card Currency of French Canada," *The American Economic Review,* Vol. LVIII, No. 4 (December 1928), p. 649 et seq。
5. Adam Smith. *Wealth of Nations* (London: T. Nelson and Sons. 1884), Book IV, Chapter VII, p. 235.
6. William Douglas, "A Discourse Concerning the Currencies of the British Plantations in America" (Boston, 1740). Cited in Richard A. Lester, *Monetary Experiments* (Princeton: Princeton University Press, 1939), p. 9. 我深深地感谢我的老朋友莱斯特教授，他的著作明确地纠正了关于殖民地货币史的观点。

7. Samuel Eliot Morison, *The Oxford History of the American People* (New York: Oxford University Press, 1965), p. 124.

8. George Chalmers, *Introduction to the History of the Revolt of the American Colonies*, Vol. II, p. 160. Cited in Lester, p. 148.

9. C. P. Could, *Money and Transportation in Maryland, 1720-1765,* Johns Hopkins University Studies, Vol. XXXIII, 1915, p. 89. Cited in Lester, p. 151.

10. *The Papers of Benjamin Franklin,* Vol. 2, 1735-1744. Leonard W. Labaree, ed. (New Haven: Yale University Press, 1960), p. 159.

11. Lester, p. 141.

12. E.James Ferguson, "Currency Finance: An Interpretation of Colonial Monetary Practices" in *Issues in American Economic History,* Gerald D. Nash, ed. (Boston: D.C. Heath & Co., 1964), p. 85.

13. Charles J. Bullock, *Essays on the Monetary History of the United States* (New York: Macmillan Co., 1900; Greenwood Press, 1969), p. 43 et seq。布洛克教授写作这些论文时，在威廉姆斯学院任教。他后来在哈佛长期执教，因言行酷似文艺复兴之前的人而出名，有些人甚至认为他来自中生代。尽管如此，他关于殖民地时期金融的观点仍然备受尊崇。

14. Davis Rich Dewey, *Financial History of the United States* (New York: Longmans, Green and Co., 1903), p. 43.

第六章　革命的工具

1. 各位权威人士认可的估算数据并不一致。以上引自：Davis Rich Dewey, *Financial History of the United States* (New York: Longmans, Green and Co., 1903), pp. 36, 46。

2. Norman Angell. *The Story of Money* (New York: Frederick A. Stokes Co., 1929). p. 255.

3. David Ramsay, *History of the American Revolution* (London: Johnson and Stockdale, 1791), Vol. II, pp. 134, 136. Also in Angell, pp. 256-257.

4. Letter to Samuel Cooper, April 22, 1779, in *The Writings of Benjamin Franklin,* Albert Henry Smyth, ed. (New York: Macmillan Co., 1906), Vol. VII, p. 294.

5. Dewey, p. 41. 杜威教授关于这些问题的观点在当时绝对可以称得上是感同身受，思想开明："……问题并不在于容易犯错的政治家本可以做些什么，而在于大革命时期这些政治家能够做些什么。当时美国正在为生存而斗争，此时管理货币的艺术就像公民程序普通的规则和方法一样，必须让位于最为主要的需求，即调动一切可以调动的资源……战争就意味着灾难和损失……一味谴责大陆货币对于稳定金融并没有实际帮助。" Dewey, pp. 42-43。

6. Charles J. Bullock, *Essays on the Monetary History of the United States* (New York: Macmillan Co., 1900; Greenwood Press, 1969), p. 63.

7. Chester Whitney Wright, *Economic History of the United States* (New York: McGraw-Hill Book Co., 1949), p. 184.

8. Seymour E. Harris, *The Assignats,* Harvard Economic Studies, Vol. XXXIII (Cambridge: Harvard University Press, 1930), p. 8。这最初是一篇获奖博士论文，在当时是一本出色的著作。当时在货币问题上，国内盛行严肃的正统观点，而哈里斯教授却以感同身受、兼容并包的视角研究了革命时期货币金融的问题。当时针对指券问题已经确立起了许多正统看法，而哈里斯教授在本书中以其丰富的见识和批判性的眼光研究了这些正统看法。后来，哈里斯教授更是在货币和经济问题上贡献了许多离经叛道的精练看法。

9. Harris, p. 62.

第七章　货币战争

1. *Hepburn v. Griswold,* 8 Wallace 603 (1870); Legal Tender Cases —*Knox v. Lee* and *Parker v. Davis,* 1 2 Wallace 457 (1871).

2. 这一数据引自货币监理署 1876 年的报告。Paul Studenski and Herman E. Krooss, *Financial History of the United States* (New York: McGraw-Hill Book Co., 1952), p. 73。

3. 关于这一限制措施的实施银行，现有的证据有些主观。有些学者可能或多或都会不由自主地把美国第二银行的作为归为美国第一银行的作为。所有写银行业历史的作者都要感谢布雷·哈蒙德（Bray Hammond）的巨著《美国的银行和政治》(*Banks and Politics in America,* Princeton: Princeton University Press, 1957）。

4. Letter to John Adams in *The Adams-Jefferson Letters,* Lester J. Cappon, ed. (New York: Simon and Schuster, 1971), Vol. II, p. 424.

5. 布雷·哈蒙德认为在银行这一问题上，不能将资本家和农场主简单地一分为二。双方都希望能够赚钱，即使是同一地区的人也会持有不同的立场，应当重视州立银行各自的反对立场，以及涉及宪法的问题。（Hammond, p. 197 et seq.）无论如何，在我看来，宽松银行业和宽松货币政策与西部联系在一起似乎是一个不可避免的整体趋势，而且这一趋势随着时间流逝，会逐渐有所缓和收敛。

6. 银行数据引自货币监理署1876年的报告，Studenski and Krooss, p. 79。关于银行纸币流通量的估算数据引自：Ernest Ludlow Bogart, *Economic History of the American People* (New York: Longmans, Green and Co., 1931), pp. 370-371，这些数据只是粗略的估计。

7. Norman Angell, *The Story of Money* (New York: Frederick A. Stokes Co., 1929), p. 279.

8. A. Barton Hepburn, *A History of Currency in the United States* (New York: Macmillan Co., 1915), p. 102.

9. 美国第二银行的史料实在是太丰富、太详细了，简直无从总结归纳。关于为促成美国第二银行成立的努力，参见：Kenneth L. Brown, "Stephen Girard, Promoter of the Second Bank of the United States," *The Journal of Economic History,* Vol. II, No. 2 (November 1942), p. 125 et seq. 以 及 Raymond Walters, Jr., "The Origins of the Second Bank of the United States," *The Journal of Political Economy,* Vol. LIII, No. 2 (June 1945), p. 115 et seq。关于美国第二银行的早期标准著作是Ralph C. H. Catterall, *The Second Bank of the United States* (Chicago: University of Chicago Press, 1903)。

10. 他的这一特点有待商榷。已故的戴维·麦克卡德·怀特（David McCord Wright）曾研究了切福斯的论文集，试图为其正名，认为他可能是一个通情达理的人，只是被历史学家误读了。参见怀特所著："Langdon Cheves and Nicholas Biddle: New Data for a New Interpretation," *The Journal of Economic History,* Vol. XIII, No. 3 (Summer 1953), p. 305 et seq。

11. 该数据引自：Studenski and Krooss, p. 87。

12. Arthur M. Schlesinger, Jr., *The Age of Jackson* (Boston: Little, Brown and Co., 1946), p.75.

13. J. D. Richardson, *A Compilation of the Messages and Papers of the Presidents, 1789-1908,* Vol. II (Washington: Bureau of National Literature and Art, 1908), p. 581.

14. Schlesinger, p. 74 et seq。和许多描写过这一时期的作者一样，我深深地感谢这本杰作。但是需要注意的是，对于一些纯粹的经济事件，我的解读和作者当时的看法有所不同。

15. 韦伯斯特致毕多的信，引自：Schlesinger, p. 84。
16. Samuel Eliot Morison, *The Oxford History of the American People* (New York: Oxford University Press, 1965), p. 438.
17. Jacob P. Meerman, "The Climax of the Bank War: Biddle's Contraction 1833-34." *The Journal of Political Economy*, Vol. LXXI, No. 4 (August 1963), p. 388.
18. Chester Whitney Wright, *Economic History of the United States* (New York: McGraw-Hill Book Co., 1949), p. 370.
19. 关于这场冲突的政治方面，参见：Robert V. Remini, *Andrew Jackson and the Bank War* (New York: W. W. Norton & Co., 1967)。
20. "这是一场体现了傲慢、愚蠢和迷惑的战争。"Remini, p. 10。
21. 关于他是否有罪，人们的观点也十分两极化。杰克逊的支持者认为他能够逃过牢狱之灾，只是因为他是银行家，而且是毕多家族的成员。参见：Bray Hammond, "Jackson, Biddle and the Bank of the United States," *The Journal of Economic History,* Vol. VII, No. 1 (May 1947), p. 15 et seq。

第八章　大妥协

1. Norman Angell, *The Story of Money* (New York: Frederick A. Stokes Co., 1929), p. 307.
2. 正如布雷·哈蒙德提到的那样，杰克逊的支持者和他们所攻击的对象一样热衷于赚钱。他们是一大批新兴的小企业家。Bray Hammond, *Banks and Politics in America* (Princeton: Princeton University Press, 1957), p. 326 et seq。
3. Chester Whitney Wright, *Economic History of the United States* (New York: McGraw-Hill Book Co., 1949), p. 370。无须多言，关于纸币流通量和铸币持有量的数据都只是粗略的估算。詹姆斯·罗杰·夏普（James Roger Sharp）细致地研究了各州的具体情况，著有：*The Jacksonians versus the Banks* (New York: Columbia University Press, 1970)。
4. Angell, p. 290.
5. 历史学家曾十分重视所谓的《货币流通令》(Specie Circular)，但是现在这一问题是存疑的。关于这一点（以及其他许多问题），我要感谢皮特·特敏（Peter

Temin）所著的《杰克逊经济》(*The Jacksonian Economy*, New York: W. W. Norton & Co., 1969)，参见自 120 页以后。

6. Cf. Hammond.

7. U.S. Bureau of the Census, *Historical Statistics of the United States, Colonial Times to 1957* (Washington, D.C., 1960), p. 636.

8. U.S. Bureau of the Census, *Historical Statistics,* p. 711。支出不包括偿还债务。

9. Albert S. Bolles, *Financial History of the United Stales* (New York: Augustus M. Kelley, 1969), Vol. III, p. 14.

10. U.S. Bureau of the Census, *Historical Statistics,* p. 711.

11. Wright, p. 443.

12. Paul Studenski and Herman E. Krooss, *Financial History of the United States* (New York: McGraw-Hill Book Co., 1952), p. 146。这二位作者特意在书中加上了一句："但是他确实筹措了足够的资金用于战争，毕竟，这才是最重要的。"

13. 参见：Irwin Unger, *The Greenback Era* (Princeton: Princeton University Press, 1964)。在此还必须提到 Wesley C. Mitchell's *A History of the Greenbacks* (Chicago: University of Chicago Press, 1903)，这是当时的一部经典著作，只是现在有人对书中的结论持有异议。

14. U.S. Bureau of the Census, *Historical Statistics,* p. 115。这就是历史性的"沃伦和皮尔森指数"，以康奈尔大学的乔治·F. 沃伦（George F. Warren）和弗兰克·A. 皮尔森（Frank A. Pearson）的名字命名。这两位学者发现，根据这一指数，批发价格会随着金价上下波动，若是提高金价，批发价格就会上涨，这也就意味着要降低美元中的黄金含量，而富兰克林·D. 罗斯福也许也是由此意识到了这一点（参见第十五章）。

15. 加权平均日工资指数在 1860 年 1 月 1 日为 100，在 1864 年则为 134，1865 年为 149。U.S. Bureau of the Census, *Historical Statistics,* p. 90。这都是基于有限的信息计算出的结果。物价在战后下降了，但是工资并没有大幅下降。

16. 物价和工资的数据引自：Eugene M. Lerner, "Money, Prices and Wages in the Confederacy, 1861-65," *The Journal of Political Economy,* Vol. LXIII, No. 1 (February 1955), p. 20 et seq。

17. Edward Channing, *History of the United States* (New York: Macmillan Co., 1925),

Vol. VI, p. 411.

18. 这段时间发生了许多事情，但是本书毫不留情地将这一段历史浓缩了。读者若想读一读更为详尽的历史，可参阅安格尔的著作。
19. U.S. Bureau of the Census, *Historical Statistics,* p. 115.
20. Davis Rich Dewey, *Financial History of the United States* (New York: Longmans, Green and Co., 1903), p. 361.
21. 这一举措的动机仍有争议，但是按照一个颇具影响力的观点，支持黄金的人目的很明确，只是西部人没有注意到而已。参见：Paul M. O'Leary, "The Scene of the Crime of 1873 Revisited: A Note," *The Journal of Political Economy,* Vol. LXVIII, No. 4 (August 1960), p. 388 et seq。
22. "价格整体偏低……是1879年得以回归金本位制的一个原因。" James K. Kindahl, "Economic Factors in Specie Resumption, The United States, 1865-79," *The Journal of Political Economy,* Vol. LXIX, No. 1 (February 1961), p. 30 et seq。
23. Unger, pp. 339-340.
24. A. Barton Hepburn, *A History of Currency in the United States* (New York: Macmillan Co., 1915), p. 378。赫本博士曾是货币监理官，后来是大通国家银行（Chase National Bank）的董事会主席。
25. Studenski and Krooss, p. 233.
26. Studenski and Krooss, p. 234.

第九章　价格

1. Thorstein Veblen, *The Theory of the Leisure Class* (New York: Macmillan Co., 1899; Boston: Houghton Mifflin Co., 1973), p. 37.
2. 例如经典著作：Wesley C. Mitchell, *Business Cycles* (New York: National Bureau of Economic Research, 1928), pp. 8-9。
3. R. Hildreth, *Banks, Banking, and Paper Currencies* (Boston: Whipple and Damrell, 1840). Cited by Samuel Rezneck, *Business Depressions and Financial Panics* (New York: Greenwood Publishing Corp., 1968), p. 85.
4. U.S. Bureau of the Census, *Historical Statistics of the United States, Colonial Times to 1957* (Washington, D.C., 1960), p. 115 et seq。这一数据用的是之前提到过的沃伦和

皮尔森指数，以 1910—1914 年为基准 100。辛辛那提的数据来自 Reznek, p. 58。

5. P. A. David, "New Light on a Statistical Dark Age: U.S. Real Product Growth before 1840," in *New Economic History,* Peter Temin, ed. (Baltimore: Penguin Books, 1973), p. 44 et seq.

6. Moses Abramovitz, "Resource and Output Trends in the U.S. Since 1870." Occasional Paper 52 (New York: National Bureau of Economic Research, 1956), pp. 6-7.

7. Rezneck, p. 56，由此亦可猜测失业率。

8. Rezneck, p. 56.

9. 均引自 Wilfred J. Funk, *When the Merry-Go-Round Breaks Down* (New York: Funk & Wagnalls Co., 1938), pp. 10-11。

10. J. D. Richardson, *A Compilation of the Messages and Papers of the Presidents 1789-1908,* Vol. II (Washington: Bureau of National Literature and Art, 1908), pp.74-75.

11. *The Statesmanship of Andrew Jackson,* Francis N. Thorpe, ed. (New York: The Tandy-Thomas Co., 1909), p. 493.

12. Arthur M. Schlesinger, Jr., *The Crisis of the Old Order* (Boston: Houghton Mifflin Co., 1957), p. 231.

13. Rezneck, p. 84.

14. Robert Sobel, *Panic on Wall Street* (New York: Macmillan Co., 1968), p. 108.

15. Sobel, p. 315.

16. U.S. Bureau of the Census, *Historical Statistics,* p. 74。再次提醒读者注意，这些早期数据虽然数量级无误，但绝非精准数据。

17. U.S. Bureau of the Census, *Historical Statistics,* p. 636 et seq.

18. Milton Friedman and Anna Jacobson Schwartz, *A Monetary History of the United States, 1867-1960.* Study by the National Bureau of Economic Research (Princeton: Princeton University Press, 1963), p. 353. 虽然弗里德曼教授得出的结论与此处提到的结论并不相同，但他的学术模型极为精准，包括我在内的所有相关研究者都受益匪浅。

19. Friedman and Schwartz, p. 359.

20. 当时财政部并未将这一职能视为临时性职能或偶发性职能。莱斯利·M. 肖（Leslie M. Shaw）在 1902—1907 年担任财长，他曾经明确地设想过由财政部扮演央行的角色。他认为"财政部现在已经被授予了相应的权力，现在世界上没有哪家央行或政府银行像财政部一样随时能够影响全世界的金融状况"。Friedman and Schwartz, p. 150。

第十章　无懈可击的美联储

1. 爱德华·J. 凯恩（Edward J. Kane）撰文指出这种免责性正在逐渐减弱，近年来，经济学家更为激烈地批判"（美联储）一直无法干预某些市场，并且总是免不了了欺骗"。参见他的"All for the Best: The Federal Reserve Board's 60th Annual Report," *The American Economic Review,* Vol. LXIV, No. 6 (December 1974). p. 835 et seq。参考了较少的评论样本之后，我认为凯恩教授的观点有些夸大。

2. Paul A. Samuelson, *Economics,* 8th ed. (New York: McGraw-Hill Book Co., 1970), p. 272.

3. Samuelson, pp. 272-273.

4. U.S. Bureau of the Census, *Historical Statistics of the United States, Colonial Times to 1957* (Washington, D.C., 1960), p. 636.

5. Board of Governors of the Federal Reserve System, *The Federal Reserve System: Purposes and Functions* (Washington, D.C., 1963), p. 2.

6. 我之所以能够肯定自己对美联储正直的印象，要归功于我的同事安德鲁·布里默（Andrew Brimmer），他曾担任美联储理事一职。

7. Lincoln Steffens, *The Autobiography of Lincoln Steffens* (New York: Harcourt, Brace & Co., 1931), p. 507.

8. Paul Studenski and Herman E. Krooss, *Financial History of the United States* (New York: McGraw-Hill Book Co., 1952), p. 258.

9. Benjamin Haggott Beckhart, *Federal Reserve System* (New York: American Institute of Banking, 1972), p. 134.

10. 引自"Economic Decision-Making Through the Political Process; The U.S. Federal Reserve Act: A Case Study," by William J. Raduchel (unpublished paper)。感谢我的朋友兼前助理拉杜尔给我看这份出色的论文。

11. 弗里德曼教授曾经强调过这一点。参见：Milton Friedman and Anna Jacobson Schwartz, *A Monetary History of the United States, 1867-1960.* Study by the National

Bureau of Economic Research (Princeton: Princeton University Press, 1963), p. 189 et seq。

12. 包括成员银行参与资金扩张的时间和要求。如果一家银行进行扩张，其存款就会被支付到其他银行，而其他银行在扩张时，并不会将存款退回这家银行。

13. 政府债券、纸币和国债。公开市场操作还包括买卖外汇。Sherman J. Maisel, *Managing the Dollar* (New York: W. W. Norton & Co., 1973), p. 35 et seq。迈塞尔教授曾担任美联储理事数年。他的书提供了美联储公开市场操作的最佳内部视角。

14. Friedman and Schwartz, p. 190.

15. Robert P. Black, *The Federal Reserve Today* (Richmond: Federal Reserve Bank of Richmond, 1971), p. 7.

第十一章 崩塌

1. William Gibbs McAdoo, *Crowded Years* (Boston: Houghton Mifflin Co., 1931), pp. 287-288.

2. Paul Studenski and Herman E. Krooss, *Financial History of the United States* (New York: McGraw-Hill Book Co., 1952), p. 281。其他人估计的数据更低一些，如：Alexander D. Noyes (*The War Period of American Finance* [New York: G. P. Putnam's Sons, 1926], p. 60)。

3. 每盎司黄金等于 20.67 美元。U.S. Bureau of the Census, *Historical Statistics of the United States, Colonial Times to 1957* (Washington, D.C., 1960), p. 649。

4. According to Noyes, p. 131。毋庸置疑，持有量很大程度上是想象出来的。

5. John Maynard Keynes, *The Collected Writings of John Maynard Keynes,* Vol. XVI, *Activities 1914-1919: The Treasury and Versailles* (London: Macmillan & Co., 1970.

6. 批发价格的比较波动参见：*Bulletin de la Statistique Générale de la France,* Paris, Librairie Felix Alcan, Vol. XII, No. IV (July 1923), pp. 347-348。

7. F. W. Taussig, "Price-Fixing as Seen by a Price-Fixer," *The Quarterly Journal of Economics,* Vol. XXXIII (February 1919), p. 205 et seq. The quotation is on p. 238.

第十二章 终极通货膨胀

1. 物价数据来自：*Bulletin de la Statistique Générale de la France,* Paris, Librairie Felix Mean, Vol. XV, No. I (October 1925), p. 14 and Vol. XVII, No. II (January-March

1928), p. 132。

2. Martin Wolfe, *The French Franc Between the Wars, 1919-1939* (New York: Columbia University Press, 1951), p. 213.

3. W. F. Ogburn and W. Jaffe, *The Economic Development of Post-War France* (New York: Columbia University Press, 1929). 引自 T. Kemp, *The French Economy 1913-1939* (London: Longman Group, 1972), p. 67。后者是最为有价值、最简明扼要的相关研究。

4. Alfred Sauvy, *Histoire Economique de la France entre les Deux Guerres,* Vol. I, 1918-31 (Paris: Fayard, 1965). 引自 Charles P. Kindleberger, *The World in Depression 1929-1939* (Berkeley and Los Angeles: University of California Press, 1973), p. 48.。后者是关于大萧条的最佳英文书,我从中受益匪浅。

5. Frank D. Graham, *Exchange, Prices and Production in Hyper-Inflation: Germany 1920-1923* (Princeton: Princeton University Press, 1930), p. 7。这项研究的作者是我十分尊敬的朋友,曾是我在普林斯顿大学的同事。这本著作是研究德国通胀的基本资料来源。关于这一研究课题有许多文献。

6. John Maynard Keynes, *The Collected Writings of John Maynard Keynes,* Vol. II: The *Economic Consequences of the Peace* (London: Macmillan & Co., 1971).

7. R. F. Harrod, *The Life of John Maynard Keynes* (London: Macmillan & Co., 1963). p. 296。按照当时(英国)剑桥盛行的传言,这次是凯恩斯同在剑桥大学的父亲约翰·内维尔·凯恩斯(John Neville Keynes)出资帮了他一把。但是按照哈罗德的说法,事实并非如此。他说凯恩斯确实向父母诉说了自己的困境,而父母不出所料地劝他要谨慎行事。

8. 物价水平引自 Graham, pp. 156-159。

9. Norman Angell, *The Story of Money* (New York: Frederick A. Stokes Co., 1929), pp. 334-335.

10. Angell, pp. 335-336.

11. The *New York Times,* October 30, 1923.

12. The *New York Times,* December 7, 1923.

13. Graham, p. 63.

14. 最近理查德·M. 瓦特(Richard M. Watt)撰文指出,在整个赔款期内,德国共支付了360亿马克，从国外借了330亿马克。这些贷款大部分都未偿还。参见：*The Kings Depart* (New York: Simon and Schuster, 1968), p. 504。

15. 1923年工会的数据引自 Graham, p. 317。其他数据引自 Angus Maddison, "Economic Growth in Western Europe 1870-1957," in Warren C. Scoville and J. Clayburn La Force, *The Economic Development of Western Europe from 1914 to the Present* (Lexington, Massachusetts: D. C. Heath & Co., 1970), p. 56。数据经过调整，包含了所有工薪阶层。

16. 失业数据引自 Maddison, p. 56。吉利伯德排除了一些非工业的类别，得出1931年的失业人数约占劳动力人群的1/4，1932年为1/3。C. W. Guillebaud, *The Economic Recovery of Germany* (London: Macmillan 8c Co., 1939), p. 31。

17. 后来到了20世纪30年代，布吕宁成了哈佛大学政府学教授。在欢迎会议的当晚，我问他是否认为自己在整体通货紧缩的情况下实施严苛措施并未加速希特勒上台，他说这些措施并没有加速希特勒上台。我又头脑发热地追问了几句，他问我是不是在质疑他这个德意志第三帝国前首相所说的话。

第十三章　自作自受

1. *The New York Times,* April 29, 1925.

2. John Maynard Keynes, *Essays in Persuasion* (New York: Harcourt, Brace & Co., 1932), p.246.

3. 但是即使是凯恩斯也没能完全预见未来。在回归金本位制之前，凯恩斯一度认为，回归金本位制之后，美国的物价会上升，有可能带来通胀。他的立场是完全反对回归金本位制的，但是他和其他人都没有提出一个简单的解决办法，即降低英镑的黄金含量和兑美元的价值。这一解决办法就像迁移巨石阵一样，注定要被抵触。之前的讨论参见：Charles P. Kindleberger, *The World in Depression 1929-1939* (Berkeley and Los Angeles: University of California Press, 1973), p. 43 et seq。

4. Keynes, pp. 246, 248-249.

5. R. Bassett, *Nineteen Thirty-one* (London: Macmillan & Co., 1958), p. 127 et seq.

6. 未能积极采取行动终止1919年的繁荣也许是 W. P. G. 哈定1922年未能继续担任美联储理事会主席（或理事）的原因。然而，弗里德曼教授指出，哈定并未因这一错误而受到多么严重的损失。他成了波士顿联邦储备银行的行长。之前提到过，这一职位是银行家，而不是公务员，因此薪水是他在华盛顿任职期间的两倍。参见：Milton Friedman and Anna Jacobson Schwartz, *A Monetary History of the United States, 1867-1960.* Study by the National Bureau of Economic Research (Princeton: Princeton University Press, 1963), p. 229。

7. U.S. Bureau of the Census, *Historical Statistics of the United States, Colonial Times to 1957* (Washington, D.C., 1960), p. 117.

8. U.S. Bureau of the Census, *Historical Statistics,* p. 117.

9. Friedman and Schwartz, pp. 269-270.

10. 弗里德曼教授注意到这段时期并非全面通胀时期，并强调批发价格的走势稍微有所下降。参见：Friedman and Schwartz, p. 296 et seq。

11. John Kenneth Galbraith, *The Great Crash, 1929,* 3rd ed. (Boston: Houghton Mifflin Co., 1972), p. 180. From W. Arndt, *The Economic Lessons of the Nineteen-Thirties* (London: Oxford University Press, 1944). p. 15.

12. U.S. Bureau of the Census, *Historical Statistics,* p. 591。基于国家经济研究局计算结果得出。

13. 之前我曾撰文指出，投机之所以出现，并不只是因为有可供投机的资金。而弗里德曼教授提出了和我相反的观点，认为美联储固然不用为引起繁荣而负责，但是必须为未能终止繁荣而负责。对此我表示同意。参见：Friedman and Schwartz, p.291。

14. The *New York Times,* July 2, 1927.

15. Lionel Robbins, *The Great Depression* (New York: Macmillan Co., 1934), p. 53。米勒的这番话出自他在银行业和货币参议院委员会的证词。

16. Robbins, p. 53.

17. 斯特朗的传记作家莱斯特·V. 钱德勒（Lester V. Chandler）也提到了这一点，见：*Benjamin Strong, Central Banker* (Washington: The Brookings Institution, 1958)。

18. U.S. Bureau of the Census, *Historical Statistics,* p. 649.

19. U.S. Bureau of the Census, *Historical Statistics,* p. 631.

20. U.S. Bureau of the Census, *Historical Statistics,* p. 660, and Galbraith, pp. 72-74.

21. 银行发放的商业贷款也有可能流入股市。"活期贷款利率高达10%、15%，甚至20%。因此，商人可以用自己的库存和其他的实物资产抵押，申请到利率为

6%、7% 或 8% 的银行贷款，然后将所得的贷款借给中间人，从中获利。" Harold Barger, *The Management of Money* (Chicago: Rand McNally & Co., 1964), p. 91。在我的印象中，这样流入股市的资金总量并不大。

22. 引自 Galbraith, p. 38。
23. 引自 Galbraith, p. 42。
24. 米歇尔并未幸免。在当年秋天的大崩盘中，他损失惨重，之后因逃税被捕，随即被银行解雇。后来，他逃税的罪名得到了赦免，但是一直陷入冗长而昂贵的民事诉讼中，被要求支付 110 万美元的未缴税款。他也不是独自一人在受苦，金钱所带来的致命后果也深深地影响了他同时期的两位著名同行。一位是大通银行行长阿尔伯特·H.维金（Albert H. Wiggin），另一位是前纽约证交所副主席，后来的纽约证交所主席和主要维护者理查德·惠特尼（Richard Whitney）。维金被处以多项罚款，其中之一是因为他从大通银行借钱做空大通银行股票，而他辩解说这可以让他对工作更感兴趣。惠特尼能力不济，但是还没有达到刑事犯罪的程度。只是由于他社会地位颇高，毕业于哈佛大学，而且家族人脉广泛，因此吸引了较多的注意，最终他被判犯有偷窃证券罪，关押在辛辛那提监狱。
25. Seymour E. Harris, *Twenty Years of Federal Reserve Policy,* Harvard Economic Studies, Vol. XLI (Cambridge: Harvard University Press, 1933), Part II p. 547。对于这些重要问题的当代研究者而言，这是一本具有价值的指导性著作。
26. Galbraith, p. 77。
27. U.S. Bureau of the Census, *Historical Statistics,* pp. 73, 116, 139。
28. 这段时间，受雇于工程进度管理署（WPA）和其他工作救济项目的人员都算作失业人员。考虑到人们的看法，以及这些工程得到的补偿，这一做法也算是比较恰当的。

第十四章 财源中断之时

1. Paul Studenski and Herman E. Krooss, *Financial History of the United States* (New York: McGraw-Hill Book Co., 1952), p. 353.
2. Charles P. Kindleberger, *The World in Depression 1929-1939* (Berkeley and Los Angeles: University of California Press, 1973), p. 127.

3. On this see Lester V. Chandler, *America's Greatest Depression, 1929-1941* (New York: Harper 8c Row, 1970), p. 113 et seq.

4. 其中也有一些例外。尤金·梅耶（Eugene Meyer，凯瑟琳·梅耶·格雷汉姆之父）的观点就极为与众不同，他在 1930 年就担任美联储理事会主席，并运用自己的职权力促限制性较弱的政策。但是由于正统观点过于强势，他的观点并没有被人们广泛接受。

5. Lionel Robbins, *The Great Depression* (New York: Macmillan Co., 1934), p. 62 et seq., especially p. 75.

6. Herbert Hoover, *The Memoirs of Herbert Hoover: The Great Depression 1929-1941* (New York: Macmillan Co., 1952), p. 30。胡佛的回忆录并不是准确记录的典范。引用的这句话虽然可能与原文有出入，但毫无疑问是梅伦的态度。

7. Arthur M. Schlesinger, Jr., *The Crisis of the Old Order* (Boston: Houghton Mifflin Co., 1957), p. 476.

8. Marriner S. Eccles, *Beckoning Frontiers* (New York: Alfred A. Knopf, 1951), pp. 58-60。经允许后引用。

9. 参见第 9 章。

10. 当代杰出的经济学家雅各布·维纳（Jacob Viner）所言。引自 Studenski and Krooss, p. 379。

11. 引自 Chandler, p. 123。

12. Schlesinger, p. 238.

13. *Federal Reserve Bulletin,* Vol. 19, No. 4 (April 1933), p. 215.

14. U.S. Bureau of the Census, *Historical Statistics of the United States, Colonial Times to 1957* (Washington, D. C, 1960), p. 632。1933 年 6 月 30 日，这一数据是 320 亿美元，较之 1929 年 6 月 30 日 494 亿美元的数据有所下降，这表明了银行倒闭偿清的货币总量。

15. 3 月 15 日，那些偿债能力似乎较强的银行重新开业了。而许多银行仍然在关门重整，或是最终清算了。

16. Sherman J. Maisel, *Managing the Dollar* (New York: W. W. Norton & Co., 1973), p. 158。迈塞尔教授曾是美联储理事，按照他的排序，地区分行的权力排在美联储理事会主席、理事会工作人员、理事会理事之后，位居第四。

17. Arthur M. Schlesinger, Jr., *The Coming of the New Deal* (Boston: Houghton Mifflin Co., 1958), p. 443.
18. U.S. Bureau of the Census. *Historical Statistics,* pp. 636-637.

第十五章　来自不可能的威胁

1. Arthur M. Schlesinger, Jr., *The Coming of the New Deal* (Boston: Houghton Mifflin Co., 1958), p. 41.
2. In later years his views were greatly modified.
3. Schlesinger, p. 196.
4. 这个故事是詹姆斯·沃伯格告诉我的。沃伯格的自传中也记录了这件事情，有些许不同，其中也记录了皮特曼对国王的问候。参见：*The Long Road Home* (Garden City: Doubleday & Co., 1964), pp. 128-129。
5. Schlesinger, p. 213.
6. The *New York Times,* July 4, 1933.
7. 曼彻斯特《卫报》的反应引自 Schlesinger, p. 224。
8. The *New York Times,* July 9, 1933.
9. Schlesinger, p. 224.
10. 丘吉尔的反应引自 Schlesinger, pp. 223-224。
11. John A. Garraty, "The New Deal, National Socialism, and the Great Depression," *The American Historical Review,* Vol. 78, No. 4 (October 1973), p. 922。这篇文章比较了美国和德国的复苏政策，十分有意思。
12. The *New York Times,* July 9, 1933.
13. Schlesinger, p. 223.
14. The *New York Times,* July 9, 1933.
15. Irving Norton Fisher, *My Father—Irving Fisher* (New York: Comet Press, 1956), p. 264.
16. Fisher, p. 326。关于《布雷顿森林协议》的讨论见第十八章。
17. $P=(MV+M'V')/T$。P 为价格水平，M 为现金或流通中的货币，V 是现金的流通速度或周转率，M' 是活期银行存款，V' 是这些存款的周转率，T 为交易总量，粗略地讲，就是贸易水平。
18. George F. Warren, "Some Statistics on the Gold Situation," *The American Economic*

Review, Vol. XXIV, No. 1 (Supplement, March 1934), p. 129。这篇论文提交给了1933年美国经济协会在费城召开的年度大会,这也是我第一次参加类似的会议。当时参会人员众多,大家对于沃伦的观点持批判性看法。鉴于我扎实的教育背景,我也表示了类似的质疑。会议期间,酒店的工作人员大声地叫着欧文·费雪的名字找他。

19. 后来随着黄金从国外回流,一定重量的黄金确实能够换更多美元,提供更多储备。

20. Lester V. Chandler, *America's Greatest Depression, 1929-1941* (New York: Harper & Row, 1970), p. 174.

21. Chandler, p. 180。钱德勒教授本人曾多年担任费城联邦储备银行的董事。

第十六章　凯恩斯登场

1. John Maynard Keynes, *A Treatise on Money* (New York: Harcourt, Brace & Co., 1930).

2. R. F. Harrod, *The Life of John Maynard Keynes* (London: Macmillan & Co., 1963), p. 462。此前萧伯纳写信建议凯恩斯研究一下与马克思相关的材料,或是马克思的著作。

3. 致《纽约时报》的信,1933年12月31日。

4. John Maynard Keynes, *The General Theory of Employment Interest and Money* (New York: Harcourt, Brace & Co., 1936)。凯恩斯著作原标题中没有顿号,这是他个人从未解释过的某种偏好。后来编辑和校对总是会在标题中加上顿号。

5. 这是凯恩斯学说中较为复杂的一个要点。详尽的讨论(以及凯恩斯学说的其他要点)参见:Robert Lekachman's admirable *The Age of Keynes* (New York: Random House,1966)。

6. U.S. Bureau of the Census, *Historical Statistics of the United States, Colonial Times to 1957* (Washington, D.C., 1960), p. 116.

7. Louis H. Bean, J. P. Cavin and Gardiner C. Means, "The Causes: Price Relations and Economic Stability," in U.S. Department of Agriculture, *Yearbook of Agriculture 1938* (Washington, D.C., 1938).

8. 鉴于凯恩斯的经济观,此处更确切的说法应该是"他本应该设想到"。他的著作并未细致地阐述这一问题。

9. U.S. Bureau of the Census, *Historical Statistics,* pp. 70, 140.

10. 在合适的时机，对于竞争型小企业密集产业而言，这一希望并非像后来的理论所形容的那般渺茫。例如，在大萧条时期，正是因为美国农民愿意接受较低的劳动回报，并且有能力降低他们雇用的帮工的劳动报酬，才使得农业产出和就业维持在较高水平。假如农民和帮工都拒绝接受较低收入，只要收入低于萧条前水平就立刻停止服务，那么农业产出和就业就会低得多。

11. 这一点凯恩斯也说得很模糊。但是他确实预见到工会将采取行动维持工资水平。

12. 参见：George Garvy, "Keynes and the Economic Activists of Pre-Hitler Germany," *The Journal of Political Economy*。这篇文章已经投给杂志社，但是在写作本书时尚未出版。感谢我的老朋友让我阅读这篇有趣的文章。

13. 赫布森1935年在伦敦发表讲话，题为"一个经济学异端的自白"(Confessions of an Economic Heretic)，其中提到了这件事情。引自 Keynes, *The General Theory*, p. 366。

14. Arthur M. Schlesinger, Jr., *The Crisis of the Old Order* (Boston: Houghton Mifflin Co., 1957), p. 136.

15. Lauchlin Currie, *The Supply and Control of Money in the United States* (Cambridge. Harvard University Press, 1934).

16. "纳粹……在治愈20世纪30年代的经济病症方面（比美国）更为成功。他们降低失业率、刺激工业生产的速度比美国人更快，并且凭借自身的资源，比美国人更为成功地解决了货币问题和贸易问题，解决方式也更有想象力。这一方面是因为纳粹运用了大规模的赤字融资……截至1936年，德国的萧条基本结束了，但是美国的萧条却远未结束。" John A. Garraty, "The New Deal, National Socialism, and the Great Depression," *The American Historical Review*, Vol. 78, No. 4 (October 1973), p. 944.

17. Joan Robinson. Quoted by Garvy.

18. 这些例外中，最著名的就是下文将要提到的阿尔文·H.汉森，以及剑桥国王学院的 A.C.庇古（A. C. Pigou）。凯恩斯曾经指出庇古的文章是错误言论的最佳典范，但是庇古晚期的文章却体现出他受到了凯恩斯的强烈影响。

19. 这方面的权威之首是最近加入剑桥大学的罗伯特·布莱斯（Robert Bryce），他离开哈佛大学之后，在加拿大担任了30多年的经济政策高级官员。

20. 这段时期，一群哈佛大学和塔夫茨大学年轻的经济学家也发表了一系列论述凯恩斯政策的小文章，产生了一定影响。Richard V. Gilbert, George H. Hildebrand, Jr., Arthur W. Stuart, Maxine Yaple Sweezy, Paul M. Sweezy, Lorie Tarshis and John D. Wilson, *An Economic Program for American Democracy* (New York: Vanguard Press, 1938)。

21. 1940年夏，在法国陷落几天后，我被柯里召集到华盛顿。当时国防顾问委员会刚刚重新成立，利昂·汉德森在委员会负责物价管控。这一职位极有可能被赋予极大的权力，而后来事实也确实如此。但是汉德森并不是一个彻底的凯恩斯主义者。柯里希望身边有一个可靠的凯恩斯主义者，而我正是这样的人。由此，我开始在战时承担起控制价格的责任。几年前，也是在柯里手下，我为国家资源规划理事会指导了一项关于20世纪30年代公共工程的大型评审报告（"1933—1938年联邦公共工程支出的经济效应"，与G. G. 小约翰逊共同完成）。这份报告毫不意外地采取了凯恩斯政策的立场，指出运用公共工程和前提性借贷并不只是为了创造就业、建造大厦，同时也是促进复苏、增加产出的大政策之组成部分。这份报告明白无误地采用了凯恩斯的观点，指出："……失业人口和闲置原材料……是现代经济的正常现象，或者说是均衡现象……以抵消闲置储蓄的方式进行融资，用于建设公共工程，这是避免私人投资持续低迷、失业持续走高的诸多手段之一。"（第4页）后来到了20世纪50年代，柯里受到激烈（且极为不公）的攻击，称其是"共产主义特工"。当时，我偶然翻到几封他很久以前给我的信件，信中强调要把"我们的人"安排到政府的某些机构中。"我们的人"指的是凯恩斯主义者。当时我突然想到，如果国会委员会要把"我们的人"解读成其他，那我恐怕是百口莫辩。好在并没有出现这样的情况。

22. William Starr Myers and Walter H. Newton, *The Hoover Administration: A Documented Narrative* (New York: Charles Scribner's Sons, 1936), pp. 339-340. Cited in Schlesinger, p.476.

23. Schlesinger, p. 420.

24. 毋庸赘言，我也同样不了解。

25. U.S. Bureau of the Census, *Historical Statistics,* p. 142.

26. *Economic Report of the President,* 1974, pp. 249, 329.

27. 他曾经对我说过他的这一看法。

28. U.S. Bureau of the Census, *Historical Statistics,* p. 711.
29. E. Cary Brown, "Fiscal Policy in the Thirties — A Reappraisal," *The American Economic Review,* Vol. XLVI, No. 5 (December 1956), p. 863.

第十七章　战争和下一个教训

1. John Maynard Keynes, *How to Pay for the War* (New York: Harcourt Brace & Co., 1940).
2. Keynes, p. 51.
3. Keynes, p. 51. The italics are added.
4. Testimony before the House Banking and Currency Committee, September 19, 1941. Cited by Bernard Baruch, *The Public Years* (New York: Holt, Rinehart & Winston, 1960), p. 287. Italics added.
5. 按照一般计算，约20人每次选举时都会从巴鲁克处收取1 000美元的竞选资金，其中南卡罗来纳州的詹姆斯·拜纳斯（James Byrnes）负责协调，收取5 000美元。这些人只需要时常发表肯定巴鲁克才智的言论即可。每年只需投入4 000~5 000美元，这是一笔收效良好且极为划算的公关投资。
6. John Kenneth Galbraith, "The Selection and Timing of Inflation Controls," *The Review of Economic Statistics,* Vol. 23, No. 2 (May 1941), p. 82 et seq。对于一个历史学家而言，在自己撰写的书中，指出自己写的论文的重要性，这确实是有些自找麻烦。除非这个人极度谦虚，否则别人一定免不了要怀疑他。但是，我这样做还是事出有因的。正是因为这篇文章中阐述的观点，我才得以自1941年4月起担任相关的职务，负责组织管理战时的物价管控，这个职务我担任了两年，其间批评之声与日俱增。
7. The *New York Times,* May 29, 1940.
8. 数字引自：*Economic Report of the President, 1974,* p. 324。下文中所有关于联邦政府收入和支出的数据，如无特别指出，都是援引自国家收入和产出账目。这些收入和支出的数据能够最为准确地反映政府对经济进行操作的效果。
9. U.S. Bureau of the Census, *Historical Statistics of the United States, Colonial Times to 1957* (Washington, D.C., 1960), p. 73.
10. 以澳大利亚国立大学和伦敦经济学院A. W. 菲利普斯的名字命名。虽然这是一个十分流行的讨论话题,但是许多更为审慎的经济学家却对支持这一曲线的数据表示怀疑。因为这些数据的基础信息早于现代大企业和工会崛起之前。A. W. Phillips, "The Relation Between Unemployment and the Rate of Change of Money Wage Rates in the UK, 1861-1957," *Economica,* Vol. XXV, No. 100 (November 1958)。

11. 所有的价格数据均来自:*Economic Report of the President, 1975,* pp. 300, 305。

12. *Economic Report of the President,* 1974, p. 300.

13. Chester Bowles, *Promises to Keep* (New York: Harper & Row, 1971), p. 136.

14. John Kenneth Galbraith, *A Theory of Price Control* (Cambridge: Harvard University Press, 1952), p. 26。这一结论与本文作者更早之前发表的文章保持一致,"Reflections on Price Control," *The Quarterly Journal of Economic,* Vol. LX, No. 4 (August 1946), p. 475 et seq。

15. 坦克、飞机、弹药、船只等军用终端产品的价格,取决于价格控制流程所沿袭的控制措施。虽然最初会为这些价格设置上限,但是这些产品并不会受到上限限制。军用原材料的价格自然是受到控制的。

16. *Economic Report of the President, 1974,* p. 250。这些是1958年的价格。

17. 20世纪基金通过粗略估计,将1940—1944年产出增量的3/4归功于重新雇用失业工人和初次雇用工人,剩下的1/4则归功于数字的自然上涨和生产收益。*America's Needs and Resources* (New York: The Twentieth Century Fund, 1947), p. 13。

18. *Economic Report of the President, 1974,* p. 268.

19. 我称这种设计为"失衡系统"(the disequilibrium system),在《价格控制理论》中进行了较为详细的描述。这本书出版于1952年,受众主要是专业人士,并未引起广泛兴趣。

第十八章 好年景的筹备期

1. *Economic Report of the President,* 1974, p. 305.

2. 实际上,这个说法是我的朋友罗伯特·勒卡赫曼提出的,他文笔好,而且具有洞察力。参见他所著的 *The Age of Keynes* (New York: Random House, 1966)。

3. 布雷顿森林体系很快又会被斥为是资本家帝国主义的手段。

4. The Committee for Economic Development, *Jobs and Markets* (New York: McGraw-Hill Book Co., 1946).

5. 这段时期，经济发展委员会听闻我正在为《就业与市场》撰写书评，并且将提到十分欢迎书中体现的凯恩斯精神。他们联系到我，请求我隐去或删去提及凯恩斯的字句。考虑到更高一层的利益，我最终同意接受他们对新闻自由和诚信这一似乎是合理的侵犯。
6. Moses Abramovitz, "Nobel Prize for Economics: Kuznets and Economic Growth," *Science,* Vol. 174, No. 4008 (October 29, 1971), p. 482.
7. 他出生于伊利湖北岸安大略省的埃尔金镇。这个自由主义的伊甸园也是本书作者的家乡。
8. Stephen Kemp Bailey, *Congress Makes a Law* (New York: Columbia University Press, 1950), pp. 137-138。本书研究了《1946年就业法》的起源、修改和通过过程，是一份极为清晰而全面的案例研究。而纽约大学的朱尔斯·巴克曼（Jules Backman）教授则做了一份反面分析，他被认为是当时做这些研究的能人。
9. 有时是在2月发布。早期的时候，一年内发布的报告不止一份。

第十九章　全盛时期的新经济学

1. 作为西方学者，在讲货币政策时难免对马克思和社会主义国家有点偏见。
2. *The New Economics: Keynes Influence on Theory and Public Policy,* Seymour E. Harris, ed. (New York: Alfred E. Knopf, 1947).
3. James Tobin in *The New Economics One Decade Older* (Princeton: Princeton University Press, 1974) 中提到，这一流行的用法并不是源于哈里斯的著作，而是1962年华盛顿记者的首创。
4. *Economic Report of the President,* 1968, p. 7. Italics added.
5. *Economic Report of the President,* 1968, p. 7.
6. John Kenneth Galbraith, *The Great Crash,* 1929, 3rd ed. (Boston: Houghton Mifflin Co., 1972), p. 6.
7. 根据 *Economic Report of the President,* 1952, p. 189 和 *Economic Report of the President,* 1974, p. 305 的数据计算得出。
8. 此为国家收入账目中的赤字和盈余，见 *Economic Report of the President,* 1974, p. 328。
9. *Economic Report of the President,* 1974, pp. 279, 305.

10. *Economic Report of the President,* 1962, p. 185.
11. Walter W. Heller, *New Dimensions of Political Economy* (Cambridge: Harvard University Press, 1966), p. 46.
12. *Economic Report of the President, 1965,* p. 262. 国家收入账目全年支出。
13. Heller, pp. 71-72.
14. Campbell R. McConnell, *Economics*, 4th ed. (New York: McGraw-Hill Book Co.. 1969), p.332。这是使用最广的几本经济学教材之一。
15. Milton Friedman and Anna Jacobson Schwartz, *A Monetary History of the United States, 1867-1960.* Study by the National Bureau of Economic Research (Princeton: Princeton University Press, 1963), p. 676.
16. 我认为，目前为止对于货币主义学派的立场最为完整的总结就是托宾的这段话，见第58~59页。在此有必要稍加编辑，全文摘录："按照我的理解，货币主义学派包括以下几点……（1）往年股市增长率是名义（当期货币）国民生产总值的主要决定因素，实际上几乎是唯一一个系统性、非随机的决定因素。（2）推论一：财政政策不会对名义国民生产总值产生重大的影响，只是也许会改变名义国民生产总值的构成，并影响利率。（3）推论二：出于实际操作目的，货币政策、金融政策和货币事件、金融事件对名义国民生产总值产生的总影响可归纳为一个单一变量的变动，即货币总量。因此，货币政策的唯一指导原则就是这一变量，不应考虑利率、信贷流、自由储备和其他要素。（4）名义利率以通胀预期为导向，因此滞后于实际通胀。虽然扩张性货币政策对市场产生的直接影响也许是降低利率，但是只要加上随之而来的通胀溢价，利率很快就会转而上升。（5）央行有能力也有义务维持货币总量稳定增长，使其增速与潜在国民生产总值增速和通胀目标增速之和持平。（6）失业与通胀之间无法长期权衡，实际上必须维持特定的自然失业率，才能够实现结构转变，并且有就业机会。如果政府政策目标是使失业率低于自然水平，那么通胀就会不断加剧；如果目标是失业率高于自然水平，那么就会导致不断加剧的通缩。如果政府执行适当、稳定增长的货币政策，经济运行就会使失业率稳定在自然水平。而要实现这一均衡状态，通胀率维持在任何水平都可以，所以不妨将通胀目标设为零。"

第二十章　去向何方

1. *Economic Report of the President, 1974*, p. 328.
2. *Economic Report of the President, 1974*, p. 305.
3. The *New York Times*, January 28, 1969.
4. 对舒尔茨立场的总结摘自 Neil de Marchi, "Wage-Price Policy in the First Nixon Administration: Prelude to Controls," 将收录于一本关于美国薪酬-价格政策的文集，1975 年由布鲁金斯学会出版。
5. *Economic Report of the President*, 1974, p. 328.
6. *Economic Report of the President, 1974*, pp. 279, 305。虽然各个类别都有所上升，但是耐用消费品的上涨十分强劲，尤其是制造成品。在这两个经济领域，大公司都有着强大的市场势力。
7. The Washington *Post*, July 28, 1971.
8. The *New York Times*, August 5, 1971.
9. *Economic Report of the President, 1972*, p. 24.
10. 赫伯特·斯坦常常在谈话中提到这一点，不久之后，他接替麦克拉肯担任经济顾问委员会主席。C. 杰克逊·小克雷森（C. Jackson Crayson, Jr.）作为主要负责人，很快就对该项政策发起了激烈的攻击。参见他写的："Controls Are Not the Answer," *Challenge* (November/December 1974), p. 9。
11. *Economic Report of the President, 1974*, p. 309.
12. *Economic Report oj the President, 1973*, p. 30.
13. *Economic Report of the President, 1973*, p. 68.
14. *Economic Report of the President, 1973*, p. 54.
15. *Economic Report of the President, 1974*, p. 328.
16. *Economic Report of the President, 1974*, p. 318。但是也有人指出，这些利率对于收利息的人而言，并不算过分。货币借出去之后，购买力不断下降。抵消掉这部分损失之后，借贷方收回的钱就很少了，甚至还有可能亏钱。但是如果将利息看作借方付出的成本，这个观点的说服力就不那么强了。这必须和借方的收入或收益联系起来。举例而言，假如借方借钱是为了买房自住，那么他的收入并不会因为利息成本暴涨而有相应程度的提高。
17. *Economic Report of the President, 1975*, p. 329.

18. *Economic Report of the President, 1975,* pp. 304, 309.
19. Alan Greenspan, "Economic Policy Problems for 1975," an unpublished speech before the National Economists Club, December 2, 1974.
20. *Economic Report of the President, 1974*, p. 182.
21. 期货合同可以降低这一风险,即按照现在的报价在未来购买货币。但是这种方式只有大额交易者才能使用,而且成本极高,并非所有货币都可以期货交易。
22. Ronald A. Krieger, "The Monetary Governors and the Ghost of Bretton Woods," *Challenge* (January/February 1975)。克里格教授对世界货币情况提出了他的高见,其中有一些与当下的结论相违背。他还写了一首值得一提的小歌谣,描述了国际货币基金组织理事们在 1974 年会议上对布雷顿森林体系倒塌的反应:"小矮胖子坐墙头,一不小心掉下来,惊动王公大臣们,一起想想怎么办。"
23. 1974 年秋,福特总统召集了一系列所谓的通胀峰会,在会上,理查德·N. 库珀(Richard N. Cooper)指出了油价上涨的这一效应。当时没有几个人认识到这一观点的重要性。本文作者不在此列。

后记

1. 阿尔弗雷德·海耶斯(Alfred Hayes),"检验货币政策的时刻"(Testing Time for Monetary Policy),1975 年 1 月 20 日在纽约州银行家协会会议上的致辞。计算货币供应面临着许多问题,其中之一正如海耶斯先生所言,就是定期存款的问题。定期存款与活期存款的可兑换性越来越强,因此区别也越来越不明显。
2. Sherman J. Maisel, *Managing the Dollar* (New York: W. W. Norton & Co., 1973), p. 311.
3. 参见 James Tobin, *The New Economics One Decade Older* (Princeton: Princeton University Press, 1974), p. 76 et seq。削弱有关税收的立法权威并不是一件小事,关键在于没有其他办法。
4. 尤其是这一点违背了关于竞争的总体宏观经济假设,并且违背了一个观点,即垄断会对需求下降做出反应,但是工资成本相关的水平波动对垄断则不会产生重大影响。当然,这也违背了总体上较为乐观的宏观经济结论,即财政和货币政策虽然不能让就业、产出和物价稳定达成理想的和解,但是起码可以达成可忍受的和解。
5. 必须再次强调,只有在有市场势力的经济领域中,这一政策才会奏效。我们在关于二战经历的讨论中已经提到过，这一政策只是稳定了那些已经稳定下来的物价而已。如果应用于农产品、服务、小企业和零售之类的竞争型市场中，这一政策不仅没有效果，而且还会适得其反。

6. 通过特别提款权的规定和其他一些步骤，布雷顿森林体系已经扩大到超出了最初的设计，但是并没有偏离最初的贷款原则。和潜在的国际资金转移比起来，这笔资金数额仍然较小。